清华汇智文库
QINGHUA HUIZHI WENKU

聚学术精粹·汇天下智慧

清华汇智文库

QINGHUA HUIZHI WENKU

渠学精粹·汇天下智慧

清华
汇智文库
QINGHUA
HUIZHI WENKU

科技成果转化
理论研究与京津冀实践

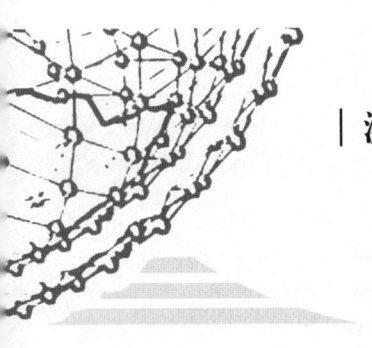

洪 帅⊙著

清华大学出版社
北京

内 容 简 介

本书在系统论述我国科技成果转化总体现状基础上,梳理科技成果转化的理论基础,厘清科技成果转化研究的演进脉络和前沿热点,结合国内外科技成果转化新动向与经验模式,准确识别京津冀科技成果转化存在的问题和薄弱环节,归纳和总结京津冀科技成果转化经验模式,尝试构建京津冀科技成果转化多主体演化博弈分析框架和科技成果转化效应政策体系,对京津冀科技成果转化政策进行总体评价和分类评价,并提出推进京津冀科技成果转化对策建议。

本书对于完善科技成果转化理论研究、推进科技成果转化工作、指导科技成果转化实践具有重要的参考价值和积极的应用意义。

本书封面贴有清华大学出版社防伪标签,无标签者不得销售。
版权所有,侵权必究。举报: 010-62782989, beiqinquan@tup.tsinghua.edu.cn。

图书在版编目(CIP)数据

科技成果转化:理论研究与京津冀实践 / 洪帅著. --北京:清华大学出版社,2025.6. (清华汇智文库). --ISBN 978-7-302-69350-5
Ⅰ.F124.3
中国国家版本馆 CIP 数据核字第 2025GK4846 号

责任编辑:高晓蔚
封面设计:汉风唐韵
责任校对:宋玉莲
责任印制:刘海龙

出版发行:清华大学出版社
网　　址:https://www.tup.com.cn,https://www.wqxuetang.com
地　　址:北京清华大学学研大厦 A 座　　　邮　编:100084
社 总 机:010-83470000　　　邮　购:010-62786544
投稿与读者服务:010-62776969,c-service@tup.tsinghua.edu.cn
质量反馈:010-62772015,zhiliang@tup.tsinghua.edu.cn
印 装 者:北京瑞禾彩色印刷有限公司
经　　销:全国新华书店
开　　本:170mm×230mm　　印张:16.75　　插页:1　　字　数:251 千字
版　　次:2025 年 6 月第 1 版　　　　　　　　印　次:2025 年 6 月第 1 次印刷
定　　价:108.00 元

产品编号:105834-01

前言

京津冀协同发展,是习近平总书记亲自谋划、亲自部署、亲自推动的重大国家战略,为京津冀发展带来千载难逢的历史机遇。党的二十大报告强调,"深入实施区域协调发展战略""推进京津冀协同发展"。北京和天津是科技成果的研发高地,推动京津科技成果在河北省转移转化是京津冀协同发展的必然要求。深入学习贯彻习近平总书记重要指示批示精神和党中央决策部署,瞄准京津创新资源外溢供给,发掘用好京津创新辐射带动作用,在协同创新中加快推进"京津研发、河北转化",提高科技成果在河北省孵化转化成效。

科技成果转化是一项复杂的系统工程,涉及面广、参与主体多、政策性强,需要不断加强理论研究和实践应用。基于此,本书在系统论述我国科技成果转化总体现状基础上,梳理科技成果转化的理论基础,厘清科技成果转化研究的演进脉络和前沿热点,结合国内外科技成果转化新动向与经验模式,准确识别京津冀科技成果转化存在的问题和薄弱环节,归纳和总结京津冀科技成果转化经验模式,尝试构建京津冀科技成果转化多主体演化博弈分析框架和科技成果转化效应政策体系,对京津冀科技成果转化政策进行总体评价和分类评价,并提出推进京津冀科技成果转化对策建议。本书对于完善科技成果转化理论研究、推进科技成果转化工作、指导科技成果转化实践具有重要的参考价值和积极的应用意义。

本书共包括9章。第1章为科技成果转化概述;第2章为科技成果转化理论基础;第3章为科技成果转化脉络梳理及前沿趋势;第4章为国内外科技成果转化新动向与经验模式;第5章为京津冀科技成果转化现状与特点;第6章为京津冀科技成果转化模式分析框架;第7章为京津冀科技成果转化效应与政策体系；第 8 章为京津冀科技成果转化政策评价；第 9 章为推进京津冀科技成果转化对策建议。

本书在研究过程中，得到了河北经贸大学副校长、京津冀协同发展河北省协同创新中心执行主任田学斌研究员的关心和重视，河北经贸大学经济研究所李建英所长、母爱英副所长给予了热情指导。感谢清华大学经济管理学院博士后李振东，河北经贸大学经济研究所陈艺丹博士、李治宇博士、许曼博士，北京工业大学经管学院博士研究生王天尊，河北经贸大学经济研究所硕士研究生符晓艺、李果、茹婷在参与讨论修改、提供素材、组织协调、基础研究等方面做出的不懈努力和无私帮助。本书出版过程中，清华大学出版社给予了大力支持，在此向高晓蔚编辑表示诚挚感谢。

在成书过程中，作者参考了学术界已有的研究成果，并尽可能将相关内容以参考文献的形式予以标注，在此对已有研究成果的原创作者曾经付出的艰辛研究表示衷心感谢。

希望通过本书，推动科技成果转化进一步创新和发展，为京津冀科技成果转化相关研究人员提供有益的参考。由于作者研究背景和能力水平有限，对科技成果转化相关政策和理论的理解还比较肤浅，加之科技成果转化理论研究和实践确实复杂，难免出现错漏和不足之处，敬请广大读者提出宝贵的指导意见。

作　者

2024 年 12 月

目 录

第1章 科技成果转化概述 1
    1.1 研究背景 1
    1.2 科技成果转化总体现状 6
    1.3 习近平关于科技成果转化的重要论述 11

第2章 科技成果转化理论基础 17
    2.1 萨瓦托三角关系理论 17
    2.2 三螺旋理论 19
    2.3 区域创新系统理论 22
    2.4 创新生态系统理论 24
    2.5 区域创业生态系统理论 27
    2.6 闭合创新系统理论 29
    2.7 创新链理论 31

第3章 科技成果转化脉络梳理及前沿趋势 34
    3.1 科技成果转化文献回顾 34
    3.2 科技成果转化研究进展 41
    3.3 科技成果转化研究热点与前沿趋势 48

第4章 国内外科技成果转化新动向与经验模式 55
    4.1 国外科技成果转化新动向 55
    4.2 发达国家科技成果转化经验与模式 60
    4.3 国内先进省份科技成果转化经验与模式 70
    4.4 区域视角下科技成果转化经验与模式 78

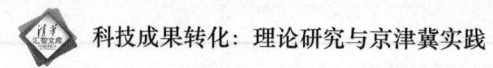

4.5 高校科技成果转化经验与模式 ………………………………… 87

第5章 京津冀科技成果转化现状与特点 ……………………… 97
5.1 京津冀科技成果转化政策梳理 ………………………………… 97
5.2 河北省在京津冀区域科技成果转化中的重要作用 …………… 121
5.3 京津冀区域视角下河北省科技成果转化建设进展 …………… 128
5.4 京津冀区域视角下河北省科技成果转化薄弱环节 …………… 139

第6章 京津冀科技成果转化模式分析框架 …………………… 151
6.1 科技成果转移转化双主体演化博弈 …………………………… 151
6.2 科技成果转移转化多主体演化博弈 …………………………… 171
6.3 科技成果转化经验模式 ………………………………………… 186

第7章 京津冀科技成果转化效应与政策体系 ………………… 198
7.1 科技成果转化效应分析 ………………………………………… 198
7.2 科技成果转化落地政策体系 …………………………………… 204
7.3 科技成果转化落地政策集聚 …………………………………… 209
7.4 中试基地科技成果转化启示 …………………………………… 214

第8章 京津冀科技成果转化政策评价 ………………………… 217
8.1 科技成果转化政策模型构建 …………………………………… 217
8.2 科技成果转化政策评价 ………………………………………… 223
8.3 科技成果转化政策量化结果分析 ……………………………… 231

第9章 推进京津冀科技成果转化对策建议 …………………… 235
9.1 京津冀区域创新体系的实现路径 ……………………………… 235
9.2 培育面向市场的科技成果有效供给体系 ……………………… 239
9.3 繁荣企业为主体的科技成果应用体系 ………………………… 241
9.4 创新科技成果转移转化制度体系 ……………………………… 243
9.5 进一步完善科技成果转移转化政策体系 ……………………… 246

参考文献 …………………………………………………………… 249

第 1 章 科技成果转化概述

科技成果转化是党和国家高度重视的重要工作，习近平总书记多次作出重要指示，指出要加快推动科技成果转化应用，加快建设高水平技术交易市场，加大金融投资对科技成果转化和产业化的支持，把科技成果转化绩效纳入高校、科研机构、国有企业创新能力评价，细化完善有利于转化的职务科技成果评估政策。京津冀认真贯彻习近平总书记重要指示精神和党中央决策部署，深入推进科技成果转化工作，将科技成果转化作为推进供给侧结构性改革、支撑经济转型升级和产业结构调整，打造经济发展新引擎的重要突破口。

1.1 研究背景

党的二十大报告提出，"教育、科技、人才是全面建设社会主义现代化国家的基础性、战略性支撑"，要坚持"科技自立自强"，加快建设"科技强国"，强调"加快实现高水平科技自立自强"，"增强自主创新能力"。随着新一轮科技革命深入推进,新一代信息技术革命的不可逆转已成为人们的共识①。人工智能、元宇宙、Web3.0等新型网络空间兴起,新兴领域和产业发展迅猛,世界经济格局正在发生深刻的变化,科技成果转移转化大大缩短生产力和经济效益的周期。跨国企业、创业公司和研究机构之间建立的国际创新生态系统使得科技创新更容易在全球范围内进行合作,这样的生态系统能够提供跨领域的专业知识和资源,促进科技成果的转移和转化。

从国际上看,全球科技竞争日趋激烈,以数字化、网络化、智能化为主要特征的技术发展与应用正在向经济、科技绿色发展方式加速转变②。为了促进创业及推动创新型中小企业发展,为其提供公平竞争的法治环境,西方发达国家纷纷采取措施鼓励科技成果市场化发展,提高科技成果转化率,将促进科技成果转化、推动科技企业成长作为实施超越战略的重要手段③。随着全球化进程迅速推进,国际竞争变得日益激烈,为了在竞争中赢得优势,世界各国纷纷转向了科技创新,加快了科技成果市场化运作的步伐。

党中央高度重视科技成果转化工作。2021年5月,习近平总书记在中央全面深化改革委员会第十九次会议中提出要"加快实现科技自立自强,要用好科技成果评价这个指挥棒,遵循科技创新规律,坚持正确的科技成果评价导向"。2022年4月,习近平总书记在海南考察时强调"要加快科技体制机制改革,加大科技创新和成果转化力度",为促进科技成果转化和完善科技评价制度提供了根本遵循。科技成果被定义为通过科技研发所得到的有实际价值的成果。科技成果转化是科技转变成现实生产力的重要途径,是实施创新驱动发展战略的重要任务,是支撑供给侧结构性改革和高质量发展的关键举措。

在政策制度上围绕落实创新驱动发展战略,稳步推进落实《促进科技成

---

① 戚聿东,杜博.数字经济、高质量发展与推进中国式现代化[J].山东大学学报(哲学社会科学版),2024,(1):108-124.
② 国务院发展研究中心市场经济研究所课题组,王微,邓郁松,王瑞民等.新一轮技术革命与中国城市化2020—2050——影响、前景与战略[J].管理世界,2022,38(11):12-28.
③ 赵云,常悦,胡朝阳等.历史制度主义视角下国家战略科技力量的逻辑与演进[J].实验室研究与探索,2023,42(10):140-147.

果转化法》《关于进一步促进科技成果转移转化的实施意见》《促进科技成果转移转化行动方案》,在全面创新改革试验区、创新型省份和城市、自主创新示范区、科技成果转移示范区,增加知识价值为导向的分配激励等方面系统地推动科技成果转移转化。在改革措施上积极推进创新驱动发展战略,持续扩大高校和科研院所科研自主权改革,着力提升创新绩效,增加科技成果供给,不断完善科技成果转化链条,让更多成果走向市场,在基础研究、前沿技术、高端装备、重大工程等领域取得突破。2022年中共中央办公厅、国务院办公厅印发了《关于新时代进一步加强科学技术普及工作的意见》,从七个方面提出了30条意见,要求各地区各部门结合实际认真贯彻落实。2023年中共中央办公厅、国务院办公厅印发了《关于进一步加强青年科技人才培养和使用的若干措施》,为深入贯彻党的二十大精神,落实中央人才工作会议部署,全方位培养和用好青年科技人才提出了一系列措施。

2022年,全社会研发经费首次突破3万亿元,研发投入强度达到2.55%,一批关键核心技术攻关取得突破,战略性新兴产业发展壮大,国家战略科技力量建设迈出新步伐,全球创新指数排名升至第11位,成功进入创新型国家行列。我国在全球科技创新版图中的地位和作用发生了新的变化,既是全球科技创新前沿方向的重要参与者,也是共同解决人类命运和发展问题的重要贡献者。

科技创新引领带动区域高质量发展[1]。依托北京、上海、粤港澳大湾区具有全球影响力的科技创新中心建设,打造对外开放程度最高、创新活力最强、科技和人才成果最丰富的示范区,辐射带动京津冀、长三角、泛珠三角等区域创新能力进一步提升。全面创新改革试验区、创新型省份和城市建设形成一批可复制可推广的经验,长江经济带与黄河流域沿线科技创新能力稳步增强,区域协同创新发展深入推进,东中西部跨区域创新合作迈出新步伐。科技援疆、援藏、援青、支宁、入滇、兴蒙、入黔等有力支撑西部地区创新,科技赋能东北振兴有力实施,东北地区与东南沿海创新型城市合作不断深化。

---

[1] 司聪,任保平.中国式现代化新征程中经济高质量发展的战略重点与路径[J].经济问题,2024(1):1-9+17.

科技成果转化问题的根本挑战在于"最后一公里",即从科技创新到实际应用的关键阶段①。当前存在的问题主要涉及经济结构、体制机制、周期性压力以及区域发展的不平衡和不协调。经济结构过于依赖传统产业,体制分割与短期压力使得科技成果难以在企业中得到迅速转化。此外,地区之间的差异和协同机制的不完善也增加了科技成果转化的难度。解决这一问题需要全社会多主体共同努力,包括优化科研体制、加强产学研用协同、调整经济结构等方面的综合举措。科技创新的成功并非仅仅是科研阶段的胜利,更需要在转化阶段克服多方面的挑战,以实现科技成果的最终落地和应用。识别科技成果转化现实差异将有利于探索更多科技成果转化路径,为推进京津冀科技成果转化提供强力支撑,以此促进京津冀经济高质量发展,对推动京津冀协同创新发展意义重大。

京津冀将习近平总书记有关科技成果转移转化的重要讲话作为指导思想,积极推动实施创新驱动发展战略。将科技成果转移转化这一供给侧结构性改革的目标作为主攻方向,通过实施一批重大科技成果转移转化引导研究,意味着通过明确研究方向和项目,督促科研机构更好地将研究成果转化为实际应用;建设一批科技成果转移转化平台,旨在提供一个集成资源、促进交流的平台,以便更好地推动科技成果的商业化和实际应用;推动创新科技成果转移转化工作机制,意味着强调改革体制机制,使得科技成果的转化更为高效、顺畅;完善科技成果转移转化政策措施,包括可能的激励政策、资金支持、知识产权保护等,以提供更好的政策环境;建立市场导向、政府服务、企业主体、产学研结合的科技成果转移转化推广体系,强调多方协同合作,形成有机的推动机制,不仅要实现科技成果的商业化,还要通过资本化和产业化,将其转化为实际的经济效益,从而更好地助力京津冀的经济发展。

对于河北而言,科技实践中仍存在关键核心技术研发选题与市场需求贴合不紧密、关键核心技术应用对象不明确、技术攻关与产业化应用脱节等问

---

① 方晓霞.创新价值链视域下高职院校科技成果转化路径研究[J].教育与职业,2023,(24):77-82.

题。因此，未来一定时期内都应努力找准着力点，加快科技成果转移转化，打破科技创新供需之间的"藩篱"，突破体制机制障碍激发创新活力，强化科技成果转移转化市场化服务，搭建公共平台增强科技成果流动性，释放创新驱动效能，让创新成为发展基点，融入生产链条，靠创新打造发展新引擎，更好地发挥科技进步对经济发展的支撑作用。

2021年7月27日，河北省科技厅研究制定了《河北省重大科技成果转化行动实施方案》，以贯彻落实习近平总书记在两院院士大会、中国科协第十次代表大会上的重要讲话精神，加快推动河北省科技成果转化和产业化，打通产学研相结合的创新链、产业链和价值链，更好发挥科技创新对全省高质量发展的战略支撑作用。2022年，为吸引更多京津人才、科技成果等高水平创新要素向河北集聚，进一步构建"京津研发、河北转化"模式，河北省人民政府办公厅印发了《关于进一步吸引京津科技成果在冀转移转化若干措施》，提出了12条具体措施。

事实上，经济的竞争愈来愈离不开科学技术的竞争[①]。经济竞争的加剧使科技的竞争变得愈发紧迫而不可或缺。这一趋势在当今全球化的环境中愈发显著，科技的迅猛发展已经不仅仅是各国之间，也是企业和产业之间的竞争核心。新的产业革命为企业提供了巨大的创新机遇，同时也是国家在全球经济格局中占据领导地位的关键要素。在这个过程中，技术创新成为经济增长的强劲引擎。新技术的不断涌现和应用推动了生产和服务方式的变革，提高了生产效率，降低了投入成本，为经济的可持续发展注入了强大动力。数字化、人工智能、生物技术等领域的飞速发展，不仅加速了传统产业的升级，也孕育了新兴产业的崛起，推动整个经济体系向更高层次发展。科技竞争也日益成为企业在国际市场上争夺市场份额的决定性因素，技术创新推动了产业结构的升级，形成新的产业竞争优势，能够更快速地采纳和应用新技术的国家和企业更有可能在全球产业链中扮演重要角色。在新兴产业的崛起中，科技成为产业升级和跨足新市场的关键因素。具有核心技术的企业能

---

① 丁志刚，张书华. 中国式现代化的纵向叙事逻辑[J]. 西南大学学报（社会科学版），2024，50(1)：38-53.

够主导产业链,拥有更大的话语权,从而在全球范围内占据更有利的竞争地位。

在全球化的时代,跨国公司更是在科技创新上占据重要优势,其拥有全球范围内的研发中心、先进的科研设施和高层次的科技人才,能够在全球范围内调动资源,适应不同市场的需求,形成全球性的竞争优势。因全球化的竞争使科技在世界范围内成为企业取胜的关键武器。从更宏观的层面来看,科技的竞争也是国家在全球经济格局中占据领导地位的关键要素。科技创新成为国家综合实力的象征,也是评判一个国家是否具备经济竞争力的标志之一。在科技领域取得领先地位的国家才能够更好地引领全球经济的潮流,更好地保护和推动本国企业的利益。对科技成果转移转化的关注不仅仅是为了推动科技创新,更是为了实现国家和企业在全球经济中的竞争优势。实施创新驱动发展战略、推进供给侧结构性改革等举措,都旨在加强科技与经济的深度结合,将科技成果广泛应用于生产生活实践中。

1.2 科技成果转化总体现状

创新投入带来的科技成果转化为社会经济发展提供了新的动力。通过将科研成果转化为商业化产品和服务,不仅可以开拓新的市场,还能促进产业的发展与转型升级,提高区域竞争力。创新投入的回报直接体现为经济效益,而创新投入本身也是值得关注的重要部分。总体上看,我国创新投入力度逐年上升,创新投入规模日益扩大,创造出来的科技成果在数量和质量上与日俱增。

1.2.1 科技创新成果数量持续增长

发表科技论文数量整体上升。2018—2022年,中国发表科技论文数量整体呈现上升趋势。2022年,中国发表科技论文数量达到215万篇。其中,中国高等学校发表科技论文数量达到165.8万篇,占比约77.12%,是中国科技论文的主要发表来源。

科技著作出版数量先降后升,高等学校成为科技著作出版的主要输出者。2018—2022年,中国科技著作出版数量呈先降后升趋势,反映了中国高等教育的质量和科研实力的提升。2022年,中国出版科技著作60930种,相比2018年上升了13.61%。其中,中国高等学校出版著作为40646种,占中国出版著作数量的66.71%,是整个科技著作的主要出版来源。这意味着高等学校在知识产权保护和转化方面扮演着重要角色,为学术界和产业界之间的合作搭建了桥梁。

科技成果登记数量显著增长。2018—2022年,中国科技成果登记数量逐年显著增加,反映了中国在科技创新和成果转化方面的努力。2022年,中国科技成果登记数量达到了84324项,相比2018年增长了28.31%。这些科技成果的登记不仅促进了知识产权的保护,也为科技成果的产业化和商业化提供了支持[1]。这将进一步推动科技成果向市场转化,为经济增长和社会发展注入新的动力。

高新技术产品出口额整体上升。2018—2022年,中国高新技术产品出口额整体呈上升态势,反映了中国在高科技产业的竞争力和国际地位的提升[2]。2022年,中国高新技术产品出口额为9467亿美元,相比2018年增长了26.76%。随着我国科技发展和科技成果的产业化应用,高新技术产品国际认可度提高,展示了中国科技实力和创新能力的全球影响力。中国已开始向世界展示"中国科技""中国智造",不仅有助于推动中国高科技企业的发展,还提升了中国在全球科技合作和国际交流中的地位。

国家或地区科技著作数量的增加可能表明科研人员在探索新领域、提出

---

[1] 陈雅倩,方永恒,贾周萍. 政策组合视角下科技成果转化政策的时间动态性分析[J]. 中国科技论坛,2023,(3):26-36+48.

[2] 马林静. 基于高质量发展标准的外贸增长质量评价体系的构建与测度[J]. 经济问题探索,2020,(8):33-43.

新理论或发现新现象方面的兴趣和活力增强,增加的科技著作和论文数量还在某种程度上反映了国际科研社群之间的合作和知识分享。这有助于加速科学进步,解决全球性的科学难题,并促进科技创新的跨国合作,反映了科研社群对于创新的推动力量。科技论文数量的增长通常与科学研究的广度和深度有关。更多的科技论文代表了更广泛和深刻的研究活动,表明科学家们在解决问题和推动知识边界的拓展上取得了成功。高新技术产品出口的增加反映了该国或地区在技术创新和产业升级方面的成功,包括新的发明、先进制造技术、高质量产品等,使其能够在国际市场上占据有利地位。出口的高科技产品通常是在技术上领先的产品,其国际市场份额的提升表明该国或地区在高技术领域的国际竞争力在增强,也涉及研发投资、专利保护、产业政策等多方面的努力。这类产品往往拥有较高的附加值,对经济体的整体增长和创造就业都有积极的影响。这些科技发展和创新的成果对中国的经济和社会发展产生了深远的影响。科技论文数量的整体增加表明中国在科学研究领域的投入和实力逐渐增强,为学术界提供了更多的研究成果和知识积累[①]。高等学校在科技论文发表中的主导地位显示了中国教育体系的实力和科研环境的改善[②]。

综上所述,中国的科技发展在数量和质量上都取得了显著的进展。科技论文数量的增加、高等学校在科研和知识产出中的领先地位、科技成果的登记增长以及高新技术产品出口额的提升,如图1-1所示,标志着中国在科技创新和应用方面正迈向新的阶段。这将有助于推动中国经济的转型升级、提高国际竞争力,并为全球科技发展做出更大的贡献。中国在科研领域不断加大力度与强度,政策扶持、经济支持等一系列举措切实提高了我国科技产出规模及水平,从"中国制造"到"中国智造",这些无疑在诉说着科技兴国、创新兴邦的不变真理。

---

① 李森,刘振天,陈时见等.高等教育强国建设的中国道路[J].高校教育管理,2024,(1):1-23.
② 张应强,姜远谋.超大规模的高等教育普及化:时代背景、现实挑战和道路选择[J].高等教育研究,2022,43(8):1-28.

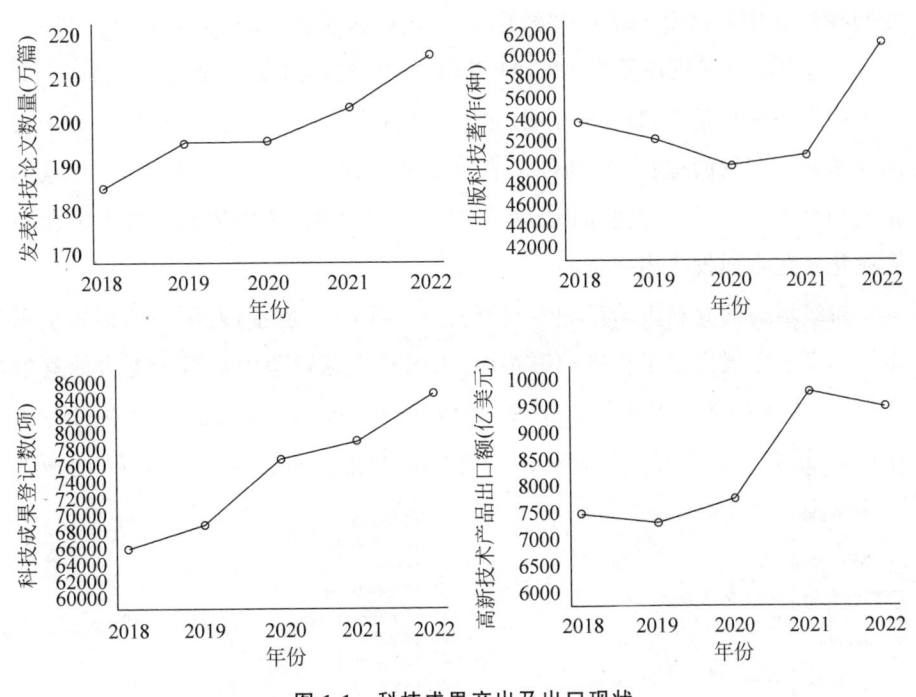

图 1-1　科技成果产出及出口现状

1.2.2　专利申请授权数量总体上升

专利申请量持续增加。从中国专利申请情况来看,2018—2022 年,中国专利申请数逐年上升,反映出中国企业、研究机构和个人在技术创新和知识产权保护方面的重视和投入[①]。2022 年,中国专利申请数为 536.46 万项,相比 2018 年增长 24.09%,增幅较大。其中,发明专利申请数为 161.93 万项,占比为 30.18%。创新意识的提高推动了科技研究和发明创造的持续推进,为中国经济的结构转型和创新驱动发展提供了坚实的基础。

专利授权量大幅增加。从中国专利授权情况来看,2018—2022 年,中国

---

① 孙莹琳,唐恒,赫英淇等.专利行为视角下发明人型企业家对企业绩效的影响[J].管理科学,2022,35(5):80-98.

专利授权量增长较快,表明中国在专利审查和保护方面取得了显著进展。2022年,中国专利授权量为432.34万项,相比2018年大幅增长73.65%。其中发明专利授权量为79.83万项,占总授权量的18.47%。专利授权的增长加强了知识产权的保护,鼓励创新者更加积极地投入到研发活动中[①]。这为企业和个人提供了一种更加稳定和可靠的创新环境,鼓励他们在技术创新和商业化转化方面投入更多资源。

持续增长的专利申请量和专利授权量,如图1-2所示,对中国的创新生态系统和经济发展产生了积极的影响,为中国在全球竞争中赢得了更多的竞争优势[②]。专利的增加也为技术交流、合作和授权提供了更多机会。通过专利保护,中国企业和研究机构能够更好地保护和推广自己的技术成果,增加了

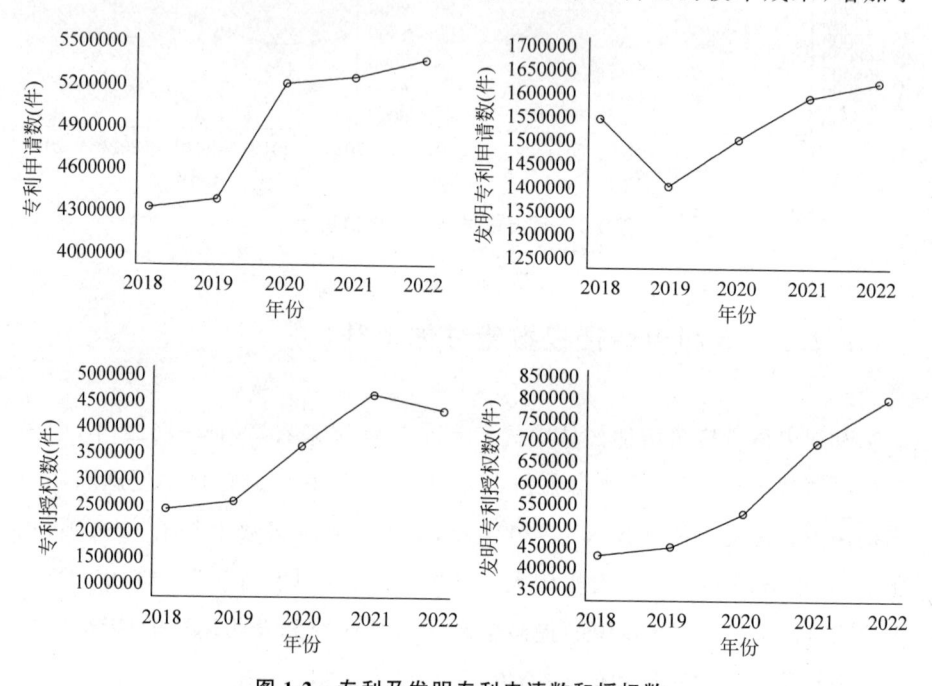

图1-2 专利及发明专利申请数和授权数

---

① 蔡双立,张晓丹.开放创新下知识产权保护与区域创新能力提升:堵还是疏?[J].科研管理,2023,44(5):149-158.

② 刘小燕,王睿路.国际技术规则构建中的国家话语权力博弈:内涵、机制与路径[J].社会科学战线,2022,(10):158-169.

技术合作和跨国合作的吸引力。这进一步促进了国际创新合作,加速了全球科技进步和经济发展的步伐。中国企业和创新者拥有更多的知识产权保护,能够更好地利用技术创新来推动产品和服务的国际化。这有助于提高中国企业在全球市场上的地位和竞争力,推动中国经济从制造业向知识经济的转型。

综上所述,持续增长的专利申请量和专利授权量不仅展示了中国在科技创新和知识产权保护方面的积极进展,也为中国的创新生态系统和经济发展带来了广阔的机遇[①]。这将进一步激发中国企业和研究机构的创新活力,加速科技成果的转化和商业化,为中国在全球创新竞争中保持领先地位贡献更多力量。

1.3 习近平关于科技成果转化的重要论述

以习近平同志为核心的党中央高度重视科技创新工作,把促进科技成果转化摆在十分重要的位置进行谋划部署,多次强调"加速科技成果向现实生产力转化"。2013年,全国政协会议就提出,企业要成为技术创新决策、研发投入、科研组织、成果转化的主体。

2013年3月4日,习近平总书记在参加全国政协十二届一次会议科协、科技界委员联组讨论时提出,在引进高新技术上不能抱任何幻想,核心技术尤其是国防科技技术是花钱买不来的。人家把核心技术当"定海神针""不二法器",怎么可能提供给你呢?只有把核心技术掌握在自己手中,才能真正掌握竞争和发展的主动权,才能从根本上保障国家经济安全、国防安全和其他安全。

---

① 胡鞍钢.中国式科技现代化:从落伍国到科技强国[J].北京工业大学学报(社会科学版),2023,23(2):1-19.

2014年6月9日,习近平总书记在中国科学院第十七次院士大会、中国工程院第十二次院士大会上提出,实施创新驱动发展战略是一个系统工程。科技成果只有同国家需要、人民要求、市场需求相结合,完成从科学研究、实验开发、推广应用的三级跳,才能真正实现创新价值、实现创新驱动发展[①]。

2015年习近平总书记提出,必须破除体制机制障碍,面向经济社会发展主战场,围绕产业链部署创新链,消除科技创新中的"孤岛现象",使创新成果更快转化为现实生产力。

2016年5月30日,习近平总书记在全国科技创新大会、中国科学院第十八次院士大会和中国工程院第十三次院士大会、中国科学技术协会第九次全国代表大会上指出:"科技创新绝不仅仅是实验室里的研究,而是必须将科技创新成果转化为推动经济社会发展的现实动力。科技成果只有同国家需要、人民要求、市场需求相结合,完成从科学研究、实验开发、推广应用的三级跳,才能真正实现创新价值、实现创新驱动发展。"多年来,我国一直存在着科技成果向现实生产力转化不力、不顺、不畅的痼疾。这个问题解决不好,科研和经济始终是"两张皮",科技创新效率就很难有一个大的提高。习近平总书记强调:"要深入研究和解决经济和产业发展急需的科技问题,围绕促进转方式调结构、建设现代产业体系、培育战略性新兴产业、发展现代服务业等方面需求,推动科技成果转移转化,推动产业和产品向价值链中高端跃升。"

2016年9月3日,国家主席习近平出席二十国集团工商峰会并发表主旨演讲。他表示,我国正在实施创新驱动发展战略,发挥创新第一动力的作用,努力实现从量的增长向质的提升转变,努力实现发展理念、体制机制、商业模式等全方位、多层次、宽领域的大创新。力争在重大研究、重点方向率先突破,积极牵头实施国际大科学计划和大科学工程。深入研究解决经济和产业发展急需的科技问题,围绕促进转方式调结构、建设现代产业体系、培育战略性新兴产业、发展现代服务业等方面需求推动科技成果转移转化,推动产业和产品向产业链中高端跃升,塑造更多依靠创新驱动、更多发挥先发优势的

---

① 陈红喜,关聪,王袁光曦.国内科技成果转化研究的现状和热点探析——基于共词分析和社会网络分析视角[J].科技管理研究,2020,40(7):125-134.

引领性发展。

2018年4月24日至28日，习近平总书记在湖北考察时提出，具有自主知识产权的核心技术，是企业的"命门"所在。企业必须在核心技术上不断实现突破，掌握更多具有自主知识产权的关键技术，掌控产业发展主导权。

2018年5月2日，习近平总书记在北京大学考察时提出，重大科技创新成果是国之重器、国之利器，必须牢牢掌握在自己手上，必须依靠自力更生、自主创新。

2018年5月28日，习近平总书记在中国科学院第十九次院士大会、中国工程院第十四次院士大会上明确提出，要加快创新成果转化应用，彻底打通关卡，破解技术突破、产品制造、市场模式、产业发展"一条龙"转化的瓶颈。要加大应用基础研究力度，以推动重大科技项目为抓手，打通"最后一公里"，拆除阻碍产业化的"篱笆墙"，疏通应用基础研究和产业化连接的快车道，促进创新链和产业链精准对接，加快科研成果从样品到产品再到商品的转化，把科技成果充分应用到现代化事业中去。

2020年4月10日，习近平总书记在中央财经委员会第七次会议上提出，要拉长长板，巩固提升优势产业的国际领先地位，锻造一些"撒手锏"技术，持续增强高铁、电力装备、新能源、通信设备等领域的全产业链优势，提升产业质量，拉紧国际产业链对我国的依存关系，形成对外方人为断供的强有力反制和威慑能力。

2020年8月18日至21日，习近平总书记在安徽考察时提出，创新驱动发展，我们有主力军、集团军，有时候也要靠中小微企业的"一招鲜"，要支持中小微企业创新发展。

2020年9月11日，习近平总书记在主持召开科学家座谈会时提出，我国科技事业发展要坚持"四个面向"，即面向世界科技前沿、面向经济主战场、面向国家重大需求、面向人民生命健康，不断向科学技术广度和深度进军。"四个面向"为新时代我国推动创新驱动发展、加快实现科技自立自强指明了方向。

2020年10月16日，习近平总书记在中央政治局第二十四次集体学习时提出,当今世界正经历百年未有之大变局,科技创新是其中一个关键变量。我们要于危机中育先机、于变局中开新局,必须向科技创新要答案。要充分认识推动量子科技发展的重要性和紧迫性,加强量子科技发展战略谋划和系统布局,把握大趋势,下好先手棋。

2020年10月29日,党的十九届五中全会通过的《中共中央关于制定国民经济和社会发展第十四个五年规划和二〇三五年远景目标的建议》指出,坚持创新在我国现代化建设全局中的核心地位,把科技自立自强作为国家发展的战略支撑,面向世界科技前沿、面向经济主战场、面向国家重大需求、面向人民生命健康,加快建设科技强国。

2021年5月28日,习近平总书记在中国科学院第二十次院士大会、中国工程院第十五次院士大会和中国科学技术协会第十次全国代表大会上强调,我国广大科技工作者要以与时俱进的精神、革故鼎新的勇气、坚韧不拔的定力,面向世界科技前沿、面向经济主战场、面向国家重大需求、面向人民生命健康,肩负起时代赋予的重任,努力实现高水平科技自立自强。科技自立自强"四个面向"是习近平总书记立足我国发展的目标、环境、条件对生产力发展提出的客观要求,从科技自立自强的思路抉择、关键环节、行动基调、着力方向等方面,精辟详述了"最大限度解放和激发科技作为第一生产力所蕴藏的巨大潜能",系统探讨了如何将科技创新成果转化为现实生产力,促进经济社会发展和民生改善的整个过程和合力要素。这是习近平新时代中国特色社会主义经济思想在新发展阶段生产力发展规律方面的理论创新成果。

2021年10月18日,习近平总书记在中央政治局第三十四次集体学习时提到,要加强关键核心技术攻关,牵住自主创新这个"牛鼻子",发挥我国社会主义制度优势、新型举国体制优势、超大规模市场优势,提高数字技术基础研发能力,打好关键核心技术攻坚战,尽快实现高水平自立自强,把发展数字经济自主权牢牢掌握在自己手中。

2022年10月16日,习近平在中国共产党第二十次全国代表大会上强调,教育、科技、人才是全面建设社会主义现代化国家的基础性、战略性支撑。必须坚持科技是第一生产力、人才是第一资源、创新是第一动力,深入实施科教兴国战略、人才强国战略、创新驱动发展战略,开辟发展新领域新赛道,不断塑造发展新动能新优势。要坚持教育优先发展、科技自立自强、人才引领驱动,加快建设教育强国、科技强国、人才强国,坚持为党育人、为国育才,全面提高人才自主培养质量,着力造就拔尖创新人才,聚天下英才而用之。并指出,完善科技创新体系。坚持创新在我国现代化建设全局中的核心地位。完善党中央对科技工作统一领导的体制,健全新型举国体制,强化国家战略科技力量,优化配置创新资源,优化国家科研机构、高水平研究型大学、科技领军企业定位和布局,形成国家实验室体系,统筹推进国际科技创新中心、区域科技创新中心建设,加强科技基础能力建设,强化科技战略咨询,提升国家创新体系整体效能。深化科技体制改革,深化科技评价改革,加大多元化科技投入,加强知识产权法治保障,形成支持全面创新的基础制度。培育创新文化,弘扬科学家精神,涵养优良学风,营造创新氛围。扩大国际科技交流合作,加强国际化科研环境建设,形成具有全球竞争力的开放创新生态。

2021年11月24日,习近平总书记在主持召开中央全面深化改革委员会第二十二次会议时强调,开展科技体制改革攻坚,加快建立保障高水平科技自立自强的制度体系,提升科技创新体系化能力。

2023年1月31与2月21日,在二十届中共中央政治局第二次、第三次集体学习时,习近平总书记就加快科技自立自强步伐、夯实科技自立自强根基发表重要讲话指出,"要加快科技自立自强步伐,解决外国'卡脖子'问题","加强基础研究,是实现高水平科技自立自强的迫切要求,是建设世界科技强国的必由之路。"

2023年3月5日,在十四届全国人大一次会议发表重要讲话时习近平总书记再次强调,"着力提升科技自立自强能力"。习近平总书记的系列重要讲话,为加快实现科技自立自强指明了前进方向,提供了根本遵循,注入了强大动力。

2023年5月25日,习近平向2023中关村论坛致贺信,指出新一轮科技革命和产业变革深入发展,人类要破解共同发展难题,比以往任何时候都更需要国际合作和开放共享。世界百年未有之大变局加速演进,科技创新是人类社会发展的重要引擎,是应对全球性挑战的有力武器。加强科技开放合作,通过科技创新共同探索解决重要全球性问题的途径和方法、共同应对时代挑战,是大势所趋。科学技术具有世界性、时代性,发展科学技术必须具有全球视野。在新一轮科技革命和产业变革深入发展的今天,只有开放合作,科技创新之路才能越走越宽广。目前,中国已经和160多个国家和地区建立了科技合作关系,签订了116个政府间科技合作协定,构建起全方位、多层次、广领域的科技开放合作新格局。中国不断加大科技对外开放,打造具有全球竞争力的开放创新生态。

第 2 章 科技成果转化理论基础

科技成果转化以萨瓦托三角关系理论、三螺旋理论、区域创新系统理论、创新生态系统理论、区域创业生态系统理论、闭合创新系统理论、创新链理论等理论为基础，为科技成果转化实践奠定了重要的理论基础。

2.1 萨瓦托三角关系理论

萨瓦托三角关系理论是由萨瓦托在1980年提出的一种关于科技成果转化的理论框架[1]，也是世界最早的科技创新模型。萨瓦托三角模式与卢德瓦尔提出的国家创新体系方法以及埃茨科维茨提出的"大学—工业—政府关系的三螺旋模式"并列为世界三大科技创新框架。这三种框架或模式均集中于阐释与知识生产和传播有关的过程以及政策的制定和执行情况，同时试图解释不同类型的行为者即工业、学术界和政府之间的三方关系。

---

[1] 宋霞."萨瓦托三角"创新模式的运行机制及历史地位[J]. 拉丁美洲研究，2021，43(4)：77-95+156-157.

"科技成果的转化是由研究机构、企业和政府之间的相互作用构成的三角关系推动的"是萨瓦托三角关系理论的核心观点[①]。研究机构、企业和政府三大行为体若按理论构想中闭合式流通的有机内循环运行,则科学技术即可高效融入经济生产,成为发展的内在变量,极大提高生产力和竞争力[②]。萨瓦托三角关系确定了三个维度的循环关系:在每一个顶点内部确立起来的关系,比如某一大学与国内其他大学或研究机构之间的联系;三角的三个顶点之间的"相互关系",即大学和企业以及大学和政府间的联系;三角之间的关系或每一个组成部分之间的关系,即外部环境或外部关系,比如国内大学与其他国家相应大学之间的联系。

萨瓦托三角关系理论中研究机构、企业和政府三个角色都具有其重要作用[③]。对于研究机构而言,包括大学、研究中心、实验室等,在科学研究和技术开发方面具有专业知识和专长。研究机构是科技成果的主要生成者,通过基础研究和应用研究产生新的科学知识和技术成果[④],包括新的发现、技术方法、专利等。对于企业而言,在科技成果的商业化和市场化方面发挥重要作用,能够将研究机构产生的科技成果转化为实际的产品、服务或解决方案,并将其推向市场[⑤]。通过投资研发、技术转让、合作研究等方式与研究机构合作,获取科技成果并将其转化为商业机会[⑥]。对于政府而言,在科技成果转化中起到引导和支持的作用。通过制定科技政策、提供资金支持和制定法律法规等方式,为创新提供良好的环境和支持。还可以促进研究机构和企业之间的合作,构建科技创新网络和知识流动的平台。研究机构、企业和政府之间

[①] 刘冰蕊.企业战略导向、双元创新对科技成果转化绩效的影响研究[D].西安:西安理工大学硕士学位论文,2023.

[②] 王晓冬.国外循环经济发展经验——一种制度经济学的分析[D].长春:吉林大学博士学位论文,2010.

[③] 吴娟.平台生态系统中平台企业的共生关系对其竞争优势的影响研究[D].长春:吉林大学博士学位论文,2023.

[④] 吴寿仁.科技成果评价机制及其构成要素研究[J].上海经济,2023,(3):68-82.

[⑤] 苏丽敏.科技期刊服务科技成果转化的策略研究[J].传播与版权,2023,(21):32-35.

[⑥] 吴爱华,翟小清,苏敬勤.企业与创新生态系统核心主体合作深度对创新绩效的影响——基于专用性投资的调节效应[J].科技管理研究,2023,43(20):122-132.

的相互作用和合作构成了萨瓦托三角关系理论的核心。研究机构通过技术和知识的产生为企业提供创新资源,企业则将这些资源转化为商业机会和市场竞争力,政府作为引导者和支持者,提供政策和资金支持,推动研究机构和企业之间的合作[①]。

萨瓦托三角关系理论强调合作和协作的重要性。通过建立紧密的合作关系和知识交流渠道,不同角色之间可以共享资源、共同解决问题,并加速科技成果的转化和商业化。这种合作可以是研究机构与企业之间的双边合作,也可以是政府、研究机构与企业之间的多边合作。所以在萨瓦托三角构建的具体路径上,更加强调联动关系,认为政府和科技基础设施之间的交互关系主要通过政府为后者分配资金,政府和生产结构之间的关系基本依靠双方利用现存知识并将其融入生产体系中的能力,科技基础设施和生产结构之间的关系主要通过人员交流、职业变动来维系与强化。

萨瓦托三角关系理论的主要作用是从科学技术创新角度来创建一种新的发展模式、发展道路的探索。从萨瓦托三角模式的创启和运行机制来看,它由科学家、技术专家和技术政策专家共同合作提出,不仅是一个纯粹科学技术创新发展模式,而是与社会各个行为体产生纵向、横向等多维关系的关乎发展的模式。通过实现研究机构、企业和政府三大社会行为体间有机闭合式联动,从而带动内循环和外循环双环高效流动,提高生产力和竞争力[②]。

2.2 三螺旋理论

三螺旋理论的基础是产业、政府、大学相互合作、作用,将知识当作创新

---

① 陈强,梁佳慧,敦帅.创新生态评价研究:指标体系、区域差异和对策建议[J].科学管理研究,2023,41(5):2-11.
② 崔学良.数字能力对制造企业可持续发展绩效的作用机制研究[D].长春:吉林大学博士学位论文,2023.

的核心,构建了全新的社会合作机制与结构,促进了特定依存关系下优质资源的聚集与共享,实现了政、产、学等相互之间取长补短,推动了政、产、学共同快速发展。在将知识当作基础的社会生活中,产业、大学、政府是相互依存的,相互关联、作用的,在确保各自独立身份的前提条件下,产业成了开展生产环节的重要场所,政府成了确保相互间维持稳定的主要基础,大学成为新知识、新技术的关键来源。作为最重要的生产力要素,知识经济对产业、大学、政府形成了一种显著的螺旋式上升的动力,促进三者相互影响和作用,推动各方发展并最终实现创新[1]。

产业、大学、政府为三螺旋的主要要素,三螺旋创新体系要构建动态平衡状态。对三螺旋而言,并非单个产业、大学、政府的作用,还需科学家、制定政策人员、创业者、组织者、风投家等诸多个体的作用[2]。注重不同机构、不同个体的研究发展创新活动,也注重非研究发展创新活动。事实上,研究发展创新活动对于三螺旋动态平衡发展来说是重要引擎,而非研究发展创新活动对于研究发展创新活动来说是推动其走向市场、实现产业化的必要支撑[3]。三螺旋系统需要确保所有的机构都具备独立身份,注重多机构的合作作用,发展组织创新、知识创新。各个机构需要不断拓展和延伸相互间的渗透、承接等技能,以强化其独立身份和特有的核心功能,确保三螺旋协同进化、共同创新[4]。

在不同领域、机构、跨边界组织中的技术输出、输入,通常使用产学研、许可证、孵化器、新企业等诸多操作方式,以实现三螺旋创新体系多要素间信息成果、技术成果、能力提升等方面的移植、转让、普及、吸收[5]。三螺旋创新体

---

[1] 洪帅.节能产业创新生态系统耦合共生研究[D].天津:天津大学博士学位论文,2018.

[2] 谭春辉.高校人文社会科学研究成果评价机理研究——基于利益相关者的视角[J].社会科学管理与评论,2013,(2):16-23+111.

[3] 蒋建华,刘程军,蒋天颖.组织学习与组织绩效关系的Meta分析——基于测量因素、情景因素的调节作用[J].科研管理,2014,35(8):117-125.

[4] 齐善鸿,吴思.中国创新战略演进及其趋势分析——基于三螺旋创新模型的架构[J].中国科技论坛,2007,(7):3-6.

[5] 方卫华.创新研究的三螺旋模型:概念、结构和公共政策含义[J].自然辩证法研究,2003,(11):69-72+78.

系稳定良好运转过程中,必然会遇到冲突和矛盾。作为三螺旋创新体系多要素协同创新的协调者和组织者,在共同合作中发挥着诸如黏合剂、稳定剂、平衡剂的功效与作用,将不同领域的成员组织在一起,稳定关系,规避利益、思想方面的冲突,确保其发挥自身远见和能力,为不同领域机构间的共同合作创造基础和条件[①]。倘若在技术转移、协调冲突和合作、合作领导三种形态中存在一个坚持原有的能力和功能,不为三螺旋创新体系多要素共同合作拓展技能,或者是由于某一领域能力较差,其余机构可使用能力拓宽的方式进行弥补,此时就会衍生出机构领域的替代功效[②]。三螺旋创新体系多要素共同合作需要建设协同创新的体制机制,这是因为三螺旋创新体系多要素间共同合作形态的结构化配置和网络化张力,是关系到三螺旋创新体系多要素共同合作关系是否良性运行的重要指示器[③]。

  知识空间、创新空间和趋同空间都是大学、产业、政府等三螺旋创新体系多要素共同合作与相互作用的产物,而三螺旋创新体系的运行依托于知识空间、创新空间和趋同空间的非线性的、历时性的相互催化才能得以实现。现实中是难以严格地监测到知识空间的临界质量的,通常只有国家和区域的知识创新累积到某一饱和程度,才能将功效有效地发挥[④]。基于此,知识创新是经济发展的必要条件,但不一定是充分条件。趋同空间的营造在本质上是区域内拥有不同观念、背景、组织的活动者共同存在的中立空间,汇集全部活动者的统一认识和智慧,将知识空间积蓄的势能转化为促进经济社会改革创新的动能[⑤]。创新空间其实质是旨在以全新组织形式和机构机制实现趋同空间的战略目标选择,广泛吸纳不同区域内的创新企业和创新人才,培养区域内

[①] 李华晶,王睿.知识创新系统对我国大学衍生企业的影响——基于三螺旋模型的解释性案例研究[J].科学管理研究,2011,29(1):114-120.

[②] 孟卫东,佟林杰.三螺旋视阈下外部资金对高校学术创新绩效影响因素的实证研究[J].中国科技论坛,2014,(3):30-36.

[③] 牛盼强,谢富纪.创新三重螺旋模型研究新进展[J].研究与发展管理,2009,21(5):94-100.

[④] 邹波,郭峰,王晓红等.三螺旋协同创新的机制与路径[J].自然辩证法研究,2013,29(7):49-54.

[⑤] 简兆权,郑雪云.弥补创新的中间断层——以华南理工大学工研院为例[J].管理工程学报,2011,25(4):178-185.

卓越的创新公司,实现国家和区域范围内的发展和成长累积竞争潜能与优势的最终目标[①]。知识空间、创新空间和趋同空间等空间的构建都会为其他功能空间的建立提供基础和发展动力,因此唯有将三种功能空间汇集于同一空间,方可确保社会经济战略获得了良好的实施和成效。

2.3 区域创新系统理论

区域创新系统理论是从区域角度认识科技成果转化[②],重点是在特定地域环境中,与区域企业的创新投入密切互动的创新网络与制度的行政支持机制[③]。区域创新系统的概念主要来源于创新系统和区域科学的研究成果[④]。区域创新系统理论认为科技成果的转化是一个动态的过程,需要区域内的多个利益相关方共同参与[⑤]。理论中的利益相关方包括大学、研究机构、企业、政府和社会组织等[⑥]。

互动学习、知识生产、邻近性和社会根植性是区域创新系统内在机理的核心,也是区域创新系统区别于其他系统的根本特征。在一定程度上,区域创新系统的内在机理是对区域创新系统内部动态性原则的刻画,而这一动态过程正是区域创新系统的高效与成功之源。因此,区域创新系统应以推动区域创新系统内在机制的形成与发展为核心。

---

① 许海云,齐燕,岳增慧等.三螺旋模型在协同创新管理中的计量方法和应用研究[J].情报学报,2015,34(3):236-246.
② 黄蕾,钟质文.区域创新循环:基于区域差异的理论框架构建与测度[J].经济问题,2023(8):112-120.
③ 毛艳华.区域创新系统的内涵及其政策含义[J].经济学家,2007(2):84-90.
④ 郁鹏,路征.区域创新系统:理论与政策[J].特区经济,2012(10):209-211.
⑤ 闫俊周,朱露欣,齐念念.区域创新生态系统:理论框架与研究展望[J].技术与创新管理,2022,43(6):620-631.
⑥ 付淳宇.区域创新系统理论研究[D].长春:吉林大学博士学位论文,2015.

第 2 章
科技成果转化理论基础

"创新是由不同组织之间的合作、互动和知识流动所驱动的"是区域创新系统理论的核心观点①。创新不仅仅是由独立的机构或企业推动的,而是由区域内的多个相关利益相关方共同构建的创新生态系统所推动的。区域创新系统的基本内涵是具有一定的地域空间和开放的边界;主要以生产企业、研发机构、高等院校、地方政府机构和服务机构为创新主体;各创新主体通过社会互动的方式,共同组成了创新系统的组织与空间结构,进而形成了一个社会系统;将制度因素置于显著地位,重视制度要素与管理安排在知识中的生成、使用与传播中的重要性;旨在推动区域内的创新活动为目的,驱使区域内的企业通过发挥区域内的社会关系、规范、价值观和交互作用,形成独特的社会资本形态,提升区域创新能力与竞争力。

在区域创新体系中,生产企业、研究与开发机构、高校、地方政府机构以及服务组织是其核心的创新主体②。生产企业、高等院校和研究与开发机构扮演着重要角色。它们通过科学研究、实验室研究和技术开发等方式推动创新,其所产生的科学知识和技术成果可以通过与企业的合作转化为实际应用。企业则能够提供资金、市场洞察力和商业化能力,促进科技成果的商业化③。政府在区域创新系统中起到引导和支持的作用④。政府可以通过制定科技政策、提供资金支持和制定法律法规等方式,为创新提供良好的环境和支持,还可以促进不同利益相关方之间的协调和合作,构建创新网络和知识流动的平台。

区域创新系统理论强调合作、互动和知识流动的重要性⑤。各个利益相关方之间的相互作用和协同合作是推动科技成果转化的关键。通过建立密切的合作关系和知识交流渠道,不同组织之间可以共享资源、共同解决问题,

---

① 朱亮.复杂适应系统理论视角的区域创新系统研究[D].合肥:中国科学技术大学硕士学位论文,2011.
② 黄志亮.区域创新系统理论及其应用研究述评[J].当代经济研究,2008(8):21-25.
③ 戚汝庆.区域创新系统理论研究综述及展望[J].经济师,2007(3):39-41.
④ 杜博士,吴宗法.地方政府治理对科技创新的作用机制:理论与实证[J].当代经济研究,2023(12):91-102.
⑤ 王远,马慧莲.中国情境下产业创新生态系统评述与思考[J].工信财经科技,2023(4):47-60.

并加速科技成果的转化和商业化。还强调区域特定的优势和特征对于科技成果转化的影响①。每个区域都有其独特的产业结构、人力资源、科研实力和创新文化等特点,对于创新和科技成果转化起到了重要作用。因此,区域创新系统理论强调根据不同区域的特点和优势,制定相应的政策和措施加强各方之间的联系,促进科技成果转化。

区域创新系统理论可以更加系统性地推动地方化的学习进程,从而有助于各国和地区转变为创新型经济体②。在区域创新系统的理论分析框架下,制定策略性政策措施的主要依据是通过集中资源优化当地营商环境,提升区域创新系统内各主体之间的便捷联系,以及基于专业资源的区域比较优势的形成,从而提升区域创新能力、绩效和区域竞争力。增强自主创新能力,促进经济转型升级,其关键是要大幅度地增强企业的自主创新能力,构建一个以企业为主体、政府为主导、市场为导向、产学研结合的区域创新系统。一项成果从研究开发到转化和产业化,涉及体制机制、政府政策、教育、人才、社会文化等各个方面,因此建立健全区域创新体系是提升自主创新能力的关键。

2.4　创新生态系统理论

对创新生态理论而言,其是在仿生学层面对企业创新的探讨。世界各国的专家和学者纷纷从不同角度界定创新生态的内涵。有学者将其定义为整合协同,也就是不同企业将自身具备的产品进行整合,产生具备一致性的客户策略。在具体的实施过程中,可将生态创新概述为在某特定空间下,不同

---

① 王坤岩.区域产业协同创新联盟运行机制研究[J].科学管理研究,2023,41(5):72-79.
② 刘铭.制度对企业开放式创新的影响:机制及其检验[D].济南:山东大学博士学位论文,2023.

创新环境和主体间使用创新要素不断活动交流的过程,最终将产生生态创新整体。生态创新比较类似,其严格按照生态规律,例如进化、优胜劣汰、生态平衡等。环境和主体利用交换资源的方式实现生态进化。

按照耗散理论,将生态创新当作非线性、非平衡的开放体系。在该体系内,不同创新主体、环境、主体和主体之间均持续地进行能量、物质交换,进而提高竞争力和适应环境的改变。对创新种群而言,其合作和竞争关系均存在,非线性作用下,创新成果、投入要素的线性关系并不简约,也就是提高创新要素的投产也可能不会提高创新成果。

在创新生态系统中,影响科技创新的主要因素为资源空缺,很多关联企业纷纷聚集起来形成共同领域或行业集群创新[1],通过在相互间共享资源实现优势互补,最终解决单一企业面临的能力较弱、资源不足等问题。为实现创新生态系统各创新主体能够获得共赢的目标和机会,创新主体之间通过合作创新最终达到共同获得市场利润的过程[2],其实质就是互惠共生。产学研合作实际上实现了产业(各企业)、科研机构、高等院校等多方的优势互补、彼此依存以及共同获利。创新生态系统是以知识联系为联结纽带而形成的有机系统,这使得其呈现出结网群居的重要特性[3]。结网群居的创新生态系统具有强烈的社区意识,表现为产业(各企业)、科研机构、高等院校、中介服务机构等主体间存在着密切互动的依存关系。协作主体的合作创新无疑是主流,但这并不排斥其在分工层面上的竞争,这使得创新生态系统中创新主体能够具备高度的灵活性与敏锐的警觉性,为科学技术的持续进步提供了不竭动力[4]。

创新生态系统具备特有的性质,首先反映其系统性特征的是复杂性[5],其

---

[1] 刘友金,罗发友.企业技术创新集群行为的行为生态学研究——一个分析框架的提出与构思[J].中国软科学,2004,(1):68-72.

[2] 胡晓鹏.产业共生:理论界定及其内在机理[J].中国工业经济,2008,(9):118-128.

[3] 罗发友,刘友金.技术创新群落形成与演化的行为生态学研究[J].科学学研究,2004,(1):99-103.

[4] 解学梅,曾赛星.创新集群跨区域协同创新网络研究述评[J].研究与发展管理,2009,21(1):9-17.

[5] 刘丹,闫长乐.协同创新网络结构与机理研究[J].管理世界,2013,(12):1-4.

一是创新要素的复杂性,即创新生态系统拥有多样性、多数量的创新元素;其二是创新要素关联的复杂性,即不同创新要素之间的非线性关联并不相同;其三是创新系统结构的复杂性,即创新生态系统是多维空间、网络式结构化系统。再次反映其系统性特征的是整体性,创新生态系统并不是创新要素的简单堆积,而是创新要素的非线性有机组合整体[①]。创新要素通过某一方式、规律构成系统时,整体功能并非等同于不同要素的综合功能,其功能性要更加大,形成"1+1>2"的功效。最后反映其系统性特征的是开放性,创新生态系统同其所在环境之间具备输出、输入关系,这种关系本质上是一种开放关系。因此无论是国家创新生态系统还是区域创新生态系统,都并不是封闭孤立的,而是在开放中有效关联的。

对于创新生态系统而言,介于稳定状态与动态状态的中间状态被称为动态平衡。事实上,对于任何创新生态系统而言都很难实现理想中的平衡状态,但却能够在某一时刻实现短暂地靠近平衡状态的动态平衡,这就是动态亚平衡状态。若其中两个或两个以上的创新物种持续相互作用、适应和影响,这种演化过程[②]就是创新生态系统的协同演化状态。通常情况下,创新生态系统内不同的创新物种单独演化会产生相互影响的效果,进而形成创新物种间的协同效应,促进整个创新生态系统达到最优的演化结果。创新生态系统的发展就是一个从弱到强的过程,是从一种模式、形态转变为另一种模式、形态的产物。创新生态系统的自组织演化是创新种群合作完成某种创新环节、活动过程中遭受外来不确定性因素干扰时,各创新种群的创新单元在缺乏外部执行命令指导的基础上,凭借相互间默契进行工作,确保创新生态系统维持在稳定的状态。

---

① 朱瑞博,刘志阳,刘芸.架构创新、生态位优化与后发企业的跨越式赶超——基于比亚迪、联发科、华为、振华重工创新实践的理论探索[J].管理世界,2011,(7):69-97+188.
② 王子龙,谭清美,许箫迪.企业集群共生演化模型及实证研究[J].中国管理科学,2006,(2):141-148.

2.5 区域创业生态系统理论

区域创业生态系统理论是一种关于创业和创新的理论框架,强调区域内多个因素的相互作用和影响[1]。创业生态系统是指一个能够支持和促进创业主体获取创业资源,提供完善的创业配套的硬件设施(办公环境、物流运输等)和软件服务(政策资源、环境文化等)的群落[2]。区域创业生态系统理论认为创业不仅仅是个体行为,而是一个由创业者、企业、投资者、政府、大学和其他支持机构等多个利益相关方组成的生态系统。有学者认为创业生态系统是特定区域内相互作用的主体形成的群落,通过支持和促进新企业的创建和成长来实现可持续发展,创造社会和经济价值。也有学者认为提出创业生态系统是一个地理区域内的交互群落,由多种互相依赖的创业主体和环境要素(市场、监管体系等)构成并随着时间而演化,主体和环境共存并相互作用来促进新企业的建立。还有学者认为区域创业生态系统是某区域促进资源内向流动和向外输出的开放式系统,该生态系统的各个要素都同时担负着资源提供者和资源受益者的职责。

"创业活动是由资源、人才、市场、资金、政策环境和文化等不同因素和利益相关方之间的相互作用和协同推动的"是区域创业生态系统理论的核心观点[3]。在一个有利的创业生态系统中,资源、人才、市场、资金、政策环境和文化等因素相互支持和促进,形成一个创新和创业的良性循环。科技成果转化是创业生态系统中的一个重要环节,因此区域创业生态系统理论与科技成果

---

[1] 翟羽佳.区域创业生态系统的构建与培育[D].南宁:广西大学硕士学位论文,2014.
[2] 张兢.创业生态系统与经济发展的互动机制研究[D].重庆:重庆大学博士学位论文,2022.
[3] 彭伟,殷悦,沈仪扬等.创业生态系统如何影响区域社会创业活跃度?——基于模糊集的定性比较分析[J].外国经济与管理,2022,44(9):121-134.

转化密切相关①。

创业生态系统概念界定是进行创业生态系统研究的起点,是进一步研究其他深层次问题的基础。显然,基于生态学的理论,创业生态系统是其内部主体与外部环境的共生集合这一观点已在相关研究中被广泛接受,但由于创业生态系统外部环境的复杂性与内部主体的多样性,使得不同的创业生态系统呈现出多元化的特点,因此,现有研究成果对于其特征尚未达成一致性的结论。

有学者认为区域创业生态系统大概是由七个基本要素构成:创业者、文化、大学、资金、基础设施、市场及政府。也有学者认为创业生态系统由直接参与主体、间接参与主体、创业环境三部分构成,创业企业与其关联企业在创业过程中具有协同共生性,将其归为直接参与主体。政府、高校及科研机构是对创业活动产生间接影响的重要主体,将其归为间接参与主体。市场监管环境决定了创业环境的公平性和有序性,区域人员流动性反映了创业环境的开放程度,二者均是创业活动的主要影响因素,将其归为创业环境。创业活力指创业企业对各种创业因素进行重新组合的能力,这种重新组合多表现为创建新组织、开发新产品、提供新服务,从而获取更好的经济效益,通常可从创业成果这一视角对创业活力进行衡量和评价。区域创业生态系统中的创业过程是非常复杂的一个活动形式。一个完整的创业活动过程包括创业者与创业者的互动、创业者对企业的管理、企业与企业间的资源交换、企业和周围环境之间的相互协调等,从这些活动的内容来看,区域内的创业的活动过程与生态系统的运行规律存在着紧密联系②。基于此,才有了将创业环境和创业环境中活动的主体类比成生态系统中的非生物环境和生物群落的区域创业生态系统的原理③。

---

① 李经路,宋士博,王华宾.创业生态系统:演进轨迹与发展取向[J].财会月刊,2021(20):120-128.
② 杨帅.区域创业生态系统运行效率研究[D].太原:山西财经大学硕士学位论文,2019.
③ 陶小龙,黄睿娴.区域创业生态系统视角下众创空间运行机制研究[J].云南大学学报(社会科学版),2021,20(3):123-132.

区域创业生态系统理论强调不同利益相关方之间的资源共享和合作[①]，通过合作共享资源，促进科技成果的商业化和市场化。研究机构提供科学知识和技术成果，企业提供商业化能力和市场洞察力，通过合作共赢的方式实现科技成果的转化[②]。通过资源共享、合作、投资支持、政策环境、创新文化和社会网络的作用，科技成果可以更好地转化为商业机会，推动区域的创新和经济发展。作为创业企业的聚集地与栖息地，区域创业生态系统为当地创业企业提供了适宜的创业环境、有益的支持服务和共享的创业资源。

2.6　闭合创新系统理论

闭合创新系统理论是一种关于创新的理论框架，强调创新过程中各个利益相关方之间的紧密合作和知识共享[③]。闭合创新系统理论认为创新不是由单个组织独立完成的，而是通过组织之间的互动和合作来实现的。在组织内部各主体之间相互联系相互作用形成一套完整的创新系统，且系统本身是闭合的，形成一个完整的闭环，完全由内部各组织进行作用。闭合创新系统是以创新主体和创新要素为主要内容的有机动态体系，核心是知识的流动及因知识的流动导致的创新效率的提升。闭合创新系统建构了一种创新体系模式，解释了科学技术如何融入经济增长过程以及科学技术重要地位等内容。

"创新活动需要企业、研究机构、大学、政府和其他利益相关方等多个组

[①] 陈丛波,陈娟,胡登峰.场景驱动的跨区域创新系统：核心要素与未来发展[J].科研管理,2024,45(5)：85-93.

[②] 蒋正明.当前我国企业科技创新及高质量发展的对策研究[J].中国治理评论,2023,(2)：117-129.

[③] 杨博旭,柳卸林,吉晓慧.区域创新生态系统：知识基础与理论框架[J].科技进步与对策,2023,40(13)：152-160.

织之间的相互作用和协同"是闭合创新系统理论的核心观点[①]。在创新过程中共享知识、资源和技术,并通过合作来推动创新的发展[②]。企业、研究机构、大学、政府和其他利益相关方等组织之间相互联系的同时也是闭合的,形成一个完整的闭环,在相互作用下推动科技创新发展。闭合创新系统理论的框架体系是以创新主体为核心、创新要素为关键、主体间联合创新为基础和创新环境为保障,以不断提升创新能效的理论体系。

闭合创新系统理论与开放创新模型形成对比。开放创新模型认为创新的过程不仅限于组织内部,还可以通过开放和合作的方式与外部组织进行交流和合作[③]。闭合创新系统理论更加强调组织之间的内部合作和知识共享,研究机构、企业和其他利益相关方可以通过合作来推动科技成果的商业化[④],合作可以涵盖联合研发项目、技术转让、共同创办企业等形式,使各方能够共享资源、知识和技术,加快科技成果转化的速度和效率。科技成果转化通常需要多个组织之间的紧密合作和知识共享,因此,闭合创新系统理论与科技成果转化有着密切的关系[⑤]。闭合创新系统理论强调知识的转移和应用是创新过程中的关键环节,研究机构提供的科学知识和技术成果需要被转化为实际应用和商业价值[⑥]。这需要与企业和其他利益相关方之间的密切合作,将科技成果转化为创新产品、服务和解决方案。

闭合创新系统作为一个重要政策工具,在实践中取得了巨大成功,通过对闭合创新系统的建设,许多国家和地区进入创新型经济行列。作为国家和地方政府,需要审视其在创新过程中所起的作用,在全面的政策战略框架体

[①] 张贵,姜兴,蔡盈.区域与城市创新生态系统的理论演进及热点前沿[J].经济与管理,2022, 36(4):36-45.

[②] 王征,郑刚强.设计创新生态系统的模型构建与优化策略研究[J].设计,2023,36(23):89-93.

[③] 刘欣然.区域产业经济发展的内循环模型理论与应用分析[J].中国集体经济,2023,(25): 5-8.

[④] 艾栋,刘静静,林琳等.政府参与下企业科技成果转化的演化博弈研究[J].科学技术创新, 2023,(26):189-196.

[⑤] 韩伟,刘洪尊,丁锐.中国区域创新生态系统研究现状和趋势分析[J].科技导报,2023, 41(16):100-112.

[⑥] 王天友.以高质量科技成果转化推进高水平科技自立自强[J].红旗文稿,2023,(23):17-20.

系下正视自身的效率和政策取向。在闭合创新系统的分析框架中,战略性政策措施制定的主要方面是完善闭合创新系统的宏观政策环境,构建闭合创新系统的内在机制,重视社会资本在闭合创新系统中的作用,以及通过政策规划促进闭合创新系统的形成,以此来提升竞争力并有效地促进科技成果转化为创新产品和商业机会,推动区域的创新和经济发展。

2.7 创新链理论

创新链是指以某一创新的核心主体为中心,以满足市场需求为导向,以知识创新活动为纽带,联结各创新参与主体,从而实现知识的经济化过程和创新体系最优目标的一种功能链式结构模型。科技成果转化是一项复杂的系统性的链式过程[1],主要由知识来源、理论研究、中试等应用研究、新产品开发、试生产等若干环节组成,而创新链则是描绘了一种技术成果从想法的生成到商业生产和销售的全过程的链式结构[2],揭示以市场需求为导向的各类创新主体,通过分阶段参与知识创新、技术创新、产品创新等过程,推动知识与技术的流动、融合与增值。创新链中各环节的内在关系、相互作用与链接对新技术应用到生产领域,创造创新收益至关重要。围绕创新链布局资金链、政策链也是推动产业升级,提高企业核心竞争力的关键,现从创新的概念、演化阶段进行分析。

创新链不仅包括技术创新,而且包括制度创新和管理创新;创新的主体不仅包括研究机构,也包括企业和个人;科技创新不仅有重大的突破,更有进步与改善。在实践中,创新链条为这些维度的不同组合,是多种多样的。

---

[1] 高洪玮.推动产业链创新链融合发展:理论内涵、现实进展与对策建议[J].当代经济管理,2022,44(5):73-80.

[2] 褚思真,万劲波.创新链产业链的融合机制与路径研究[J].创新科技,2022,22(10):41-51.

创新链的核心观点是指具有多种创新职能的活动按一定序列集合并协同合作形成的一条链式结构,这些创新职能活动涵盖范围广泛,如提出新思想、新设计、新发明,制订新流程,创造新产品,开发新市场等[①]。它旨在揭示知识与技术在全过程中的流动、转换与增值效应,以及在全过程中各个创新主体间的衔接、协作与价值转移的关系。一条由技术创新驱动的"创新链",是由创新需求到产业化传播而构成的。国家层面重点加强链条中的基础研究环节,各地区政府重点加强应用研究和设计开发,围绕"创新链"的招商,重点要以引进从事应用研究和设计开发方面的科研机构为目标。

协同创新是一种由高校、科研机构、企业、消费者、政府组成的多元主体,通过深度协作与资源集成,形成系统叠加效应的创新组织方式。创新链上各主体之间的协作,是提高整个创新链效率的根本。目前,创新链中多元主体协同创新议题越来越受到学者关注,其研究视角主要包括3个层面:宏观区域视角研究国家和区域创新链,主要是解读系统内部各创新主体的协同互动规律;中观产业视角研究高校、科研院所及企业间的相互作用关系;微观企业视角研究企业管理实践对创新链整体运作效果的作用。

创新链的理论包括创新来源、创意、设计实验、孵化、技术产品、新产品生产、新产品开发等8个方面。它包含了一个由许多创新主体组成的复杂的网络系统[②]。基于企业视角,提出创新链是指以某一创新主体为中心,通过创新活动链接其他创新主体,实现创新链中各个环节的功能优化的系统。区别于创新生态系统,创新链的基本结构具有链式特征,更强调突出企业的创新主体地位,关注链条上、下游供需匹配关系及核心企业的作用。创新链是一条以企业为中心、以市场为主导、以创新为基础、以提升竞争力为目的的链式结构,它围绕创新从一个概念开始到最终市场化全过程形成一个有序的链接[③]。

总结来说,创新链主要具有以下几个特征:第一,从总体上看,它是一个

---

① 刘家树.基于创新链集成的科技成果转化研究[D].南京:南京航空大学博士学位论文,2013.
② 路天浩.要素禀赋、创新模式选择与区域经济高质量发展[D].长春:吉林大学博士学位论文,2023.
③ 程辉.基于创新生态系统的科技创新与区域经济发展关系研究[D].北京:北京交通大学博士学位论文,2022.

复杂的链式系统。第二,它是一个由知识、技术等原创工作为起源,以其市场价值实现为终点的多个环节构成的链条,它遵循知识与技术的流动、扩散规律。第三,创新链由企业、高校、研究机构、科技中介等多方参与,各个主体在创新链中所起的作用也不尽相同。第四,创新链以成功实现知识、技术等转化为最终目的,以达到各个创新主体的预期收入为目标[①]。

对企业而言,创新是企业立足于市场的核心竞争力,创新链是要把创新的管理理念转变为员工可以感受到的知识创新,通过知识创新接着传递为技术的创新,通过一系列的试验与研究验证技术的创新是否可行,紧接着就是生产流程的创新,最后到顾客层面的营销手段的创新。企业的创新链以知识创新为基础,依次通过知识创新、技术创新、实验研究、生产流程创新和营销创新的层层递进以及向上的信息反馈,为企业生产节省成本和资源的投入,提高经济效益。

---

① 王璐,韩晨静.国内外创新链研究进展[J].中国质量,2021(9):50-56.

第3章 科技成果转化脉络梳理及前沿趋势

国内学者关于科技成果转化的研究已经取得了大量成果。从研究内容上看,主要围绕科技成果转化的本质属性、主要阵地、重要应用、政策支持四个维度展开。运用Citespace文献计量分析工具对中国知网(CNKI)科技成果转化相关文献资料进行梳理和总结,探究科技成果转化研究的演进脉络和前沿热点,以期能更好地掌握科技成果转化的研究态势,为未来科技成果转化的深入研究提供参考依据和决策方向。

3.1 科技成果转化文献回顾

科技成果转化是我国特有的一种现象,是在计划经济体制长期作用下形成的,实质就是一个动态的知识转移的技术创新或企业创新过程。针对国内科技成果转化的研究主要体现在以下几个方面:一是关于科技成果转化的本质属性,二是关于科技成果转化的主要阵地,三是关于科技成果转化的重要应用,四是关于科技成果转化的政策支持。

3.1.1 科技成果转化的本质属性

科技成果转化主要围绕科技成果知识产权的实施和转移展开,必须将知识产权保护贯穿于科技成果转化全链条,才能更好实现科技服务经济发展、助力创新驱动发展[①]。引用知识基因理论,探索影响科技成果转化的关键因素,不同省份之间影响科技性状表达的主要因素具有显著差异,组合活动和翻译活动开展情况是制约我国科技成果转化的主要障碍因子[②]。从技术知识主体(企业)和外部环境分析影响科技成果转化的要素,科技成果转化政策需要从资金支持、激励制度改革等向构建更高效的知识网络方向转变[③]。在高校科技成果转化过程中,结构洞会阻碍团队成员间的隐性知识转化,关系能够缓解结构洞对隐性知识转化的阻碍作用,进而促进隐性知识转化,运用关系鼓励结构洞占据者填充其结构洞,连结两边不认识的个体,以促进整个网络的隐性知识转化,推动高校科技成果转化[④]。充分利用隐藏在科技人员体内的隐性知识,促进科技成果中显性知识的转化,弥合科技成果供体和受体之间的知识差距,进而促进科技成果成功转化[⑤]。

高校科技成果转化对于经济高质量发展具有重要影响,技术转移办公室是打通高校科技成果转化"最后一公里"的重要体制,仅具有科技成果转化数量效应而缺乏价值效应[⑥]。技术入股是推动高校科技成果转化的重要激励机制,技术入股促进科技成果转化的内在机制包括形成机制、实现机制、约束机

---

① 马锋,潘成利,冯锋.科技成果转化中的知识产权相关问题研究——基于中国科学院下属科研院所的调研分析[J].管理评论,2021,33(3):138-145.
② 贾永飞,郭玥.知识基因视角下科技成果转化影响因素研究[J].科技进步与对策,2023,40(10):67-78.
③ 刘乐琼,毕勋磊,叶中华.基于知识论的科技成果转化影响因素研究[J].世界科技研究与发展,2018,40(3):281-289.
④ 刘佳源,李军,颜建周.关系与结构洞的碰撞:科技成果转化中的隐性知识转化[J].科技进步与对策,2021,38(7):19-28.
⑤ 郑建阳.知识视角下科技成果转化机制研究[J].科学管理研究,2017,35(2):39-42.
⑥ 胡凯,王炜哲.如何打通高校科技成果转化的"最后一公里"?——基于技术转移办公室体制的考察[J].数量经济技术经济研究,2023,40(4):5-27.

制、收益分配机制和股权激励机制,对通过技术入股促进高校成果转化实践具有指导意义[1]。以技术需求为导向,探索技术需求清晰度、技术需求强度、技术需求深度和技术需求契合度对科技成果转化效率的影响,技术需求深度及技术需求清晰度是影响科技成果转化的两个重要变量[2]。在涉农企业科技成果转化活动中,自主创新与涉农企业科技成果转化效率之间存在倒"U"型关系,技术引进与涉农企业科技成果转化效率呈现非线性影响,技术引进与自主创新呈现互补效应[3]。数字技术赋能对破解高校科技成果转化困境具有重要意义,要充分利用数字技术赋能作用,通过数字技术前台、中台、后台共同发力,实现数字技术与高校科技成果转化有机融合,有效提升科技成果转化效率[4]。

3.1.2 科技成果转化的主要阵地

高校是科技成果转化的主要阵地和重大科技突破的策源地,高校科技成果转化问题研究一直是学者们关注的焦点[5]。通过测算高校科技成果转化与区域高技术产业发展水平及耦合协调度,结果显示高校科技成果转化水平稳步提升,但其他地区与东部地区差距逐年拉大,高校科技成果转化与高技术产业耦合协调度逐年上升[6]。"双一流"高校科技成果转化仍然存在科技成果转化平台的专业支持不足、科技成果向企业开放共享力度不够、服务产业的

---

[1] 郑茜,刘璐,吕英.技术入股促进高校科技成果转化的内在机理研究——基于协同理论分析视角[J].高教探索,2022(6):65-70.
[2] 唐露源,谢士尧,胡思洋.技术需求导向的科技成果转化影响因素研究——以101家高新技术企业为例[J].中国科技论坛,2023(4):16-24.
[3] 林青宁,毛世平.互补还是替代?——技术引进、自主创新与涉农企业科技成果转化效率[J].科技管理研究,2022,42(3):1-9.
[4] 易岳峰,王洋.数字技术赋能高校科技成果转化的路径[J].中国高等教育,2021(11):55-57.
[5] 李飞,张瑞,段婕.高校科技成果转化的文献计量可视化研究[J].科学决策,2023(10):279-288.
[6] 谭涛,李俊龙.我国高校科技成果转化与区域高技术产业发展水平测度以及耦合协调度研究[J].中国科学基金,2023,37(4):682-691.

流向分布不平衡及综合效益表现薄弱等问题[1],在创新激励措施组合、激励治理的全流程保障等方面仍需要加强,但在发挥政策引导、激发激励对象转化动力等方面较为完善[2]。高校科技成果转化体系的建设与运行关系到科技成果转化的效率与成效,因此探索科技成果从大学转移到企业与市场的全过程将有着重要的意义[3]。

农业是科技成果转化的又一主要阵地和创新链的中端,是科研人员关注的焦点问题[4]。农业科技成果转移转化具有地域性特征明显、受众类型多样、成果转化周期长、不确定性和风险大和基础性与公益性突出等特征[5]。随着我国对农业科技创新与成果转化投入的不断加码,当前农业科技贡献率与成果转化率却陷入"双低"困局,并呈现出科技供给旨趣错位、体制机制陈旧固化、协同创新与集成转化水平不佳等农业科技成果转化内卷化表征[6]。农业科技成果转化从外生向内生转变,表现为外生性农业科技成果转化体系为传统小农经济的稳定提供了技术支撑,现代农业发展方向和规模经营的新型经营主体为科技成果转化内生于科研机构和农业企业奠定了基础[7]。基于此,通过知识需求识别、转化阶段嵌入、科技资源整合与知识门户服务四层技术架构,嵌入式多层知识服务体系实现了对农业科技成果转化的精准知识服务[8]。

---

[1] 邵玲芝,朱军文.基于典型案例的"双一流"建设高校科技成果转化特征与问题分析[J].教育发展研究,2023,43(17):18-24.

[2] 郝涛,林德明,丁堃等."双一流"高校科技成果转化激励政策评价研究[J].中国科技论坛,2023(7):21-32.

[3] 郭蕾.新时期我国高校科技成果转化体系建设探索[J].中国高校科技,2023(6):33-36.

[4] 林青宁,毛世平.中国农业科技成果转化研究进展[J].中国农业科技导报,2018,20(4):1-11.

[5] 陆建珍,徐雪高,汪翔.我国农业科技成果转化的现状、问题及对策[J].江苏农业科学,2021,49(17):238-242.

[6] 袁伟民,赵泽阳.农业科技成果转化内卷化:困境表征与破解进路[J].西北农林科技大学学报(社会科学版),2022,22(2):104-113.

[7] 熊桉.农业科技成果转化:从外生向内生转变的机制与模式研究[J].农业技术经济,2019(11):83-92.

[8] 魏奇锋,顾新.农业科技成果转化的知识服务体系构建研究[J].情报理论与实践,2019,42(6):111-116.

3.1.3 科技成果转化的重要应用

科技成果转化的重要应用体现在机制设计、模式选择与对策建议上。当前中试基地对科技成果转化的制约并未从根本上得到缓解,在依靠市场无法充分满足建设中试基地需求的情况下,政府应当积极介入,并协同多个主体建设中试基地,以弥补市场失灵[1]。遵循动机—行为逻辑,构建科技成果转化机构利益共享与风险共担的集成激励机制,为科技成果转化机构激励机制设计提供行动指南[2]。事实上,科技成果转化收益分配问题一直是各国法律和政府政策关注的焦点,中美两国高校科技成果转化发展阶段和发展模式的差异是造成收益分配机制不同的主要原因[3]。通过设计对接产业需求的高校成果转化效率提升管理机制,可以打破转化过程中匹配机制、激励约束机制和利益分配机制的束缚,促进科技成果转化效率的提升[4]。

科技成果转化三螺旋模式将政府、高校与企业三方纳入科技成果转化的互动关系过程,政府、企业和高校之间相互依附,各自发挥作用,推动科技成果向市场应用转化[5]。打破传统的"产学研"模式,从"政产学研金服用"七要素出发,重点探讨了政府、金融资本、科技服务和用户市场回馈等新增要素,为推动科技成果转化工作的发展提供参考[6]。高校应自我改革完善与科技成果相关的管理体制与机制,逐渐改变科技成果转化管理模式,将多个机关部

---

[1] 侯小星,曾乐民,罗军等.科技成果转化中试基地建设机制、路径及对策研究[J].科技管理研究,2022,42(21):112-119.

[2] 危怀安,文圆,李旭彦.科技成果转化机构利益共享与风险共担集成激励机制——基于湖北省多案例探索性研究[J].中国科技论坛,2022(1):14-21.

[3] 钟卫,沈健,姚逸雪.中美高校科技成果转化收益分配机制比较研究[J].科学学研究,2023,41(2):253-263.

[4] 黄海燕.产教融合背景下高校科技成果转化效率提升机制研究——基于江苏常州地区高校的调查分析[J].中国高校科技,2020(12):68-71.

[5] 毛劲歌,常笑.三螺旋模式下湖南省高校科技成果转化的反思与路径探索[J].中国高校科技,2023(10):82-88.

[6] 王凡.高校科技成果转化中"政产学研金服用"模式探讨[J].中国高校科技,2021(6):92-96.

门的"分段式"管理演变为提供"一条龙式"专业服务的服务模式[①]。针对高校科技成果合作转化与独立转化两种模式,深层次考虑合作转化下技术转让或者共同商业化模式选择的优劣,探索商业化成本和科技成果转化率的不同变化对科技成果转化模式选择的影响[②]。

科技成果转化是创新驱动发展的重要引擎,科技成果转化率低、转化成效不明显已经成为学界和政府部门关注的焦点[③]。科技成果转化新政颁布并未从根本上改善高校科技成果转化现状,其直接原因在于政策不协同导致政策难以具体落实,间接原因是成果与市场对接不力、中试环节缺乏、激励失调[④]。一般认为,高校科技成果转化难的根本症结在于科技成果供需结构性矛盾、中试孵化资金投入匮乏、中介服务发展滞后[⑤]。从经济社会及科技创新的底层逻辑出发,聚焦体制机制、科技金融、新型研发机构、共性技术平台、专业人才体系,加快打造科技成果转化体系,破除科技经济"两张皮"难题[⑥]。

3.1.4 科技成果转化的政策支持

政策工具是促进科技成果转化的手段和途径,有助于科技成果转化高质量发展[⑦]。在政策工具与创新价值链双重视角下,美国、欧盟、日本、韩国和以

[①] 朱琬宁.高校科技成果转化服务模式比较研究——以国内外4所院校调研分析为例[J].中国高校科技,2020(11):4-7.

[②] 胡俊,吴君民,盛永祥等.基于演化博弈的高校科技成果转化模式选择研究[J].科技管理研究,2019,39(24):63-71.

[③] 贾雷坡,张志旻,唐隆华.中国高校和科研机构科技成果转化的问题与对策研究[J].中国科学基金,2022,36(2):309-315.

[④] 罗建,史敏,彭清辉等.核心利益相关者认知差异视角下高校科技成果转化问题及对策研究[J].科技进步与对策,2019,36(13):112-117.

[⑤] 米磊,赵瑞瑞,侯自普.中国科技成果转化体系存在的问题及对策——从科技创新的底层逻辑出发[J].科技导报,2023,41(19):96-102.

[⑥] 杜健.高校科技成果转化难的症结及对策研究[J].国家教育行政学院学报,2017(3):70-76.

[⑦] 郝涛,丁堃,林德明等.高校科技成果转化政策工具的选择偏好与配置研究——36所"双一流"高校政策文本分析[J].情报杂志,2021,40(12):80-86+149.

色列5个国家和地区的供给型政策工具和环境型政策工具均存在过溢现象，而需求型政策工具运用不足[①]。政策工具在区域科技成果转化不同阶段分布不均匀，产业化阶段的政策工具明显匮乏[②]，诸如陕西等省科技成果转化政策在政策工具设计、搭配及构建中所存在的过溢与缺失问题[③]。

基于国内外学者研究成果并结合科技成果转化特点，通过文本挖掘进行科技成果转化政策评价，以期为完善科技成果转化政策提供理论参考依据[④]。金融支持科技成果转化政策存在较大的区域差异，综合性政策较多，缺乏具体金融支持方法的细化，需制定更具针对性、补充性的金融政策，以提高区域科技成果转化率[⑤]。围绕北京、上海、广州、天津、重庆、成都、武汉、西安、郑州等9个国家中心城市，强调要在科技成果转化政策制定中丰富政策目标、优化工具结构和叠加政策效应[⑥]。对辽宁省科技成果转化十强高校进行政策量化，强调应完善政策内容、政策作用客体、政策作用范围[⑦]。

从政策文本中提取关键词、分析主题分布和测算主题强度，分析科技成果转化政策发文主体的合作网络，探索科技成果转化政策进一步完善、发文主体多元化合作的现实可能[⑧]。将涉及我国科技成果转化153项政策文本归纳为11个维度，从制定主体、政策类型、文本数量进行定量定性分析，找寻科

[①] 廖晓东,张跃.基于政策工具与创新价值链双重视角的科技成果转化政策国际比较研究[J].科技管理研究,2019,39(7):56-62.

[②] 张亚明,赵科,宋雯婕等.区域科技成果转化政策工具的配置与优化分析——基于河北省的政策文本计量[J].软科学,2024,38(1):23-30.

[③] 马江娜,李华,王方.陕西省科技成果转化政策文本分析——基于政策工具与创新价值链双重视角[J].中国科技论坛,2017(8):103-111.

[④] 史童,杨水利,王春嬉等.科技成果转化政策的量化评价——基于PMC指数模型[J].科学管理研究,2020,38(4):29-33.

[⑤] 赵睿,李波,陈星星.基于文本量化分析的金融支持科技成果转化政策的区域比较研究[J].中国软科学,2020(S1):155-163.

[⑥] 杜宝贵,廉玉金,杨帮兴.国家中心城市科技成果转化政策量化评价[J].科技管理研究,2022,42(22):17-23.

[⑦] 纪国涛,王佳杰.我国高校科技成果转化政策量化评价研究——以辽宁省10所高校的PMC指数模型分析为例[J].中国高校科技,2022(11):22-27.

[⑧] 苏林,胡涵清,庄启昕等.基于LDA和SNA的我国科技创新政策文本计量分析——以科技成果转化政策为例[J].中国高校科技,2022(3):37-43.

技成果转化政策存在的不足[①]。地方政府作为中央政策法规的具体落实者,是促进科技成果转化的关键主体[②]。定量统计、多维尺度分析239项地方科技成果转化政策的时间分布、类型分布、地域分布、政策作用领域及主题、特征变迁,进一步思考地方科技成果转化政策发展方向[③]。

3.2 科技成果转化研究进展

通过使用CiteSpace.6.1.R6版本,对当前中国科技成果转化研究文献中空间内在关联和规律进行挖掘,如涉及的作者、机构、地区(省际)的合作等内容,以可视化的方式展示中国科技成果转化相关研究的进展,方便未来有关研究者准确理解和拓展研究。

为保证数据来源的真实性与可靠性,检索"篇名=科技成果转化"的核心期刊、CSSCI、CSCD等中文期刊文献,通过人工核验的方法手动剔除会议、论坛、工作纪实、特约评论、访谈和图书等[④],共检索出1658篇。对检索到的文献信息以Refworks格式保存,并通过CiteSpace转换格式。CNKI导出日期和检索日期均为2023年11月18日,设置CNKI时间跨度为1992—2023年,时间间隔为1年,分析数据选择标准设置为"Top25"。

[①] 王永杰,张善从.2009—2016:中国科技成果转化政策文本的定量分析[J].科技管理研究,2018,38(2):39-48.

[②] 张素敏.地方政府在促进科技成果转化过程中的注意力配置——基于15个省域政策文本的NVivo分析[J].河南师范大学学报(自然科学版),2022,50(3):104-112.

[③] 黄菁.我国地方科技成果转化政策发展研究——基于239份政策文本的量化分析[J].科技进步与对策,2014,31(13):103-108.

[④] 洪帅,王天尊,符晓艺.中国智慧农业研究演进脉络梳理及前沿趋势分析[J].江苏农业科学,2023,51(4):28-38.

3.2.1　中国科技成果转化研究省际分布

在北大核心、CSSCI、CSCD等期刊上发表以"科技成果转化"为篇名的论文的共涉及 31 省(市),发文数量最多的省(市)是北京,约占全部文献的 20.87%;其次是江苏、广东,分别约占全部文献的 8.87% 和 6.94%。在 CNKI 上发表核心期刊、CSSCI、CSCD 期刊论文数量排名前 8 位的省(市)依次是北京、江苏、广东、湖北、上海、陕西、辽宁、黑龙江。从发文数量看,国内各省(市)在科技成果转化研究方面存在重大差异,如表 3-1 所示。北京作为全国科技创新中心,在科技成果转化研究方面一枝独秀,位于全国省(市)研究第一梯队,发挥着服务于全国各省(市)的重要功能;江苏、广东等省位于科技成果转化研究第二梯队,湖北、上海、陕西、辽宁等省(市)位于科技成果转化研究第三梯队,黑龙江、四川、山东、浙江、安徽、天津等省(市)位于科技成果转化研究第四梯队。《中国区域创新能力评价报告 2023》发布,广东、北京、江苏、浙江、上海、山东、安徽、湖北、湖南和四川等省(市)区域创新能力排名前 10 位。可以看出,浙江、山东、安徽、湖南和四川等省近年来区域创新能力不断增强,但在科技成果转化研究累计方面略显不足,因此未进入前三梯队;而陕西、辽宁等省情况刚好与之相反,在科技成果转化研究累计方面具有优势,因此进入前三梯队。这也说明,各省(市)不仅要注意区域创新能力的提高,更要注意科技成果转化研究的累计,真正在实力、效率和潜力等方面实现突破。

表 3-1　各省市核心期刊、CSSCI、CSCD 发文量

排名	梯队	省份	发文量	排名	梯队	省份	发文量
1	一梯队	北京	[300,+∞)	8		黑龙江	
2	二梯队	江苏	[100,300)	9		四川	
3		广东		10	四梯队	山东	[50,80)
4		湖北		11		浙江	
5	三梯队	上海	[80,100)	12		安徽	
6		陕西		13		天津	
7		辽宁					

续表

排名	梯队	省份	发文量	排名	梯队	省份	发文量
14	五梯队	河北	[10,50)	24	六梯队	云南	[9,0)
15		湖南		25		新疆	
16		河南		26		内蒙古	
17		福建		27		宁夏	
18		重庆		28		贵州	
19		江西		29		海南	
20		吉林		30		青海	
21		山西		31		西藏	
22		甘肃		—		共计	1658
23		广西					

3.2.2 中国科技成果转化研究时间序列发文量分布

中国科技成果转化研究累计发文量呈现上升趋势，这说明对科技成果转化的研究越来越深入，也表示对其重视程度不断增强。CNKI 时间序列图如图 3-1 所示，可以看出我国科技成果转化的研究始于 1992 年，现目前为止已

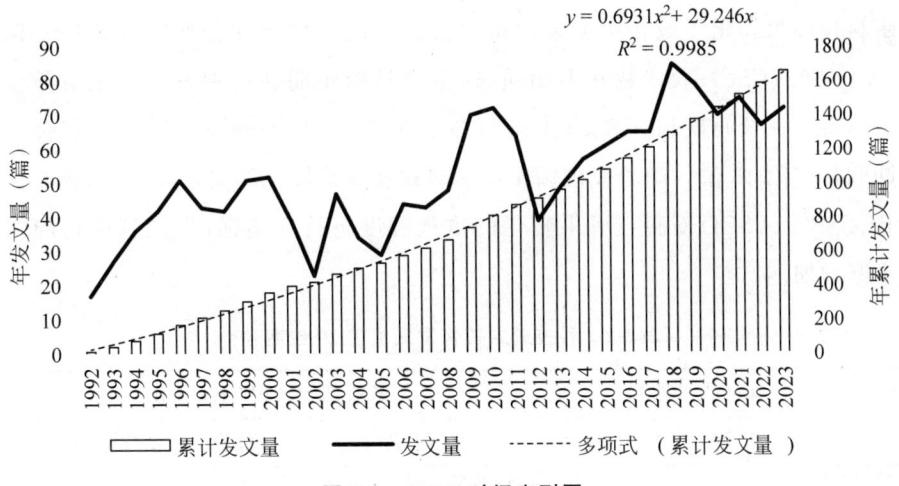

$y = 0.6931x^2 + 29.246x$
$R^2 = 0.9985$

图 3-1 CNKI 时间序列图

有 31 年。1992—2002 年,我国科技成果转化研究处于起步探索阶段,文献研究量总体呈现"倒 U"型变化趋势;2003—2011 年,科技成果转化研究处于发展阶段,文献研究量总体呈现"U"型变化趋势;2012—2023 年,科技成果转化研究处于成熟阶段,文献研究量总体呈现"倒 U"型变化趋势。整体来看,科技成果转化文献研究累计发文量总体呈现稳定平滑的增长趋势,这说明业界学者对科技成果转化持续关注与重视,也间接说明了科技成果转化的重要性。

3.2.3　中国科技成果转化发文期刊分布

中国知网收录篇名为科技成果转化的期刊中,发文量排名前 20 位的多数为半月刊和月刊,其中发文量比较大的是《科技管理研究》《中国高校科技》《科技成果纵横》《中国科技产业》等,而核心期刊、CSSCI、CSCD 收录期刊发文量较多的是《科技管理研究》《中国高校科技》等。通过对比科技成果转化发文量前 20 位的普通期刊与核心期刊、CSSCI、CSCD,如表 3-2 所示,可以看出普刊发文量相对较多,而核心期刊、CSSCI、CSCD 发文量相对较少。但《科技管理研究》《中国高校科技》不仅在核心期刊、CSSCI、CSCD 排名前两位,在普通期刊也排名前两位,这足以说明其对科技成果转化的重视程度,也是展示科技成果转化领域相关成果的重要阵地。两本期刊在普通期刊和核心期刊、CSSCI、CSCD 收录数并不相同,这主要是由于期刊级别发生变化所导致的结果。在核心期刊、CSSCI、CSCD 排名第 3 位的《安徽农业科学》,在普通期刊排名第 15 位。随着我国国家层面对科技成果转化的关注和重视,核心期刊、CSSCI、CSCD 对科技成果转化的重视程度将持续增强,发文量也将随之不断增加。

表 3-2　科技成果转化发文量前 20 位期刊

中国知网收录期刊		核心期刊、CSSCI、CSCD		
期刊名称	数量	期刊名称	数量	复合影响因子
科技管理研究	260	科技管理研究	220	2.923
中国高校科技	174	中国高校科技	165	2.017

续表

中国知网收录期刊		核心期刊、CSSCI、CSCD		
期刊名称	数量	期刊名称	数量	复合影响因子
科技成果纵横	117	安徽农业科学	19	0.900
中国科技产业	94	中国科技资源导刊	14	0.940
江苏科技信息	78	农业科技管理	10	1.172
科技创业月刊	68	黑龙江高教研究	10	2.073
中华医学科研管理杂志	53	黑龙江畜牧兽医	10	1.003
今日科技	47	中国农机化学报	9	1.664
高科技与产业化	46	江苏农业科学	9	1.431
河南科技	44	华东科技	9	1.118
管理观察	35	中华医院管理杂志	8	1.812
产业与科技论坛	32	教育与职业	7	2.542
图书情报导刊	32	中国人才	7	0.173
科技和产业	32	广东农业科学	7	1.864
安徽农业科学	30	中国财政	7	0.281
农村经济与科技	29	生产力研究	7	0.631
中国科技奖励	28	煤炭经济研究	6	1.331
创新科技	26	科学技术哲学研究	6	0.913
科技与金融	24	管理现代化	5	3.546
山西科技	23	经济论坛	5	0.608

注：CNKI影响因子为2023年期刊复合影响因子，检索日期为2023年11月18日。

3.2.4 中国科技成果转化研究机构情况分析

根据CNKI中研究机构情况看，国内关于科技成果转化发文量排名前40位的研究机构中高校占35席，科研院所占5席。全国排名前7位的研究机构分别是哈尔滨工程大学、西安交通大学、天津大学、中国科学院大学、清华大学、东北大学、华南理工大学等，发文量均超过20篇。对科技成果转化开展研究的机构遍布我国各省市，这说明相关专家学者对科技成果转化研究具有普遍兴趣。根据文献计量学普莱斯定律[①]，核心机构最低发文量 M＝0.749 $\sqrt{\text{Nmax}}$（其中，Nmax 为高产机构的论文数量，M 为临界值，只有发文量大于 M 才能成为核心机构），计算得出核心机构的最低发文量为 4 篇，最终得到科技成果转化研究领域核心机构共现情况，如图 3-2 所示。

图 3-2　科技成果转化研究领域核心机构共现分析图

由图 3-2 可以看出，关于科技成果转化研究已经形成了以哈尔滨工程大学经济管理学院、中国科学技术发展战略研究院、中国科学院大学公共政策与管理学院、中国科学技术信息研究所、中国科学院科技战略咨询研究院、中国农业科学院农业经济与发展研究所、天津大学管理学院、东北大学文法学院等为核心的研究机构合作网络，这几个机构间的连线较粗且节点多，说明机构间的合作意识较为明显。从字体节点的大小可以看出上述 8 个机构是科技成果转化研究领域发文量最多的。从整体上看，核心机构合作网络虽已初具规模，但其他机构间的合作意识较为淡薄，未来合作还有广阔的上升空间。

---

① 张春博,丁堃,曲昭等.基于文献计量的我国创新驱动研究述评[J].科技进步与对策,2015,32(9):152-160.

3.2.5 中国科技成果转化研究作者情况分析

根据 CNKI 中作者合作情况看,国内学者关于科技成果转化研究的合作具备一定的规模。关于科技成果转化篇名发文量全国排名前 11 位的作者分别是刘希宋(27 篇)、喻登科(24 篇)、李玥(13 篇)、毛世平(11 篇)、张胜(10 篇)、郭英远(9 篇)、林青宁(9 篇)、林超辉(9 篇)、姜树凯(8 篇)、周荣(8 篇)、陈辉(7 篇)等学者,首篇发表时间分别为 2006 年、2008 年、2010 年、2014 年、2019 年,他们已成为当前科技成果转化领域研究的中坚力量。如图 3-3 所示。

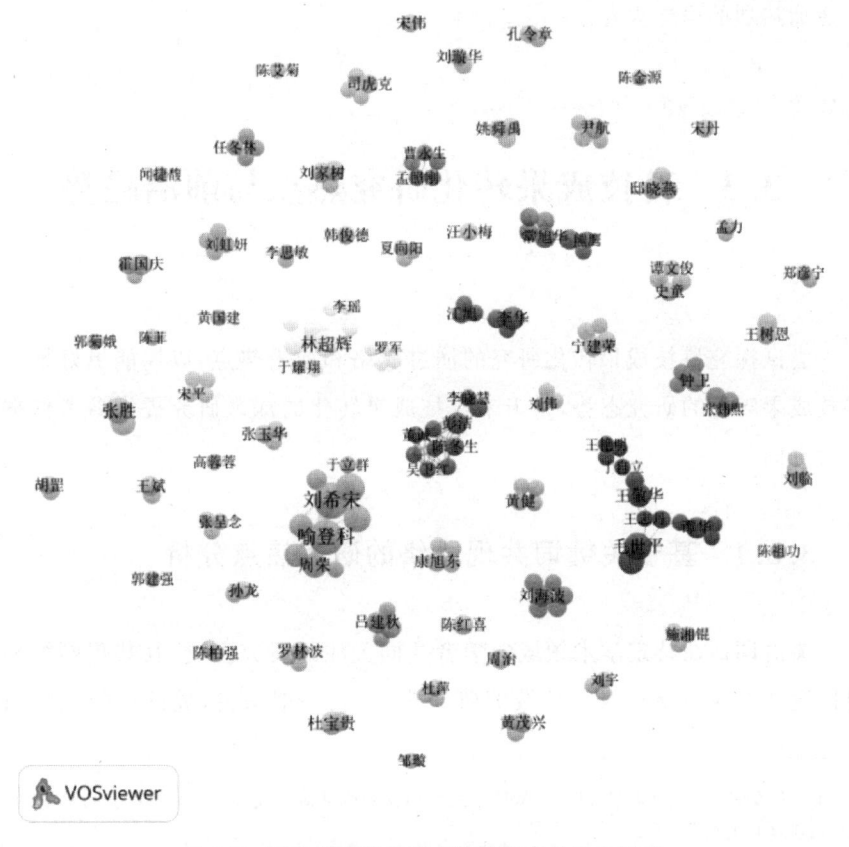

图 3-3 科技成果转化研究领域作者共现分析图

由图3-3可以看出,对科技成果转化开展研究的学者人数众多。图中字体越大,发文量则越多。作者间的圆越密集紧凑,说明存在的合作关系更密切。根据普莱斯定律[1],计算得出核心作者的最低发文量为4篇,由此得到科技成果转化研究领域核心作者共现情况。科技成果转化研究领域核心作者合作之间形成了诸多合作团体。整体看,共有3个合作团体呈现星状或多点状分布,其中以刘希宋、喻登科为中心的科研团队发文量最多,合作关系程度最密切;以毛世平、林超辉等为中心的科研团队次之;其他合作团体规模较小、发文数量与合作关系都较为有限。未来关于科技成果转化研究的合作意识还需进一步加强,只有更多的学者深度合作,才能维系稳定的科研团队深入到科技成果转化的研究当中,才会在后续关于科技成果转化的研究中碰撞出更加热烈的思想火花。

3.3 科技成果转化研究热点与前沿趋势

尝试探究科技成果转化研究的演进脉络和前沿热点,以期能更好地掌握科技成果转化的研究态势,为未来科技成果转化的深入研究提供参考依据和决策方向。

3.3.1 基于关键词共现网络的研究热点分析

关键词是在特定学术领域中学者共同关注的研究主题,其共现网络分析可以更加直观地反映这一领域的研究热点[2]。一般来说,关键词的词频与研

---

[1] 张春博,丁堃,曲昭等.基于文献计量的我国创新驱动研究述评[J].科技进步与对策,2015,32(9):152-160.
[2] 李纲,巴志超.共词分析过程中的若干问题研究[J].中国图书馆学报,2017,43(4):93-113.

究热度成正比,关键词词频出现的频率越高,则说明其研究热度越高[①]。通过对1992年以来科技成果转化相关文献关键词进行共现聚类网络分析,识别科技成果转化领域相关热点。科技成果转化研究关键词共现知识图谱如图3-4所示,共得到677个关键词节点以及929条关键词连线,网络密度0.0041。方块形节点为关键词,节点越大表示频次越高[②]。由此可见,科技成果、成果转化、高校、转化、对策、成果、农业等关键词节点最大,说明这些关键词是当前我国科技成果转化领域的研究热点。

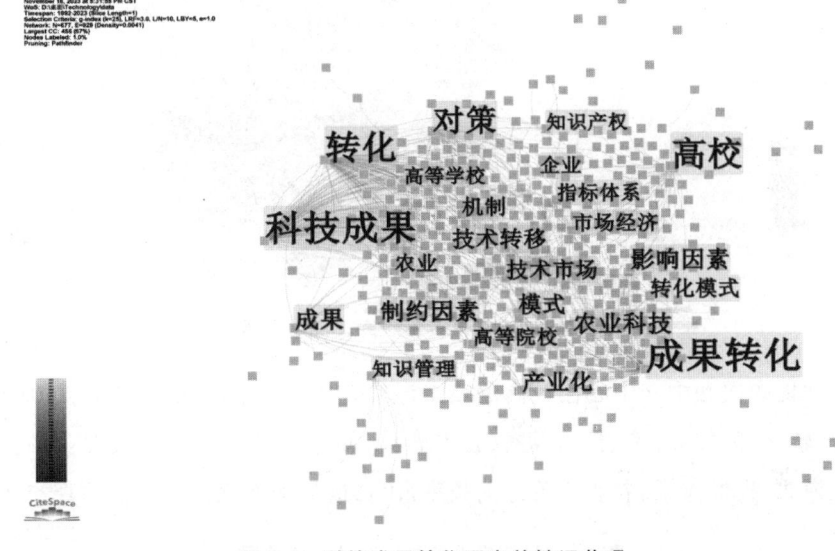

图 3-4 科技成果转化研究关键词共现

一般来说,用 Q 值(模块值)度量聚类网络的稳定度,其值大于 0.3,则表示聚类结构稳定;用 S 值(平均轮廓值)度量聚类网络的清晰度,其值大于 0.5,则表示聚类内部匹配合理[③]。科技成果转化研究关键词聚类如图 3-5 所示,共现

[①] 张毅,刘树奎.大数据背景下我国智慧医疗行业研究热点领域挖掘——基于 CNKI 题录数据分析[J].中国社会医学杂志,2021,38(2):135-138.

[②] 张玲.基于 CiteSpace 的档案学研究全景透视——以 CSSCI 数据库(1998—2018)论文为例[J].重庆科技学院学报(社会科学版),2020(6):69-75.

[③] 童磊,严靖舒.农业保险研究演进脉络梳理及前沿趋势探析——基于文献计量学的可视化分析[J].中国软科学,2022(3):67-77.

关键词 677 个,其中,Q 值=0.6485＞0.3,S 值=0.8918＞0.5,这说明聚类结构稳定且令人信服。

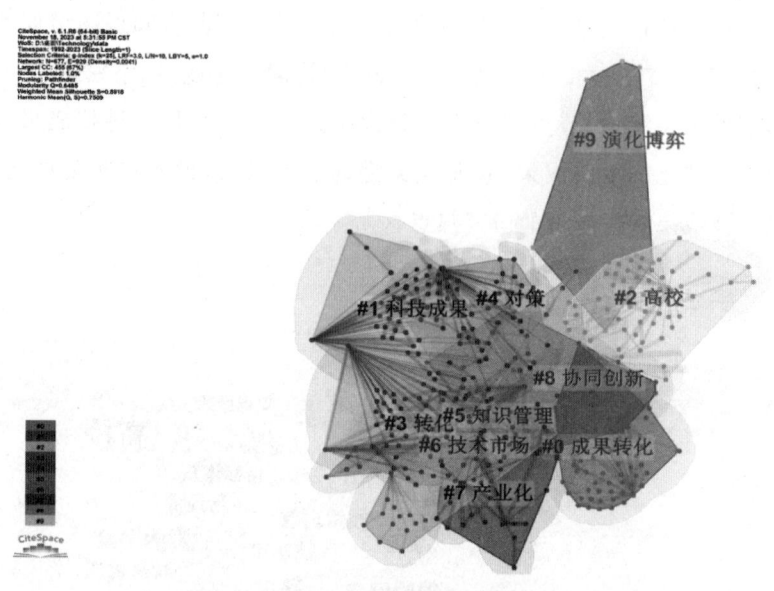

图 3-5 科技成果转化研究关键词聚类

共现频次和中介中心性较高的热点词如表 3-3 所示,其中科技成果、成果转化、转化、高校、对策、影响因素、技术转移、知识管理、制约因素、农业科技、转化模式、指标体系、农业等关键词频率最高,这从侧面验证了图谱的真实性。

表 3-3 科技成果转化研究核心关键词

关 键 词	频 次	中介中心性	首篇发表年份
科技成果	200	0.30	1992
成果转化	143	0.32	1993
转化	129	0.18	1993
高校	118	0.26	1994
对策	56	0.11	1994
影响因素	23	0.02	2010
技术转移	21	0.04	2003
知识管理	21	0.05	2008
制约因素	20	0.03	2005
农业科技	18	0.02	1992

续表

关 键 词	频 次	中介中心性	首篇发表年份
转化模式	17	0.02	1995
指标体系	16	0.01	1999
农业	14	0.03	1996
创新	14	0.01	2000
技术创新	13	0.01	1995
政策工具	13	0.01	2017
知识产权	13	0.02	1997
高等学校	13	0.01	1998
产业化	12	0.03	2000
模式	12	0.02	1997
问题	12	0.00	2001
机制	11	0.02	2004
协同创新	10	0.01	2014
生产力	10	0.01	1992
绩效评价	10	0.01	2005
高等院校	10	0.01	1998

由图 3-5 转换成国内科技成果转化研究聚类共现时序图，如图 3-6 所示。1992—2023 年国内科技成果转化研究聚类共现时序图分为 25 个共被引集

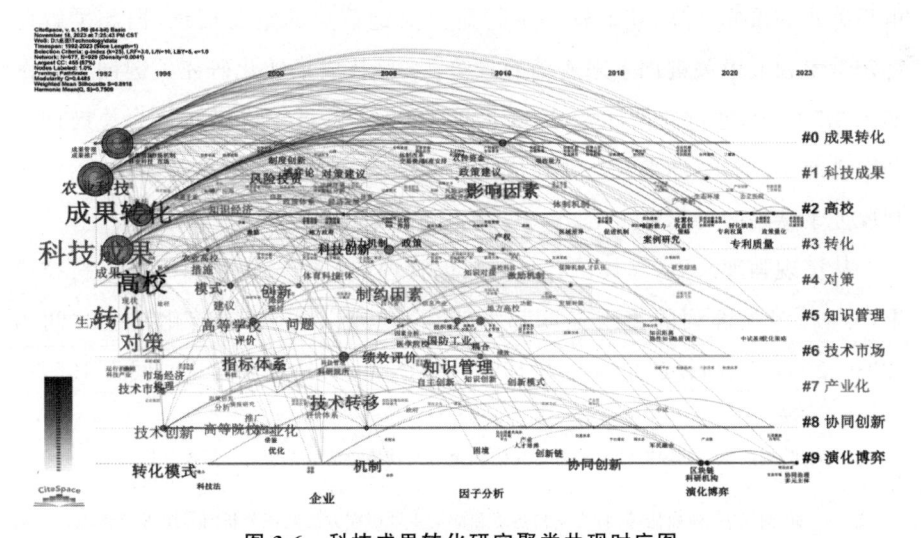

图 3-6 科技成果转化研究聚类共现时序图

群,以成果转化为核心向科技成果、高校、转化、对策、知识管理、技术市场、产业化、协同创新、演化博弈等多方向发散。其中最重要的聚类标签 0 成果转化从早期关注成果管理、成果推广等转变为现在关注农业机械、中试效果、军队院校、协同策略、三螺旋等。聚类标签 1 科技成果从早期关注农业科技等转变为现在关注产业创新、创新质量、二次转化等。

随着时间推移,科技成果转化研究焦点在时序图中有不同的节点呈现,在时间轴上呈现高频关键词的演化,相应关键词的节点越大,频次就越高,可以清楚地看到围绕科技成果转化研究的关键词发展脉络、演化路径与研究方向变化趋势的全貌。直观科技成果转化研究不同年份的研究热点,在一定程度上有助于理解与预测未来科技成果转化研究的态势。

3.3.2 基于突现分析方法的研究前沿分析

突现分析是通过对特定学术领域中某一主题研究的关键节点进行分析,挖掘此领域热点或前沿主题[①]。一般来说,通过突现强度直观反映一定时间段内更为活跃的关键词或者被引文献,确定特定学术领域中某一主题研究中里程碑式的重要文献,获取这一主题研究关键节点的重要信息,据此了解此特定学术领域中关键词未来变动的趋势[②]。科技成果转化研究关键词突现图如图 3-7 所示,通过软件计算,选取了自 1992 年以科技成果转化为关键词突现图谱前 18 个,总体来看与科技成果转化共现和时序图结果基本相吻合,客观验证了结果的可靠性。

从突现强度来看,高校(13.04)、知识管理(10.79)、转化(10.23)、科技成果(9.97)等关键词的突现强度都维持在 10 或以上,其中转化起止时间为1993—2004 年、高校起止时间为 1994—2015 年、科技成果起止时间为 1997—

---

① 周建,刘炎宝,刘佳佳.情感分析研究的知识结构及热点前沿探析[J].情报学报,2020,39(1):111-124.
② 梁丽,谢凤杰,池丽旭等.特定学科热点和前沿主题研究方法实证分析[J].图书馆杂志,2018,37(1):19-26+32.

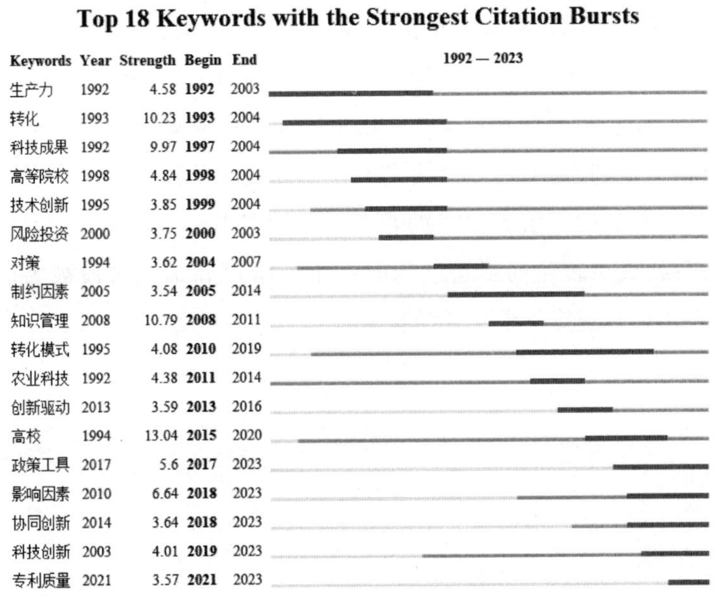

Top 18 Keywords with the Strongest Citation Bursts

Keywords	Year	Strength	Begin	End	1992—2023
生产力	1992	4.58	1992	2003	
转化	1993	10.23	1993	2004	
科技成果	1992	9.97	1997	2004	
高等院校	1998	4.84	1998	2004	
技术创新	1995	3.85	1999	2004	
风险投资	2000	3.75	2000	2003	
对策	1994	3.62	2004	2007	
制约因素	2005	3.54	2005	2014	
知识管理	2008	10.79	2008	2011	
转化模式	1995	4.08	2010	2019	
农业科技	1992	4.38	2011	2014	
创新驱动	2013	3.59	2013	2016	
高校	1994	13.04	2015	2020	
政策工具	2017	5.6	2017	2023	
影响因素	2010	6.64	2018	2023	
协同创新	2014	3.64	2018	2023	
科技创新	2003	4.01	2019	2023	
专利质量	2021	3.57	2021	2023	

图 3-7 科技成果转化研究关键词突现图

2004 年,知识管理起止时间为 2008—2011 年,说明在相对应的时间段内这几个关键词具有较高的研究热度。研究热度由强调生产力领域向强调科技创新方向转变,也充分说明对科技成果转化的研究是随着认识程度的变化而逐渐深刻。

从突现时间跨度看,突现时间跨度最长的关键词分别是生产力、转化、制约因素、转化模式等,时间跨度分别为 1992—2003 年、1993—2004 年、2005—2014 年、2010—2019 年。这说明这些时期对科技成果转化的理解和认识不断清晰,围绕生产、转化、影响、模式等诸多领域开展研究,研究重心与科技成果转化实现的支撑领域相匹配,也充分说明对科技成果转化的研究更加清晰,促进科技成果转化实现的支撑体系逐渐形成。

从突现分布来看,大致可分为三个阶段。整体来看与科技成果转化文献变化趋势基本一致,也验证了科技成果转化阶段划分的准确性。第一阶段(1992—2004 年),科技成果转化探索期,对科技成果转化仍属探索阶段,更多关注影响科技成果转化的"硬件"领域,强调生产、技术、风险、高校等,对科技成果转化的理解和认识还不全面。第二阶段(2005—2016年),科技成果转化发展期,由仅关注影响科技成果转化的"硬件"领域向关注影响科技成果转化的"软件"领域转变,强调知识、创新、模式、制约等,促进科技成果转化实现支撑体系逐渐形成。第三阶段(2017—2023年),科技成果转化成熟期,关注政策、协同、科技、专利、影响等在科技成果转化过程中的作用,为科技成果转化实现奠定了重要基础。值得注意的是科技成果转化三个阶段并不是没有重叠,比如对科技成果转化的影响就同时在第二阶段和第三阶段被关注,为推动科技成果转化实现提供了必要的保障。

第 4 章
国内外科技成果转化新动向与经验模式

在当今迅猛发展的科技时代,科技成果转化不断推动着社会的创新和发展。国内外科技成果转化正经历着一系列新动向,全面了解科技成果转化的最新趋势,并吸取国外在人工智能、生物技术、可再生能源、5G 技术、区块链等多个领域的经验模式,将加速我国科技成果转化。

4.1 国外科技成果转化新动向

党的二十大报告提出,"扩大国际科技交流合作,加强国际化科研环境建设,形成具有全球竞争力的开放创新生态"。这意味着高水平科技自立自强不是独立于世界科技发展之外,而是"自主创新与开放创新的协同互动"[1],积极融入全球科技创新网络,打通国际科技合作、学术交流、人才引进的通道,构建科技开放新生态。

---

[1] 贺韶轩.习近平关于科技创新重要论述的生成逻辑、基本内涵及时代价值[J].理论导刊,2023,(12):17-22.

4.1.1　美国对华科技政策动向

特朗普时期聚焦关税战、贸易战,尽管也发起对华科技战,但总体来说,科技战只是对华关税战和贸易战的"策应",并不是主角。与特朗普相比,美国拜登政府对华政策逐渐明晰为"战略竞争",强调中国是美国全方位战略竞争对手和最严峻地缘政治挑战,将对华科技竞争上升到对华战略竞争的核心地位,认为科技竞争不仅关乎美国经济竞争力和军事优势,更关乎美国能否在这场事关美国国运的战略竞争中最终胜出。加大政府对美国国内高科技领域的投资与扶持,鼓励先进制造业回流,提升美国科技竞争力,依靠政府这只"有形之手"进行干预和帮扶高端芯片、人工智能、量子技术、超级计算机、生物科技、自动化、下一代通信技术等关键及新兴技术等关键前沿科技领域,确保维持美国科技优势地位,"竞胜"中国[①]。

科技成为美国拜登政府遏制中国战略的主轴,芯片成为竞争焦点。拜登政府的对华科技策略已经从"小院高墙"转为大面积围堵,在半导体领域尤甚,对华科技领域实行立体式、全方位遏制围堵与包抄。通过立法升级对华科技围堵,自 2018 年以来频繁使用出口管制和投资限制等政策性工具,公布《2021 年战略竞争法案》《2022 年芯片与科学法案》,对科学领域进行投资,确保美国在半导体领域至少领先两代的地位,减少美国对外国半导体产业来源依赖程度,加强美国国家经济安全,并遏制打压中国,这显示出美国政府在维护国家安全和技术领导地位方面,不断对华落实"小院高墙"战略,充分利用多重管制和制裁的手段加强对华监管[②]。

阻碍、迟滞中国科技进步和发展,因美国所处的战略环境已经改变,某些

---

① 卢周来,朱斌,马春燕.美对华科技政策动向及我国应对策略——基于开源信息的分析[J].开放导报,2021,(03):26-35+47.

② 赵明昊.美国霸权护持战略的调适与中美关系的未来[J].外交评论(外交学院学报),2023,40(5):19-47+5.

技术的底层逻辑和根本属性已经改变,要求美国必须保持尽可能多的优势①。对中国提高原始创新能力百般阻挠,不仅要中国企业造不了最先进的芯片,还要中国不能设计最先进的芯片,力图一举阻断中国先进芯片研发和制造升级之路,对中国企业 EDA 电子设计自动化软件实行多次断供,不遗余力地针对中国半导体产业的短板进行打击,全面绞杀中国在高端半导体产业中的设计和生产能力②。组建对华科技遏制小圈子,威逼利诱盟友伙伴配合对中国高科技行业进行打压和限制,实施对华科技遏制和科技冷战③。

拜登政府对华科技竞争战略产生了深远影响,激化了中美矛盾,加剧了中美关系紧张,在竞争、对立乃至对抗的道路上继续滑行,中美战略对抗风险增加。破坏半导体产业全球产业链分工,破坏了基于比较优势的芯片价值链和供应链市场配置规律,阻碍全球科技进步。依赖中国市场的企业失去巨额利润来源,其研发投入、生产布局乃至生存都将面临巨大挑战④。"去中国化"导致的贸易中断、技术"脱钩"及经济冲突,可能引发全球 GDP 下降。拜登政府科技问题"安全化"和供应链相互依赖的"武器化",助推了科技冷战,严重干扰了正常科技交流与合作,到头来只会害人害己⑤。

尽管美国与中国之间的科技合作受到一系列因素的影响,美国可能会实施一些限制,但在某些方面,美国的政策给中国科技成果转化带来了相关收益⑥。美中之间的联合研究项目鼓励科研机构、大学和企业之间的合作,这些项目涵盖从基础科学到应用技术等多个领域。美国提供的支持创业和创新

---

① 刘丽.中美战略竞争背景下中国东北亚地缘安全战略研究[D].长春:吉林大学博士学位论文,2023.

② 陶士贵,仇欣雨.中国实体受美国经济制裁的影响及其应对策略[J].福建论坛(人文社会科学版)2023,(10):95-109.

③ 高程,薛琳,部彦君."一带一路"建设与中国破局美国技术遏制——以中国与东南亚地区合作为例[J].南洋问题研究,2023,(3):1-19.

④ 郭永虎,张函语.美国对华认知战:动向、影响与应对[J].统一战线学研究,2023,7(4):110-123.

⑤ 卢周来,朱斌,马春燕.美对华科技政策动向及我国应对策略——基于开源信息的分析[J].开放导报,2021,(3):26-35+47.

⑥ 李晓华,李纪珍,杨若鑫.科技成果转化:研究评述与展望[J].外国经济与管理,2023,45(4):119-136.

的资源,如创业孵化器和创投机构,有助于中国的科技企业将其研究成果转化为商业产品。美中之间的科技合作协议为科技合作提供一定的框架和方向。在一些非敏感领域,美国支持技术转让,鼓励科技研究成果的跨国应用,将技术转让给中国的企业或研究机构。同时,美国强调知识产权的保护,这对于中国的科技企业在美国市场上运营和发展至关重要。从长远来看,美国尽管在科技领域特别是在芯片竞争上占据优势,可是由于违背了经济发展规律、科技发展规律和全球产业链供应链内在要求,其正在受到反噬和惩罚,最后终将失败。

4.1.2 欧盟对华科技政策动向

目前,欧盟的科技政策从"开放世界"转向"开放性战略自主"。这种政策基于技术地缘政治的权力和竞争逻辑,在认知上,以战略化、安全化和意识形态的视角看待国际科技环境,将欧盟定位为国际科技竞争的参与者;在政策设计上,将"开放"作为欧洲反向塑造国际技术生态的基础条件,将对美和对华科技"自主"作为直接目标;在具体实践中,遵循地缘政治内外权力平衡策略,对内发展关键战略性技术,对外强化科技治理和科技规约体系,相互配合为欧洲技术生态体系确立技术地缘空间和优势。这种技术地缘逻辑驱动的科技政策规定了欧盟的国际科技竞争指向,在底层逻辑上与中国直接关联,在政策实践上具有特别的对华竞争指向,并在中美欧同步竞争下形成欧美对华科技政策协调。

技术地缘政治逻辑推动欧盟在国际科技环境中寻求参与主体身份,"开放性战略自主"自然获得了外部相对性,主要的参照系是美国和中国,但欧盟对中、美的竞争意义并不相同。欧洲视野中的技术被赋予了价值属性,欧盟对美科技自主只是跨大西洋关系长期不对称结构在科技领域的反映,并未超出内部矛盾的范畴,是需要解决的老问题;而欧盟认为对华科技关系是国际科技格局发展的新问题,是需要应对的新挑战,中国由此被欧盟视为技术地缘政治的首要防范对象①。欧盟将科技领域的地缘政治化归咎于中国近年来的科技发展趋势和意图，而非2018年以来美国的对华科技遏制政策。欧盟追随美国渲染中国技术设施存在所谓安全风险，将中国社会治理中的新技术应用模式异化为中欧价值观对立。因此，在对欧科技关系中，中国将面临来自欧盟的直接竞争压力和欧美的阵营化对抗压力。但与此同时，中欧科技关系还在动态变化中，仍有很大的合作空间。

欧盟与中国在科技研究领域开展了一些合作项目，有助于推动双方在共同感兴趣的科学和技术领域进行研究，共享知识、技术和研究成果，为中国的科技成果提供更广泛的市场。欧盟通过欧洲研究基金等机构提供资金支持，鼓励高水平的基础研究，为中国的研究人员提供了参与欧洲科技研究项目的机会，从而促进科技成果的转化。在支持创新和企业发展方面，欧盟鼓励企业在科技领域进行研发和创新，为中国企业在欧洲市场推动其科技成果提供了机会。欧盟与中国在科技标准和产品认证方面进行的合作，有助于消除贸易壁垒，使中国的科技产品更容易进入欧洲市场，促进两者之间的贸易和科技成果的相互认可。欧盟倡导并实施知识产权保护政策，在欧盟与中国双方合作中，共同遵守知识产权法律有助于建立互信，并为科技成果的转化提供了有利条件。

欧盟"开放性战略自主"科技政策本质上是对国际政治环境新发展、新特点的回应，但其隐含的技术地缘政治观是一种存在内在悖论的认知思维②。科技本身具有中立性和公域属性，其发展要求开放、共享，其产生的效应是推动全球化，产生的问题具有普遍性，其治理需要国际合作；而地缘政治是一种陈旧的、基于领土和民族国家概念的理论。两者结合使欧洲对现实国际科技环境的认知出现偏差，并形成具有天然内部缺陷的技术民族主义政策。这种逻辑反映到对华科技关系中，就形成了典型的对华认知双重标准。

---

① 卓华,王明进.技术地缘政治驱动的欧盟"开放性战略自主"科技政策[J].国际展望,2022, 14(4)：39-61+154-155.

② 卓华,王明进.技术地缘政治驱动的欧盟"开放性战略自主"科技政策[J].国际展望,2022, 14(4)：39-61+154-155.

一方面,将中欧意识形态的差异等同于中国安全威胁,而将美国滥用数据优势对欧进行监控的行为仅视为市场不公平竞争。另一方面,欧洲对中欧相似的科技治理措施的错位评判,认为中国的《网络安全法》是中国政府获取西方技术的市场干预行为,而视欧洲自己的网络安全相关法律为正当市场保护。据此形成的对华"自主"政策局限于地缘政治权力框架,必然在竞争轨道上继续发展,而且在地缘政治策略的影响下,其对华投机交易心态、议题联系策略、对美借力行为等还会增加,必然造成中欧科技合作的困难。

这需要中国在对欧交往中对欧洲的竞争行为进行更加深入的研判,确定对等的应对策略,同时保持战略定力,站在中美欧互动的战略高度,以中欧"两大市场"为基础,充分利用中欧长期的科技合作经验,完善科技合作框架,拓宽双边合作空间,共同营造更加合理、有序的国际科技环境。

4.2　发达国家科技成果转化经验与模式

在当今全球科技创新建设中,美国、日本、德国、英国、法国、俄罗斯、韩国等国家的科技创新建设可以作为代表性案例,其科技成果转移转化实践经验值得深入分析和总结。

4.2.1　拜杜法案:推动美国科研转化率飙升

美国是当今全球科技创新的"引领者",这从多个关键维度都可以得到验证,但美国在科研上并非一出生就"含着金汤匙",它也曾身处"谷底",很长一段时间都在为如何促进科研成果转化而苦恼。在1978年之前,美国基于生物科技的成果转化率只有5%,与英国、日本等生物科技领域的创新型强国还有较大的差距。到了90年代初期,美国科研成果转化率迅速攀升至80%,在短短十年间就实现了从"小白"到"精英"的跨越。

这一切都要归功于1978年颁布的《拜杜法案》，它被称为"过去半个世纪美国颁布的最鼓舞人心的立法"①。其实际内容以1980年颁布的《美国专利商标法修正案》第6部分的形式正式生效。根据美国联邦政府出版局网站公布的官方文本，《拜杜法案》实际上就是《美国专利法》第18章"联邦资助产生发明中的专利权"。这个仅仅只有13个条文的法律，却在十年内就把美国从经济低迷的谷底重新拉回到世界创新的领先地位。

《拜杜法案》只通过四个根本性准则就解决了由政府资助的技术转化率低的问题。一是由政府资助研究产生的成果权利默认由大学保留。二是高校享有独占性专利许可，技术转移所得应返归于教学和研究。三是发明人有权分享专利许可收入。四是政府保留"介入权"，特殊情况下可由联邦政府处理该发明。

《拜杜法案》鼓励了科研机构和科学家将研究成果转化为商业化产品或服务。这种商业化的动力促使科学家更加关注研究的实际应用和市场需求，加速了科技创新的进程。通过与企业进行合作，科研机构可以更好地了解市场需求，并将科研成果转化为能够满足实际需求的产品或服务。在绝大多数论述和观点中，其核心被高度概括为政府放权。这项看似不起眼的法案，最后成为美国第一个全国性质的知识产权政策，同时也是国际公认的技术转移政策的经典。正是在这样一种良好的循环机制下，美国大学科研成果转化的创新力和生产力不断被激发，与此同时，更多科研成果的转化及新产业的建立，又推动了美国大学的发展，使高校更具竞争力。

4.2.2 政策法规扶持：日本科技创新的奥秘

日本为了解决环境、社会福祉、减灾防灾等社会面临的社会、经济和大学发展等问题，模仿美国做法，在1995年颁布《科学技术基本法》，明确将"科学

---

① 杨九斌.卓越中的艰难——《拜杜法案》后美国研究型大学产学合作关系嬗变[J].外国教育研究，2018，45(7)：3-15.

技术创造立国"作为基本国策,注重基础理论和基础技术的研究开发,用具有创造性的科学技术持续性推动经济发展。在1996年颁布《科学技术振兴事业机构法》,成立科学技术振兴机构,促进科技成果转化。在1998年出台《大学技术转让促进法》,核心内容是推进科技成果转让中介机构TLO的设立,同时确立政府从制度与资金方面对大学科技成果转化工作机构予以支持。后续修改《研究交流促进法》,并陆续出台《产业活力再生特别措施法》《中小企业技术革新制度》《产业技术力强化法》和《知识产权基本法》等法律法规,形成一套相对完善的技术转移法制体系。

从2019年开始,为了使大学优秀的科研成果被更广泛地应用于社会,促进科研的可持续发展以及产学研的紧密联系,日本专利局从在政府机关和企业中任职的知识产权实务专家中选拔若干人士分别作为知识产权战略规划师、知识产权管理师或产学合作知识产权咨询师派驻到各大学,帮助其开展知识产权相关工作。

知识产权管理师协助大学或研究机构从知识产权的视角出发高效率地制定产学研合作战略,并在此基础上开展具体的发明创造,制定知识产权管理制度和产业运营规则。围绕具体科学研究,收集、调查和分析相关领域的科技信息,并制作专利地图。发掘具体科学研究的发明创造物,并对该发明创造在知识产权组合中定位作出评估,从而助推周边产业技术所应用的专利网的形成。通过申报专利形成强大而有韧性的专利网,对技术诀窍和数据库进行保密管理,以提升参与研发的科研机构为目标,讨论和分析产品客户群、研究资金来源和试验产品,并寻找合作伙伴企业。推动科研机构与合作伙伴企业之间的共同研究,进而实现科研成果的产业化落地。向合作伙伴企业提出产业化方案,并对该方案进行SWOT分析,推动具体科研研发机构的设立,以及科研财团的创设等工作。

在日本推行的产学研协同战略中,大学设置科技成果转化机构是有效促进产学研结合的关键[①]。所谓科技成果转化机构,就是帮助大学将科研成果

---

① 宋姝婷,吴绍棠.日本官产学合作促进人才开发机制及启示[J].科技进步与对策,2013,30(9):143-147.

向企业及社会转移的中介机构。科技成果转化机构包括大学科技成果的发现与评估、科技成果的转化、科技成果转化后的反馈等主要工作。

4.2.3 科技搬运工：德国弗劳恩霍夫协会

德国在科技成果转化方面的成功经验体现在建立强大的研发体系、促进产学研合作、鼓励创新和创业、设立技术转移中心、形成产业集群等多个方面。这些经验形成了一个互为支撑的体系，为科技成果的商业化提供了全方位的支持和激励。

德国拥有世界著名的研究机构和大学，其中最引人注目的是弗劳恩霍夫协会(Fraunhofer-Gesellschaft)。该机构在应用研究方面具有卓越的声誉，注重将科研成果快速转化为实际应用，通过与产业界的合作推动科技创新，使得德国的研发体系在基础研究和应用研究之间形成良性循环。高水平的基础研究为实际应用提供了丰富的理论基础，而应用研究的成功转化也反过来促进了更多的基础研究。

弗劳恩霍夫协会成立于1949年，是欧洲最大的应用科学研究机构。定位于以共性技术为主的应用型研究，主要为企业，特别是中、小企业开发新技术、新产品、新工艺，协助企业解决自身创新发展中的各种技术问题。因其在应用开发领域表现不俗，弗劳恩霍夫协会在全世界闻名遐迩，推动科学研究和实际应用紧密结合，为德国国家创新体系提供了强大的创新驱动力[①]。

弗劳恩霍夫协会的研究项目通常是面向产业需求的，侧重于解决实际问题和应用挑战。这种产业导向的研究确保了科技成果更具有市场竞争力，其与产业界的合作是其成功的关键。研究人员与企业密切协作，确保研究项目符合实际需求，并能够迅速转化为实际应用，这种协作模式有效地促进了科技成果的商业化；协会设有多个专业的技术转移中心，这些中心在特定领域提供技术支持和咨询服务，有助于企业更好地理解科技成果，提高了技术转

---

① 黄宁燕,孙玉明.从 MP3 案例看德国弗劳恩霍夫协会技术创新机制[J].中国科技论坛,2018(9)：181-188.

移的效率；协会将目光聚焦在市场上有潜力的领域，通过开展市场导向的研究项目，确保研究成果更容易找到商业应用，这种关注市场需求的方法有助于降低科技成果转化的风险；协会通过创新孵化器等机构支持初创企业，帮助其将科技成果转化为商业实践，如提供办公空间、导师指导、资金支持等；协会鼓励不同领域的研究人员之间的跨学科合作，这种合作模式有助于创造创新性的解决方案，使得科技成果更具综合性和应用性；协会注重知识产权的保护，为研究人员提供了合理的激励机制，有助于确保研究成果能够在商业化过程中得到适当的回报，提高了创新的积极性；同时，协会积极开展国际合作与交流，与其他国家的研究机构和产业界建立紧密联系。

弗劳恩霍夫协会在研究人员的管理和使用上采用了一套较为灵活的机制，这使得其能够更好地适应不同项目的需求，促进了创新的产生和科技成果的转化。同时，学会与高校和企业之间建立了双向人才流动机制，这进一步推动了产学研合作的深度与广度。协会旗下的研究机构多设在大学内部，与高校合作密切。大学教师自然成为协会科研人员的重要来源，研究机构领导中50%以上为教授，科研机构允许吸收学生参与研发，学生成为企业与大学开展协同创新的联系纽带。弗劳恩霍夫协会采用市场化的"合同制"聘用人才。大多数研究人员都是合同制，按合同协定水平发工资。协会一般与新进人员签订与承担研究周期一致的3~5年的定期合同，合同到期或研究完成后，员工一般离职去企业工作或申请进入其他研究组。通过灵活的研究人员管理机制和双向人才流动机制，弗劳恩霍夫协会能够更加高效地响应不同产业需求，实现科技成果的更迅速转化。

弗劳恩霍夫协会是"产学研"体系中"研"的典范，在科技成果转化方面的贡献主要体现在其对产业导向的研究、与产业的紧密合作、专业的技术转移中心、市场导向的研究项目、对初创企业的支持、跨学科合作、知识产权的保护等多个方面。这些经验为其他国家提供了有益的借鉴，尤其是在如何更好地将科技成果转化为实际应用方面。这种面向具体的应用和成果的企业创新模式为市场提供具有相当产品成熟度的科研创新服务，使得科技成果能够迅速地转化为市场成熟产品，也使德国工业在国际市场上一直以来保持着较高的创新能力,素有"科技搬运工"之称。

4.2.4 新的立国之本:英国重组科技管理体系

英国在科技创新方面拥有悠久的历史,从工业革命开始的蒸汽机到网络时代的万维网,英国这些典型的科技创新为英国及世界带来了增长和繁荣[①]。在现阶段,英国的创新基础在全球仍处于领先地位,英国全球领先的大学数量仅次于美国,这些大学为英国科技创新提供了大量的科技人才。在许多领域,英国都是美国和中国在科技创新领域的主要竞争者。

2022年,英国公布了几个旨在把本国打造成全球科技超级大国和创新大国的文件。3月,英国研究与创新署(UK Research and Innovation)发布了名为《2022—2027年战略:共同改变未来》的文件,这是为实现上述目标而制定的第一个5年战略。6月,英国政府发布了新版的《数字战略》,旨在让英国成为全球开展数字创新的最佳地点。10月,英国研究与创新署又发布了《国际合作战略框架》,从六大战略目标角度阐述了未来国际合作的工作部署。

英国为确保在科技方面的全球领导力和竞争力,对此前的科技管理体系进行了新的重组。2023年2月,英国政府宣布,将原"商业、能源和工业战略部"进行拆分,成立新的"能源安全和净零部""科学、创新与技术部"以及"商业和贸易部"。新成立的"科学、创新与技术部",全面统筹和推进英国在科技创新方面的管理和服务。

英国新成立的"科学、创新与技术部"在2023年3月份公布了新的《科学技术框架》,在未来10年内,英国将通过10项关键行动和5项关键技术组合,提升英国的全球科技竞争力。10项关键行动包括:通过战略性国际参与、外交和伙伴关系塑造全球科技格局;为创新科技初创企业提供融资;在国内外展示英国的科技实力和雄心,以吸引人才、投资等。5项关键技术组合包括人工智能、工程生物学、未来通信、半导体和量子技术。

[①] 常娜.英国应对近代大变局的经验和启示[J].南京大学学报(哲学·人文科学·社会科学),2019,56(5):93-99.

《科学技术框架》作为一个雄心勃勃的计划,将依靠政府的一切手段来实现,并与英国和世界各地的工业界和学术界领袖密切合作。各个牵头部门都在制订行动计划,以便能够实现到2030年成为科学技术超级大国的战略目标。

按照《科学技术框架》的实施重点,英国政府首先宣布了其在半导体方面的战略规划。半导体是先进制造业的基础,其产业战略对使英国工业保持在研发的前沿地位至关重要。英国和日本、韩国在半导体领域的加强合作,将为英国半导体供应链的多样性提供强大的基础。

4.2.5 科技万岁:法国科技创新强欧

法国总统马克龙根据政府工作组提交的建议,将欧洲的目标定为在2030年前诞生10家市值1000亿欧元的企业;到2025年,将法国独角兽企业由目前的15家增长到25家。作为2022年欧盟轮值主席国,法国呼吁签发"欧盟科技签证",通过新的模式吸引国际科技人才、建立统一的投资市场,并动员大型机构投资者支持创新。

法国"科技万岁"科技创新展创立于2016年,目标之一是使巴黎成为科技初创企业起飞的"主要国际枢纽中心"。作为欧洲顶级科技创业创新展,采取"大企业(机构)搭台,创新企业展示"的形式,推动大企业的技术需求与创新企业的解决方案相对接。众多知名企业纷纷亮相"科技万岁"展会,试图抓住难得的机会拓展商机。追加投资超过5亿欧元发展人工智能,打造世界级产业群。法国政府支持创新和创业,鼓励科技企业的发展,继续推动科技创新系统,以推动法国科技企业数字化转型。大力支持高科技初创企业的发展,力争实现每年产生500家由研究人员创建的研究型初创企业。推动欧洲的科技振兴,推动法国的初创科技企业发展水平,并对外国投资者更具吸引力。

法国高等教育、研究与创新部发布新版《研究基础设施路线图》,明确了108个对法国科研格局发展具有重要战略意义的研究基础设施,路线图将成为法国制定未来研究基础设施领域相关战略的主要参考。新增27个研究基础设施,主要分布在生物与健康(7个)、材料科学与工程(4个)、地球系统与环境科学(4个)、天文学与天体物理(4个)、核物理与高能物理(3个)、数字化与数学科学(2个)、科学信息(2个)等领域。2022年,法国政府通过约50个项目,在全法征集到1752个创新投标项目,对其公共投资达84亿欧元。

法国以高度重视科技而闻名,在科技领域拥有许多世界领先水平的成果和技术。法国拥有世界上最大的奢侈品集团和航空航天集团,拥有全球顶级的生物研究所。巴斯德研究所具有全球化视野,强调国际网络、泛欧合作,开设32个分所,遍布26个国家。巴斯德研究所以项目激励、多元化发展创新人才吸引、选拔、考核、合作、交流机制[①]。"G5s"项目是巴斯德研究所最重要的人才发现项目,于2000年启动,主要用以吸引高潜力的初级研究员,为终身研究员提供多样化的职业道路以及发展机会,通过"口袋"计划建立有薪酬竞争力的岗位招聘海外人才。巴斯德研究所以应用为目标发展科学,开创创新研究范式——"巴斯德象限"。实施"研究所办企业,企业促科研,进行生产自救"的方针,以自筹和社会募捐为创新经费的主要保障,其财政拨款比例稳步下降,个人及小型机构捐助者成为其捐赠和遗产收入的重要来源。

4.2.6 政府主导:俄罗斯科技创新模式

俄罗斯呈现出政府主导型的科技创新模式[②]。推进科技创新人才队伍建设机制,颁布实施很多科技人才激励和培养等方面的政策法规,增加在科研教育方面的投入,这使得俄罗斯的科技人才逐步出现回流,同时也培养了大批的科技人才,科研队伍的老龄化状况获得了一定的改善。

俄罗斯先后出台《俄联邦保护和发展科技潜力的紧急措施》《俄联邦国家科学中心法律地位授予条例》《俄罗斯科学发展方略》《俄联邦科学和国家科技政策法》《俄联邦2010年前及更长期科技发展政策原则》等100多项法律法

---

① 潘巧,范琼,汤书昆."巴斯德式"发展模式——法国巴斯德研究所科技创新模式[J].世界科技研究与发展,2018,40(5):528-532.

② 郭鹏.俄罗斯智库的建设发展及对我国的借鉴[J].智库理论与实践,2020,5(5):66-72.

规，制定大量关于科技人才回流的激励政策措施，引导科技创新人才逐步回流，这对俄罗斯科技人才的稳定以及提高科技人才创新积极性发挥了一定的作用。

俄罗斯加强科学和教育的活动，完善培养科学人才体制，提高科研人员社会地位。积极创造条件培养科技创新人才，让青年专家、学者和政府官员到世界主要大学进行培训，以加强科技创新方面的工作，并积极吸引优秀人才到俄罗斯从事科研工作。推进科技创新人才逐步去老龄化，持续采取一定的吸引年轻人到科学领域工作的政策，科研人员开始呈现去老龄化的特征。

2023年5月，俄罗斯政府发布《至2030年技术发展概想》，旨在发展俄罗斯高科技经济部门，针对技术独立、人才培养、知识产权、供需刺激、国际合作等方面推出一系列措施，以确保俄罗斯在关键技术领域实现技术主权，并将技术广泛应用于经济社会发展，推动经济向创新驱动转型。

针对"确保国家掌握关键技术和端到端技术"，构建技术创新支持机制，推动科研和生产一体化融合发展，基于长远目标培养人才和储备能力。针对"推动经济增长向创新驱动转型，强化技术在经济社会发展中的作用"，消除对技术创新和知识产权市场的监管壁垒，支持国内创新产品开拓市场，刺激供需，完善知识产权基础设施建设，加强人员知识产权技能培训，为小型科技企业成长创造条件。

4.2.7 研发与专利：韩国科技创新无限潜力

近年来，韩国在科技创新领域崭露头角，其强大的研发实力和专利创新成果在国际上备受关注。韩国企业通过持续的研发投入和成功的专利战略，为其科技创新的无限潜力注入了强劲动力[1]。

作为韩国最大的跨国企业之一，三星电子不仅在全球电子市场占据主导地位，而且在技术创新方面也一直处于领先地位。三星在研发领域的投入巨

---

[1] 蒋绚.制度、政策与创新体系建构：韩国政府主导型发展模式与启示[J].公共行政评论，2017,10(06)：86-110+211.

大,持续推动着韩国在电子、通信和半导体等领域的创新。通过建立全球领先的研发中心,三星吸引了世界一流的科学家和工程师,不断推动着新技术的涌现。该公司以其在移动通信、显示技术和半导体制造方面的创新而享有盛誉。其在折叠屏手机、存储技术、芯片制造等领域的专利数量居高不下,不仅巩固了三星在市场上的地位,也为韩国整体科技创新做出了积极贡献。

LG化学是韩国一家涵盖化学、电子、电池等多个领域的综合性企业。该公司在生命科学领域的研究和创新投入,为韩国在生物技术和医药领域的崛起提供了有力支持。LG在生物医药领域取得了一系列创新成果,包括生物制药和医疗器械,为韩国在高科技医疗设备制造方面树立了标杆的同时也在药物研发方面积极开展合作,同时LG与国际制药公司的联合研究,也不断推动新药物的研发。

SK海力士是韩国主要的半导体制造商之一,以其在存储器领域的卓越表现而著称。该公司通过持续的研发投入,推动了半导体技术的不断进步。SK海力士在3D NAND存储技术上取得了显著的创新成果。该技术通过垂直堆叠存储单元,提高了存储密度和读写速度,使得SK海力士成为全球存储器市场的领导者之一。SK海力士的专利战略在半导体行业也备受肯定,有效保护了其在关键技术领域的竞争优势。

在韩国科技创新的征程中,研发和专利成为推动科技创新的有力双翼。以三星电子、LG化学和SK海力士为代表的韩国公司,展现了强大的研发实力和成功的专利战略,为韩国科技创新注入了活力。通过巨额的研发投入,韩国企业不仅在半导体、电子、通信等领域实现了领先地位,也在生命科学、医药、能源等新兴领域探索创新路径,为韩国科技的卓越表现提供了有力支持。专利创新成为韩国科技崛起的重要保障,通过对知识产权的保护,韩国企业不仅巩固了自身在市场上的地位,还为科技创新提供了持续的动力[1]。

随着全球科技竞争的加剧,韩国企业将进一步深化产学研合作,推动更

---

[1] 韩佳伟,玄兆辉.韩国科技规划的目标指标及对我国的启示[J].全球科技经济瞭望,2020,35(6):7-12+25.

多前沿技术的涌现。创新创业生态系统的建设将培育更多具有创造力和实践能力的创业者，助力韩国在新兴领域的崛起。同时，政府和企业对绿色、可持续技术的投资也会推动韩国在环保和能源领域取得更多突破。总起来说，韩国科技创新正处于蓬勃发展的阶段，凭借雄厚的研发实力、出色的专利创新和积极的创新生态，韩国有望在全球科技创新舞台上继续发挥引领作用，为未来的科技进步和社会发展做出更为可观的贡献。

4.3 国内先进省份科技成果转化经验与模式

在世界百年未有之大变局下，科技创新是各国各地决胜未来的关键[①]。北京、上海、广东、江苏等先进省市多年来始终坚持多措并举，大力促进科技创新建设，在完善技术市场体系、强化市场主体培育、加大研发投入、促进产学研协同创新等方面走在全国前列，为推动科技成果转移转化积累了坚实的实践经验。

4.3.1 北京科技成果转移转化实践经验

打通科技成果在京转化堵点，北京推出了一系列新举措。深化赋予科研人员职务科技成果所有权或长期使用权改革，建立科技成果披露机制和勤勉尽责容错机制，为科技成果转化提供专业岗位、人才引进和资金保障。

北京市大力推动高校院所成果在京转化，以北大、清华、中国科学院为代表的高校院所的一批优质科技成果在京转化。但科技成果在转化过程中还存在着高质量成果供给不足、成果承接能力不足、供需信息渠道不够通畅等

---

① 薄贵利,樊继达,刘雪莲.大变局下的时代主题与我国发展战略机遇期[J].中国行政管理，2022(8): 148-153.

问题，北京市从畅通技术、资本、人才等多个渠道，探索消除科技成果转化的堵点。

北京市将科技成果转化作为人才职称评定的重要指标，并推动高校院所、医疗卫生机构设立技术转移机构，采取调剂编制或特设岗位，面向国内外聘用高层次紧缺急需的科技成果转化人才。科研人员埋头做技术研究，产业转化人才走不进医疗机构、高校院所"高墙"，使得科研成果与市场需求、产业应用之间互相割裂。医疗卫生机构的双聘制度就是要把产业人才拉到医院里面来，指导医院临床人员的转化工作，加速成果转化落地。北京市支持天坛医院办好天琪国际转化医学研究院，作为医疗卫生机构成果转化承接载体和创新试验田，组建北京市医药卫生科技促进中心，建立平台化专业化科技成果服务保障体系。

北京市推进职务成果赋权改革试点，创新职务科技成果赋权改革试点工作，积水潭医院成为全国唯一由科技部确定的职务科技成果赋权改革试点医疗单位。不仅在医院，高校院所也成为北京市推动赋权改革的重要领域，重点围绕建立赋权改革工作机制、完善赋权改革管理体系、遴选赋权改革试点成果等方面开展高校院所赋权改革有关工作。

北京市为鼓励高校开展技术转移方向研究生教育，加强科技成果转化人才培养，并深化重大创新平台科技成果转化，推进高精尖创新中心、北京实验室等重大创新平台建设，加快实现重大创新成果在京落地转化，解决技术转化人才短缺的痛点。

为支持高校、科研院所专业技术人员创新创业、开展科技成果转化，北京市在岗位管理、职称评审、兼职离岗创业、薪酬激励等方面进行了相应的探索。为强化以增加知识价值为导向的科研人才薪酬激励机制，北京市对事业单位开展科技成果转化、承担竞争性财政科研项目、提供科研设施与仪器开放共享服务等有关科研人员进行激励，不受本单位绩效工资总量限制；允许事业单位聘用的高层次人才，以及按规定设置的特设岗位的聘用人员，实行年薪制、协议工资、项目工资等灵活多样的分配形式，不受本单位绩效工资总量的限制。

4.3.2 上海科技成果转移转化实践经验

上海多次召开专题会议研究成果转化机制障碍、解决路径，梳理出科技成果转移转化的"短板"，包括企业创新能力比较薄弱、高校院所科技评价体系有待完善、金融资本活跃度不够等。

上海科技成果转移转化工作，从两个层次系统推进。第一层次是制度层，从宏观层面，配合国家，结合上海实际，建立健全法规制度保障，《国家科技成果转化法》和《上海市促进科技成果转化条例》已从制度层面基本解决"三权下放"等成果转化动力问题。第二层次是落实层，结合实际问题，推进法规及制度落地、实施，营造有利于科技成果转移转化的生态，重点解决科技成果转化能力问题。重点解决高校院所、企业的创新能力，聚焦科技成果转移转化要素功能提升（科技成果转化主体、技术转移服务体系、科技成果信息库）、生态环境营造（各类平台和网络体系建设）。各项任务涉及的牵头委办局建立联席会议制度，督促规划、计划和任务落实，协商解决有关的瓶颈问题与制度障碍。上海市推动高校院所建立完善相应的制度体系，增强科技成果转化意识和使命感，建立健全专业化技术转移服务机构，建立与国际规则接轨、市场导向的选人用人育人机制，形成有效的成果管理制度等。上海市推动企业作为科技成果转化需方，形成开放式创新模式，尤其是鼓励本市国有企业、科技型中小企业科技创新。

上海市重点解决成果信息作为成果转化"种子"的共享利用。成果转化是一个全要素协同、各类信息流动的过程，上海市政府部门储备了大量与科技成果有关的信息，建立资源汇聚、开放共享、分工协作的科技成果转化公共服务平台，包括建立汇聚市级财政资金支持产生的科技成果信息以及转化服务信息的科技成果信息库，成果信息最大限度向全社会开放。市场化、专业化服务机构可以开展科技成果信息筛选、鉴别，挖掘有产业化前景的科技成果；主管部门还可以通过汇聚数据建立科技成果转移转化动态的长效跟踪机制。

上海市重点解决服务机构作为成果转化"桥梁"的能力问题,强调服务机构的重要作用,并推出系列政策加以保障。鼓励市场化、专业化服务机构发展,形成引导创业、培育试点、重点示范的梯度化政策支持路径;推广科技创新券政策工具,引导企业创新需求、培育科技服务市场,保障科技成果所有者和需求者在进行科技成果转化时得到专业而有效的服务;建立科技成果转移转化服务人才培养体系、激励机制,探索技术经纪人梯度化培养与市场化选人用人机制。众创空间作为科技成果转移转化的"出口"之一,将在专业化、国际化方面有所发展。

上海市坚持科技创新与体制机制创新"双轮驱动",加快推进国家实验室建设,新建和集聚了李政道研究所、上海脑科学与类脑研究中心、上海清华国际创新中心等一批代表世界科技前沿发展方向的高水平研究机构。加速推动浦东科技创新中心核心区,构建长三角科技创新共同体①,逐步实现创新券通用通兑,深入推进国际科技合作与交流,不断深化国际大洋发现计划、平方公里阵列射电望远镜等大科学计划(工程)参与工作,不断提升世界人工智能大会、浦江创新论坛、世界顶尖科学家论坛、国际创新创业大赛等活动的国际影响力。

上海市提出进一步完善各类平台和网络体系建设,聚焦功能型平台建设、功能区打造、协同网络和金融支撑等,建设研发与转化功能型平台、打造专业技术交易服务平台、构筑成果转移转化金融服务网络、打造科技成果移转化功能集聚区、构建全球权威展示交流网络、形成国际国内成果转移转化协作网络、搭建成果转移转化传播网络。

4.3.3 广东科技成果转移转化实践经验

广东省学习宣传法律政策,营造有利于法律实施的良好氛围。通过制定和实施相关政策,鼓励开展法律教育和宣传活动,以提高公民对法律的认知

---

① 辛向阳,沈阳.打造社会主义现代化建设引领区的理论与实践探索——浦东开发开放历程回顾与前瞻[J].行政管理改革,2021(12):9-17.

度。利用各种媒体资源,包括电视、广播、报纸、社交媒体等,推动法律知识的传播。通过宣传案例、解读法规、法治故事等形式,增加法律信息的可理解性,提高社会对法律的认同感和遵从度。通过倡导法治文化,塑造一种尊重法律、注重法治的社会氛围。建设完善的法律服务体系,包括法律咨询、法援、调解等服务,以便市民在面临法律问题时能够方便、及时地获取帮助。鼓励社会各界的参与,建立法律实施的多元参与机制,包括行业协会、非政府组织、企业等。通过法治教育和宣传,引导社会潜移默化地形成尊法、守法的文化氛围。建立健全法律监督与问责机制,让社会对法律的实施产生更强的信任感。广东省各地市在科技部门网站设置科技政策宣传专栏,建立"广东科技""广东科技智库""广东省科技政策服务平台"等微信公众号,对最新科技法律、政策进行详细解读推介,有效扩大法律政策受众面[①]。

广东省制定配套政策制度,完善有利于成果转化的法制政策环境。制定有利于科技成果转化的财政政策,包括对科技企业的税收优惠、创新基金的设立和资助等。加强知识产权保护,建立健全知识产权法律制度,对于科技成果的知识产权进行有效保护。制定支持技术转移的政策,建立技术转移平台,促使研究机构和企业之间更加便捷地进行技术合作。同时,加强对技术推广的支持,促进先进技术在产业中的应用。鼓励和支持产学研合作,建立相应的项目资助机制,促进高校、科研机构与企业之间的合作。制定支持创业和风险投资的政策,为初创企业提供财务支持、税收减免等激励措施,降低创新和科技企业的创业风险。制定政策鼓励技术创新,并参与国家和国际标准的制定,确保广东省的科技成果符合国际标准,提升产品竞争力。通过政府官方渠道、媒体等途径,宣传有关科技成果转化的政策措施,提高企业和研究机构对政策的了解和认知。同时,加强相关从业人员的培训,使其更好地理解政策内容和操作程序。强化地方科技成果转化立法,重点对科技成果使用权、处置权、收益权"三权"进行细化规定。

广东省高度重视发挥企业在科技成果转化中的主体作用,发挥企业在财

---

① 李金惠,郑秋生,翁锦玉.广东促进科技成果转化的举措及成效分析——以贯彻落实国家《科技成果转化法》为切入点[J].创新科技,2017(2):60-63.

政资助科技项目实施中的作用。这意味着企业在创新过程中具有决策权和主导权，可以更灵活地推动科技成果向实际应用转化。通过制定政策，鼓励和支持企业增加研发投入。为了促进科技成果的快速转化，广东省倡导建立产学研合作机制，使企业、高校和科研机构能够更加紧密地协作，共同推动科技成果的研发和应用。在财政资助科技项目时强调企业的角色，为企业提供项目经费、购置设备、培训人才等财政支持，以降低企业在科技项目实施中的负担，推动项目的顺利实施。通过财政支持，广东省鼓励企业进行自主创新，不仅仅是在引进先进技术方面，更是在自主研发、知识产权创造等方面。在科技项目中，广东省鼓励企业更多地承担风险。为了更好地满足企业的需求，广东省鼓励企业更加积极地参与科技政策的制定。制定激励机制，通过奖励企业在科技成果转化中的优秀表现，鼓励企业更加积极地参与和推动科技项目的实施，从而形成更加活跃的科技创新氛围。

广东省推进企业与研究开发机构、高等院校开展产学研合作和人员交流。通过制定政策、提供支持，鼓励企业与研究开发机构、高等院校建立更紧密的合作关系。产学研合作能够促进科技成果的快速转化，提高企业创新能力，同时也能够为研究机构和高校提供实际问题和应用场景。通过提供资金支持和项目资助，广东省鼓励企业与研究机构、高校合作。为了确保合作双方的权益，广东省建立健全知识产权保护和共享机制，促进合作的长期发展，确保双方在合作中的利益得到充分保障。创设信息共享平台，使得企业、高校和研究机构能够更方便地分享科技成果、研究进展和市场信息，有助于提高合作的效率，推动成果的快速转化。通过政策支持和宣传推动产学研合作，宣传成功的案例、鼓励企业参与的政策支持等，提高企业对合作的积极性。加快完成基础数据库和线上服务平台建设，与科技部、中国科学院广州分院、中山大学等建立征集渠道。结合广东省发展需求，重点组织实施计算与通信芯片等重大科技专项，以及新材料、高端装备制造领域的应用型科技研发专项。

此外，广东省注重改革科技项目评价体系，健全有利于促进科技成果转化的绩效考核评价体系。不断健全成果转化奖励的政策法规体系，支持科技人员获得成果转化的奖励和报酬。加快完善科技成果转化服务体系,大力发展技术市场。建立一批高校、科研院所在粤科技成果转化中心或技术转移中心,促进产学研合作持续发展。开展国际区域合作,积极推进"粤港创新走廊"建设,促进粤港技术转移转化。协调发展生产力促进机构。加快培育科技服务骨干机构,大力推进科技企业孵化育成体系和新型研发机构建设。

在广东省委省政府的正确领导下,持续推动粤港澳科技创新合作。推动大湾区创新要素高效跨境流动[①]。聚焦钱过境、人往来、税平衡、物流通等关键环节持续发力。在全国率先支持港澳机构申报省级科技计划项目,开展科研用物资跨境自由流动改革试点,探索"正面清单"等模式,向港澳开放共享中国(东莞)散裂中子源等一批重大科技基础设施。携手共建粤港澳科技创新平台,依托横琴、前海、南沙等重大平台促进三地合作,推动广州实验室与香港中文大学签署战略合作协议,南方海洋科学与工程广东省实验室在香港设立分部,携手港澳建设20家粤港澳联合实验室,在河套建设粤港澳大湾区(广东)量子科学中心。支持粤港澳创新主体开展联合科研攻关,实施科技创新联合资助计划。

4.3.4　江苏科技成果转移转化实践经验

引进大院大所,集聚国内外高端创新资源。江苏省聚焦原始创新资源,引进大量高水平高等院校和科研院所作为创新的"动力源"[②],通过汇聚国内外高质量创新资源,推动科研成果转移转化和产业转型升级。

苏州市政府着力加强科技资源引进,发挥政策引导作用,与国内多所重点高校以及部分科研院所建立深度合作关系。苏州高新区围绕新一代信息技术产业、新能源产业、大数据产业、健康产业、高端制造业五大产业,引进清

[①] 张宗法,刘文兵,罗春兰等.广东技术要素市场化配置改革探索与实践[J].科技管理研究,2023,43(5):20-28.

[②] 罗扬,于亮亮,徐欣.新型研发机构的发展机制:以南京为例[J].科技管理研究,2022,42(4):66-72.

华大学苏州创新研究院、中国科学院苏州生物医学工程技术所、南京大学苏州校区等 100 多家院所机构,开展院地科研合作,促进高校院所与企业协同创新,达成数百项产学研合作项目。高校院所创办或参股高技术型企业,实现了科技成果的就地转化,有力促进了当地的产业升级。

江苏省坚持"市场导向、政府引导、纵横联动、机制创新"原则,完善促进科技成果转化政策法规,构建多层次公共信息服务网络,畅通科技成果转化渠道。南京市政府围绕创建创新名城,充分利用南京科教资源优势,打造吸引国内外高端人才品牌,加快建设区域性创新高地;通过"生根出访"品牌,建立海外协同创新中心,面向全球集聚创新资源,拓展国际影响力。

出台多项政策措施,着力破解科技成果转移转化的体制机制障碍。"十三五"以来,江苏省先后出台《江苏省促进科技成果转移转化行动方案》《关于加快推进全省技术转移体系建设的实施意见》《关于促进科技与产业融合加快科技成果转化实施方案》等,推进简政放权,强化科技创新载体平台建设,明确科技成果转化收益分配,加强产学研协同创新,使得创新活动有章可循。

完善技术交易平台,加强技术市场建设,构建多层次公共信息服务网络。江苏省技术产权交易市场重点聚焦"找不着""谈不拢""难落地"三大瓶颈问题,运用大数据、人工智能等新技术,提供高效中介服务,着力打造技术市场升级版。

推进高校和科研院所科研人员和创新团队创办科技型企业,进行科技成果转化。南京大学围绕当地新兴产业需求,建立 25 个覆盖江苏省的科技转化校地平台,孵化创业企业。江苏省产业技术研究院链接全球创新资源与产业技术需求,年均转移转化技术成果近 1000 项,年均衍生孵化高技术企业近 100 家。

苏州和南京两市围绕企业研发需求,出台一系列科技企业研发扶持政策,推动企业提升科技创新能力。苏州着力构建科技企业培育扶持政策体系,在研发费税前 175% 加计扣除政策的基础上,出台普惠性"企业研发费市级奖励"政策;对高成长创新型企业,按实际发生研发费用的 20% 给予最高 200 万元的研发后补助。《南京市深化落实企业研发费用税前加计扣除政策实施办法》和《南京市关于给予企业研发费用补助的实施细则》显示,南京市对符合条件的企业,实施研发费用加计扣除75%或无形资产摊销175%的优惠;对科技型中小企业给予研发费用最高10%的普惠奖励。

深入推进人才分类评价体制改革,不断完善以贡献为导向的人才评价体系,通过人事管理机制、收入分配方式改革,激发科研人员进行科技成果转移转化的主动性和积极性,夯实人才基础。南京工业大学基于不同学科领域和不同类型人才特点,建立分类评价体系和内部考核体系。一是将取得授权发明专利成果视同发表SCI论文。二是将论文和科技成果转化都纳入考核指标,以科技合同金额达到50万元、当年到账至少25万元作为考核基准,计入考核分值。三是推出社会服务型教师职称的评审办法,为从事科技成果转移转化工作的教师提供特殊的晋升通道,就科技成果的社会效益、经济效益和实际贡献进行考核。南京工业大学探索的考核评价制度有效调动了教师开展科技成果转化的积极性。为了鼓励教师把论文写在车间里,写在装置上,写在产品中,南京工业大学对知识产权进行使用权、处置权和收益权的"三权改革",实行"先确权、后转化"的原则。对于实施许可、转让的专利,学校与职务发明人按照3∶7的比例共享知识产权;对于作价入股的专利,学校与职务发明人按照1∶9的比例共享知识产权。江苏省产业技术研究院探索将固定资产所有权与经营管理权分离,运营公司为混合所有制企业法人,产业技术研究院与地方政府共持股30%～40%,项目团队持股60%～70%,并将收益与绩效挂钩。

4.4 区域视角下科技成果转化经验与模式

随着区域科技创新活动越来越频繁、越来越复杂,区域视角下科技成果转化越来越受到重视。通过对标珠三角与粤港澳大湾区、长三角区域、成渝地区区域科技创新启示,对于提升京津冀科技成果转化绩效大有裨益。

4.4.1　珠三角与粤港澳大湾区区域科技创新经验举措

珠三角着力构建更加开放、高效的成果转化生态体系,完善发展政策环境,深化国际合作,尤其是粤港澳合作,汇聚全球科技创新资源,探索具有广东特色的科技成果转化机制和模式,推动重大创新成果转移转化,把珠三角地区打造成为全国极具活力和国际影响力的科技成果转移转化基地,为加快推进国家科技产业创新中心和粤港澳大湾区建设提供有力支撑。通过完善科技成果转化服务体系、建设科技成果产业化载体、开展政策先行先试等重大举措,大力推动区域科技成果转化政策环境完善及区域创新能力提升,积极打造地方创新驱动发展的新引擎,并以点带面形成全社会科技成果转化与创新创业的热潮。

在科技成果权属制度改革试点方面,广东省2019年就以《关于进一步促进科技创新的若干政策措施》试点科技成果权属改革,2020年8月26日深圳通过《深圳经济特区科技创新条例》,在国内首次以立法形式规定"应当赋予科技成果完成人或者团队科技成果所有权或者长期使用权",2022年4月广州市印发了《广州市促进科技成果转化实施办法》,明确科技成果转化净收入70%以上可以奖励给成果完成人(团队)。

在加速粤港澳创新要素流通方面,近年来,粤港澳三地围绕"钱过境、人往来、税平衡"等方面加快破题,在全国率先提出了一系列具有针对性、超前性、突破性的政策措施。一是全国率先实现省财政科研资金"跨境"使用,允许项目资金直接拨付至港澳两地牵头或参与单位。二是加快港澳人才流动便利化,近年来,从国家到广东省市层面逐步推动落实有关人才引进、便利港澳人才发展的各项政策,逐步放宽港澳人才投资及执业限制、促进港澳人才通关往来便利化、给予住房和其他生活服务保障等方面的系列举措,为港澳人才深度融入粤港澳大湾区建设创造了有利的政策条件和发展环境。三是实施大湾区境外高端紧缺人才个人所得税优惠政策。

坚持推进社会进步与提升人民生活水平是促进经济与科技发展的根本

目标[①]。坚持服务社会发展的根本目标,把环境问题、民生问题等根本性社会问题置于发展的核心地位。在制度设计与具体安排上,坚持推进区域经济发展的可持续性与环境、社会、民生的可持续发展相协同,抓住重点、有效突破,形成创新和资本的有效结合,提高创新成果的普惠性,让科技真正赋能产业发展。坚持缩小城市间差距,实现新旧动能转换和区域协调发展,在推动区域间优势互补的同时,持续全面推进粤港澳大湾区各区域创新发展、经济发展、技术发展、社会进步与人民福利水平的综合协同提升。

坚持落实创新驱动发展战略和高质量发展理念,持续推进珠三角与粤港澳大湾区高质量创新协调发展[②]。在目前"以政府主导的课题项目为主"的基础上,加大多元化资金及创新人员投入力度,拓展以龙头企业为核心的技术创新联合体,从而弥补科技成果转化能力的短板,促进原始基础研究、共性技术研究、应用技术研究等进一步发展,以市场化为导向,深入落实供给侧结构性改革,促进科技创新成果转化,提升新产品市场规模和水平,促进大湾区经济、产业结构调整和转型升级。

坚持发挥以香港大学为代表的港澳高校优势,使高等教育资源成为区域经济发展与创新能力提升的重要引擎。坚持推进"鹏城实验室"等新型研发机构建设,充分发挥华为、腾讯等龙头企业的总部优势,积极申请成立国家技术创新中心等国家级创新平台,全力打造国家战略科技力量。坚持对标发展,根据高质量发展和创新发展的指标体系,结合各地区各城市的发展基础、定位和优势,统筹建立协同发展机制,制定和实施有针对性的政策和措施,持续推进高质量发展和创新发展的指标水平全面提升。

4.4.2 长三角区域科技创新经验举措

长三角重视基础研发作用,持续提高基础研发在整体投入中的比重,形

---

① 赵志耘,李芳.新时代中国特色科技治理理论蕴含[J].中国软科学,2023(3):1-15.
② 杨智晨,王方方,武宇希等.粤港澳大湾区创新"质量—生境"系统耦合协调的空间分异特征及驱动机制研究[J].统计与信息论坛,2023,38(5):79-91.

成"从0到1"基础研发资源补足,"从1到100"市场引领应用研究的创新文化,为区域创新生态体系的建设夯实基础。以政府推动基础研究的主要投入,达到经费支出效率和效果的最优化配置。提高对数学、物理等基础学科建设的重视程度,推动高校和科研院所以适当的方式加入基础研究、交叉研究的科研行列。

长三角深化区域"政策一体化"进程,加快推进区域"创新一体化"发展,从顶层设计的角度为区域创新生态体系建设指明方向。坚持开放思想,打破行政区划的限制,消除体制机制对创新资源自由配置的扭曲作用[①],让市场在这一过程中发挥调节的关键作用。调整长三角区域中各省(市)政绩考核指标,实质性推动区域创新一体化与政策一体化的协同发展。推进长三角区域各省(市)政府统一制定短期、中长期区域协同创新发展目标,并形成符合区域内地市一级不同地区发展现状的"创新发展路线图",辅助区域内各创新主体找准定位和创新发展方向,引导区域创新资源以区域整体发展目标为基础协同调配,达到"有的放矢"的最终目的。

长三角通过打通区域资本市场与创新主体间的壁垒,推动资本市场与创新活动的良性循环,为区域创新生态体系的建设提供动力[②]。在促进创新和实体经济高水平循环方面,资本市场具有其独特的作用,是创新体系在区域双循环新发展格局下平稳运行的重要支撑。在资产端,资本市场对不同发展阶段、不同类型创新主体融资需求的精准匹配,可以有效助力区域产业链稳步发展。在资金端,对不同种类资金风险偏好的匹配,使得资本市场可以推动社会财富的滚动增值。在资本市场培育下,创新主体才能实现做大做强的长期愿景,同时只有让创新成果为资本市场的发展巩固根基,才能够吸引更多的资金进入长三角地区。

长三角通过推动基础研究本地化支撑长三角创新生态体系发展,打造创

[①] 房逸靖,李静,司深深.政府干预、创新驱动与区域人才配置[J].科技进步与对策,2023,40(3):21-29.

[②] 孙久文,王邹,蒋治.中国式现代化视域下的区域协调发展[J].北京行政学院学报,2023(3):1-10.

新生态体系内的区域知识内循环系统[①]。提升高等院校关键核心技术相关学科的发展水平,深入推进长三角创新生态体系发展。结合地区高校所承担的任务,进一步加强高校对于关键核心技术基础性研究设施和能力的建设。围绕创新生态体系建设技术前端科技发展需要,通过学科链对接产业链,以及科教融合,在支撑产业关键核心技术发展的基础上,实现高校学科特色和优势的提升。推动区域内高等院校建立"大学—企业"创新网络中心,让大学有实力的研究机构在有充足研究经费来源保障、专注领域技术研究开发的基础上,为其发展提供基础性共性技术支撑和应用性共性技术解决。推进合作创新和科教融合机制,为领先企业培养一批高水平领域技术创新人才[②]。推进在长三角区域实现创新生态体系下的知识内循环系统,提升区域高校、科研院所对产业发展的支撑力度。

长三角致力于推进产业链与创新链融合的创新生态体系的形成与发展。产业链断裂是产业关键核心技术发展的症结[③]。推进产业链与创新链融合发展,建立产业链与创新链融合的区域创新生态体系,完善并重塑产业链,是解决产业链和供应链断裂的重要方法。依据产业链和供应链的实际情况,组建成立关键核心技术产业发展共同体,开展产业协作和创新协同,激发市场主体活力,促进产业主体企业与相关企业共同发展和共同成长。推进有关部门为关键核心技术产业发展共同体的建立积极创造条件,包括资金融通、创新支持,以及税收优惠等。推进技术经理人队伍建设,建立技术创新经理人培养与发展体系,培育和引进横跨技术和产业两大领域且兼备多学科专业知识和跨界组织运营能力的复合型人才。

长三角强化"卡脖子"技术研发创新体系建设,聚集创新资源和人才,由长三角三省一市共同成立"卡脖子"技术发展产业技术创新中心,破除区域社

[①] 徐军海.创新驱动视角下江苏科技人才发展趋向和路径研究[J].江苏社会科学,2021(3):223-231.

[②] 韩海波,刘欢喜,王斌等.大学与区域创新体系建设的协同路径探析[J].研究与发展管理,2022,34(6):167-177.

[③] 洪银兴,李文辉.基于新发展格局的产业链现代化[J].马克思主义与现实,2022(1):119-125+204.

会和经济发展障碍。推进长三角三省一市共同制定不同产业的"卡脖子"技术跃迁发展技术路线图及发展规划,并依据规划设立多主体共同参与的"卡脖子"技术发展产业技术创新中心,以及依托中心建立"卡脖子"技术研发创新体系。制定技术和产业发展有机统一的"卡脖子"技术发展规划,实现引领全国产业"卡脖子"技术突破,依托区域完整的技术体系建立创新生态体系,彰显长三角区域的创新能力[①],增强长三角区域创新生态体系对全国其他地区的技术辐射效应。

统筹创新资源配置、推动区域创新生态体系高质量发展。重点关注区域内的科技创新项目,坚持让不同地区的科研机构参与,从思想上实现地区间的磨合与统一。重点关注民生科技与生态环保科技层面,在产业升级中促进科技创新协同,推动地区间产业的高度协同发展、进而辐射至其他层面的协同[②],促进资源的协同调配,促进支撑地区间科技创新协同目标的实现。

建立地区协同发展保障机制,支撑区域创新生态体系健康发展,促进区域经济协同快速发展。以市场主导创新合作,推进形成各个创新主体之间的良性互惠机制。推进形成信息共享机制,建立区域信息公布平台,整合信息发布渠道,减少错误信息对地区协同造成的不良后果,形成良好的创新发展环境。推进形成风险共担和利益互惠机制,通过对区域内专家的成体系访谈以及对企业的多批次调研,形成符合地区发展实际规律的相关机制。推进形成制度共信和共守机制,以成熟的共信和共守环境,促进地区间的学术与产业合作,促进区域间的协同创新。推动政府、高校、科研院所及企业等多层次群体重点关注、共同维护区域内良好的协同创新环境,支撑区域创新生态体系健康发展,促进区域经济协同快速发展。

---

① 刘保奎,郭叶波,张舰等.长三角地区服务引领新发展格局的战略重点[J].宏观经济管理,2022(2):21-28.

② 张红霞,李家琦,彭程.生产性服务业集聚、劳动要素配置与区域协同发展[J].经济经纬,2023,40(2):13-23.

4.4.3 成渝地区区域科技创新经验举措

成渝地区通过"一城多园"模式共建西部科学城,布局重大科技基础设施和重点实验室、工程技术研究中心、企业技术中心、产业技术研究院等科技创新平台,强化基础研究和关键核心技术攻关,抢占关键核心技术制高点,打造科技创新策源地。共建创新园区(基地)和联盟,整合优化园区资源,按照集中布局、集约发展、产城融合的原则,统筹不同区域、不同类型、不同层次园区建设,推动园区联动,打破行政区划限制开展园区合作共建,打造世界级产业集群为目标,建立利益共享和持续发展的长效机制。共同搭建科技资源共享服务平台,通过认证整合,统一授权等,构建跨区域的统一身份认证体系,实现成渝两地科技资源数据交互共享共用,形成开放共享、检验检测、设备处置、认证培训、仪器金融等服务体系。

联合争取国家创新任务,加强成渝两地联动和项目储备,发挥成渝地区共同优势或互补优势,联合争取更多重大任务、重大项目、重点计划落地成渝地区,联合争取国家重大科技基础设施落地,打造聚集国际化高端人才、开展前沿理论研究的前沿科学中心。联合争创国家级创新平台,推进成渝共建联合实验室,加快实验室成熟进程,积极争创国家实验室。依托两地"双一流"高校和重点科研院所联合设立前沿交叉学科研究中心,共同争取国家重大基础研究计划,增强成渝两地原始创新能力。积极争取国家重大科技项目进一步布局成渝地区。共同争取中国科学院、中国工程院等国家级研究院所落户成渝地区或建立分支机构,鼓励成渝地区现有国家级科研院所在两地互设分支机构,扩大重点领域在全国的影响力。

面向成渝地区经济、社会、生态环境领域共性问题,深化产学研合作,协同推进原始创新、技术创新和产业创新,推动区域高质量发展[1]。围绕成渝地区新兴产业培育和高技术产业发展需求,聚焦新兴技术及产业发展加强协同

---

[1] 陈鸥.成渝地区双城经济圈体育产业协同发展基础、困境与路径[J].成都体育学院学报,2022,48(5):90-96.

攻关，促进在部分领域取得重大突破、形成领先优势，使成渝地区成为重要的战略性新兴产业策源地。瞄准产业发展关键环节、薄弱环节和缺失环节，集成国内外科技创新力量，聚焦成渝地区高新技术产业、优势特色产业发展加强协同攻关，为抢占引领产业发展战略制高点、构建产业竞争新优势、培育新的经济增长点提供技术支撑，推动产业链升级和价值链提升。聚焦社会发展、生态环境领域加强协同攻关和应用示范，加强公共卫生领域科技创新，协同推进烈性传染病防治技术和公共卫生防控技术研发。加强生态环保领域科技创新，联合推进长江经济带上游地区大气污染防治等生态环境保护联防联控技术研发和集成示范。

构建跨区域技术交易市场，推动成渝两地重要技术交易网络节点互联互通，打造一体化的技术交易市场，实现资源共享、信息扩散、服务整合和交易溯源。协同共建技术转移机构，推动共建成渝地区技术转移机构联盟，促进两地科技成果双向转移。完善跨区域、多层次的技术转移人才发展机制，推动实现成渝地区人才互认、合理流动。协同推进科技成果转化对接，构建常态化的科技成果信息共享机制，推动两地成果转移转化对接交易平台互联互通，加速科技成果在两地转化和产业化。创新科技金融服务模式，共建多元化、跨区域的科技创新投融资体系。推广"盈创动力"科技金融服务模式，构建成渝两地具有较大规模和比较优势的产品体系、基金体系和服务体系。共同举办科技金融对接活动，打造西部高新技术产业融资中心。打造科技成果转化中试基地，依托成渝两地国家科技成果转移转化示范区，鼓励企业牵头、政府引导、产学研协同，围绕新一代信息技术、生物医药、汽车制造等领域联合打造一批市场化运行、面向产业发展需求的科技成果转化专业中试基地。

推进成渝地区科技创新国际合作，在优势学科领域瞄准国际重大科技创新方向，共同参与国际大科学计划和大科学工程。搭建技术先进国家地区与成渝地区的技术引进网络，打通服务成渝产业需求的国际科技合作"引进来"通道。鼓励成渝地区机构在"一带一路"合作伙伴共建科技产业园区、联合实验室（研发中心）、技术转移中心和示范推广基地等创新节点，打通成渝地区优势领域国际科技合作"走出去"通道。共建"一带一路"科技创新合作区，加强与国家"一带一路"科技创新行动计划对接,搭建内外并行的国际科技合作平台,协同推进重大科技创新合作事项落地,力争成为具有国际影响力的"一带一路"开放创新枢纽。共建国际技术转移中心,形成数据互联互通的技术信息平台和交易体系,共同开展线上、线下相结合的成渝地区国际技术转移服务。共同举办国际科技交流活动,实现关键技术、人才和资金"引进来",优势产业、技术和产品"走出去",打造成渝科技创新合作新优势。打造"一带一路"科技创新合作品牌活动和具有高显示度、高影响力的国际性科技创新交流平台,提升成渝地区双城经济圈在全球科技界的知名度。

打破地域限制,破除行政壁垒,推动毗邻地区深度合作[①]。发挥中心城市和重要节点城市作用,打造以成都、重庆为核心的区域协同创新网络,促进创新资源跨区域流动、共享。推动川内地区一体化创新发展,聚焦区域产业发展关键、共性技术需求,产学研协同,打造区域产业技术创新中心,在区域创新资源共享、创新人才合理流动等方面加强协同。推动成渝毗邻地区协同创新发展,促进成渝地区毗邻城市协同创新、融合发展,通过联合共建、模式输出、异地孵化等方式,引导毗邻地区园区基地等载体开展战略合作,促进资金、技术、人才等创新创业要素跨区域流动和精准对接。推动川东北、渝东北地区一体化发展,建设成渝现代高效特色农业示范带,共建区域性特色资源技术研究中心,打造渝广科技合作示范园区。推动成渝中部地区一体化发展,打造遂宁—潼南、资阳—大足科创走廊,弥补成渝科技创新中心"中部塌陷"短板。推动川南、渝西地区一体化发展,推动共建川渝毗邻地区创新融合发展试验区、川渝产业集聚示范区,打造成渝地区科技成果转化目的地、承载地。

加强区域科技人才资源共引共享,共同开展人才引进,共同争取国家级科研单位向成渝地区选派高端人才,实现引进人才资源和引智成果共享[②]。推动创新人才跨区域流动,探索户口不迁、关系不转、身份互认、能出能进的科技人才和研修交流人才柔性流动机制,推行院士专家工作站等人才共用模

---

① 周亚,袁健红.区域协调发展背景下全国统一要素市场布局及实践创新[J].青海社会科学,2022(4):96-106.
② 王晓航.跨区域科技人才共享实践模式比较研究[J].科学管理研究,2020,38(2):126-131.

式。建立区域一体化的创新人才评价制度,实行人才评价标准互认。推动两地"英才卡"互认,使人才能够在两地对等享受安居置业、医疗教育、社会保险等公共服务。加强区域创新政策协同,共同争取国家科技创新政策在成渝地区先行先试[1],联合争取国家更多创新政策。建立科技政策异地共享、互认机制,打破行政壁垒,消除两地政策差异,促进创新资源合理流动。推行跨区域协同的"创新券"政策,促进科技"创新券"在川渝区域内"通用通兑",实现企业异地采购科技服务。建立知识产权合作机制,加强知识产权联合保护,共同营造优良作风学风,科研诚信记录互通互用。

4.5 高校科技成果转化经验与模式

科技是第一生产力,科技创新是带动人类进步、国家和民族不断向前发展的重要引擎。高等院校不仅仅是文化知识的传播和传承者,更是科技创新的推动者,同时也是经济社会发展的动力源。在科技成果研发和转化的历史进程中,高校成为我国科技成果产出的重要来源,是国家和区域科技创新体系的主要力量。党的二十大报告强调,"要完善科技创新体系,优化国家科研机构、高水平研究型大学,提升国家创新体系整体效能。"为全面贯彻党的二十大精神,教育部大力推进高校科技成果向现实生产力转化,科技成果转化能力成为衡量高校科研产出和社会贡献的重要衡量标准。

4.5.1 我国高校科技成果转化现状

近年来,我国高校科技成果转化方面不断取得突破,专利数和成果转化数

---

[1] 龙开元,孙翔,戴特奇.科技创新支撑成渝双城经济圈建设路径研究[J].华中师范大学学报(自然科学版),2021,55(5):791-797.

呈上涨趋势,科研能力和社会贡献力不断增强。教育部数据显示,截至2023年9月,国内高校有效发明专利拥有量达到76.7万件①。2022年,全国高校科研院所向中小企业转让、许可专利达2.9万次,比2020年增长60.2%。

(1) 科技成果转化平台体系逐渐完善

近年来,我国高校科技创新平台体系建设效果显著,2012—2022年十年间,全国高等学校牵头建设了60%以上的学科类国家重点实验室、30%的国家工程(技术)研究中心②。对标国家重大战略需求和世界科技前沿,教育部牵头建设布局了25个前沿科学中心、14个集成攻关大平台、38个国家级协同创新中心,系统布局的教育部重点实验室、工程研究中心、省部共建协同创新中心等平台超过1500个。除此之外,全国高校牵头建设了一批国家重大科技基础设施、高等级生物安全实验室和国家野外科学观测台站等支撑类重大平台,初步形成了层次清晰、布局合理、支撑有效的科研平台体系。近十年来,全国超过40%的两院院士,将近70%的国家杰出青年科学基金获得者集聚高校,科研创新群体稳步壮大,在不断的科学研究过程中,培养了大量硕士生、博士生等高质量的创新人才,为经济社会高质量发展提供了重要的人才支撑。

(2) 高校科技成果转化合同金额逐年上升

高校专利授权量2021年高达30.8万项,授权率为83.9%,专利转让及许可合同数量约15000多项,专利转化金额为88.9亿元,高校的科技成果转化实现质、效、能同步提升。

2017—2021年,五年间有33所高校的科技成果转化合同金额连续入围全国高校科技成果转化50强,如表4-1所示。清华大学和浙江大学连续五年分列第一和第二,并且两所学校五年科技成果转化合同总额均破百亿,上海交通大学、东南大学和四川大学分别以94.87亿、76.87亿、67.43亿的合同总额排第三、四、五位。据统计,2021年,105家中央部属高校和1373家地方高校,以转让、咨询、技术开发等方式转化的科技成果合同总项数为270527项,

---

① 教育部加快推动高校科技成果向现实生产力转化[N].中国教育报.2023-10-27(1).
② 粟裕.教育部:近十年高校牵头建设了60%以上的学科类国家重点实验室[EB/OL].[2022-07-19]https://baijiahao.baidu.com/s?id=1738752354611466681&wfr=spider&for=pc

比上一年增长22%；合同总金额为1086.1亿元，比上一年增长31.6%。以上数据表明我国高校在科技成果转化中的贡献力不断增强。

表4-1 2017—2021年连续五年科技成果转化合同金额前30强（单位：亿元）

高校	2017年	2018年	2019年	2020年	2021年	总额
清华大学	20.60	29.69	29.47	32.15	53.98	165.88
浙江大学	16.89	17.43	22.76	26.88	42.03	125.99
上海交通大学	8.99	14.75	20.41	20.39	30.34	94.87
东南大学	12.95	15.57	15.37	16.66	16.31	76.87
四川大学	11.75	9.6	8.84	16.77	20.48	67.43
同济大学	9.57	11.45	19.85	13.74	10.8	65.42
北京航空航天大学	9.02	7.65	15.62	14.56	14.88	61.73
华南理工大学	11.51	12.95	11.86	12.60	12.77	61.68
西安交通大学	5.65	7.16	9.13	12.65	19.69	54.29
北京大学	3.7	11.37	9.85	10.66	16.55	52.14
哈尔滨工业大学	12.44	7.68	9.47	7.32	12.33	49.23
重庆大学	3.45	5.53	6.02	15.43	18.50	48.94
复旦大学	3.90	6.39	5.72	9.52	17.55	43.08
西北工业大学	6.75	7.15	6.08	9.27	10.66	39.91
武汉大学	6.41	7.46	7.64	6.53	10.59	38.63
武汉理工大学	4.12	6.21	8.22	8.16	11.11	37.82
山东大学	3.61	5.37	5.48	8.56	14.10	37.11
中南大学	4.62	5.12	7.41	8.47	10.36	35.97
东北大学	4.37	6.28	7.22	5.92	10.47	34.25
江南大学	3.57	5.37	5.83	7.35	11.91	34.03
江苏大学	4.76	4.86	8.43	9.58	6.10	33.72
天津大学	3.50	5.92	6.08	7.36	9.99	32.85
南京航空航天大学	5.23	5.40	5.62	7.12	8.68	32.05
西南交通大学	4.37	5.82	6.70	7.63	7.36	31.88
南京理工大学	4.74	5.84	8.62	5.36	6.51	31.07
华东理工大学	3.52	9.19	4.02	7.32	6.37	30.41
中国矿业大学	2.78	3.47	5.42	6.92	8.89	27.48
中国石油大学（华东）	3.72	4.04	7.42	5.93	6.06	27.17
北京科技大学	2.94	4.09	5.49	4.95	7.12	24.59
上海大学	3.03	3.95	4.79	4.23	7.85	23.83

数据来源：中国教育在线网

(3) 强化基础研究，服务国家战略

近十年来，10 项国家自然科学一等奖中，高校占据了 6 项，并在全部自然科学奖中获奖数量占 67%；获得了全部 11 项国家技术发明一等奖中的 10 项、全部技术发明奖中的 72%，并获得了两项国家科技进步特等奖，成为我国基础研究的主力军。高校在科学研究能力不断提升的同时，持续聚焦服务国家重大战略和区域经济社会发展需求，聚集高端创新人才专注于核心技术攻关和重大科技突破。

长期以来，我国视频编码技术领域核心专利空心化问题突出，导致视频产业大而不强的局面。北京大学数字媒体研究所的高文院士带领数字视频编解码技术国家工程实验室的科学家们攻关数字视频编解码技术，经过无数次的计算、优化、仿真、迭代，团队克服种种困难最终攻克了难关，先后推出 AVS 系列标准，填补中国数字编码标准领域的空白。乡村振兴方面，西北农林科技大学、中国农业大学等高校培育出水稻、小麦、玉米、大豆、蔬菜等主要农作物新品种并进行推广，总面积超过 10 亿亩，培训农业技术人员及基层干部超过 200 万人次，研究成果成功转化为实际应用。推动区域创新发展战略中，教育部与北京、上海签署共建国际科技创新中心的战略合作协议，北京地区的高校与市政府合作共建一批集成电路、脑科学等领域的研发机构，上海地区的高校牵头承担人工智能、超限制造等领域的重大专项。

(4) 高校科技创新生态持续优化

为优化科技创新环境，教育部大力推进科技创新体制机制改革。深入推动"放管服"改革，教育部联合科技部等其他部门出台《关于扩大高校和科研院所科研相关自主权的若干意见》，简化财务报销流程，明晰科研经费管理和科技成果转化政策红线，开展持续扩大高校和科研院所自主权、赋予科研人员更大的人财物支配权、扩大科研经费使用自主权等一系列试点，不断激发高校创新活力。联合国家知识产权局等部门出台《关于提升高等学校专利质量促进转化运用的若干意见》，探索实施专利申请前评估制度，强化科技成果源头供给，提升科技成果质量。同时，加大政策激励，采取多种转化方式促进科技成果转化，通过调整自主奖励政策、倡导高校通过普通许可而非独占许

可的方式进行专利转化等方法保障高校科研人员成果转化的效益。

(5) 高校科技成果"多而不精"

尽管当前我国高校科技成果数量较高,但与国外知名高校相比,转化实施情况不理想,呈现出数量多但质量不高的情况[①]。国家知识产权局2022年度报告显示,该年国内共授权发明专利69.6万件,其中高校授权发明专利数17.2万件,占24.7%。从转化情况来看,高校专利转化率和转化价值较低,国家知识产权局2022专利调查报告显示,高校有效发明专利实施率仅为16.9%,如图4-1所示。

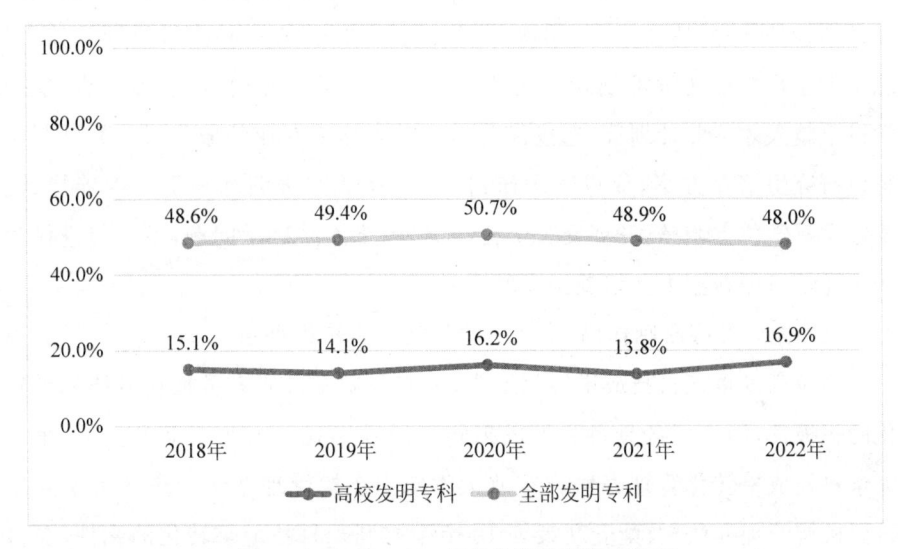

图 4-1　2018—2022 年有效发明专利实施率

4.5.2　我国高校科技成果转化特征与趋势

高校不断提升科技创新能力,以科技成果引领发展新格局。在科技创新方面,高校积极引入高水平人才,搭建创新平台,开展科技创新合作,提升科

---

① 吴寿仁.高校院所科技成果转化活跃度及项目质量分析——基于高校院所科技成果转化2018—2022年度报告数据的分析[J].科技中国,2023(7):31-36.

技创新能力。在科技成果转化方面,与企业密切对接,探索科技成果转化新模式,积极推进成果的转化和运用。

(1) 注重科研创新,培养创新人才

高校注重持续推动科研创新,将创新作为引领科技成果转化的第一要义[①],培养拔尖创新人才,推动关键核心技术研发攻关。例如,华东交通大学为培养学生的创新能力和解决复杂问题能力,聚焦人才培养重点领域和关键环节建立交叉培养架构,建立多段学制和三学期制,扩展通识课、学科交叉课、科研训练课等特色课程,从学校高层次人才和优秀校友中选聘学生学业导师和校外导师,建立了"分层次、分阶段、立体化"的本科生科研训练体系。北京大学积极推动学术创新型人才培养。通过强基计划、数学英才班、物理学科卓越人才培养计划等,选拔优秀学生进入相关专业领域学习。鼓励制定特色研究生培养方案,促进学术研讨,强化科学方法训练和学术素养提升。统筹学科学位点调整,开展交叉学科布局,围绕前沿科学问题,不断促进科学研究与学术创新型人才培养深度融合。

(2) 充分发挥激励作用,优化完善科技成果转化机制

高校高度重视科技成果转化工作,为充分激发科研人员推动科技成果转化的积极性,制定了各具特色的成果转化激励模式。东北大学出台了《东北大学科技成果转化管理办法》《东北大学知识产权管理办法》《东北大学异地科研机构管理办法》及配套政策等10余个有利于科技成果转化的文件,在科研经费管理和使用、科技成果转化管理和知识产权运营等方面制定规范的文件制度。将专任教师开展成果转化和服务社会的相关成果纳入专业技术职务评聘业绩中的代表性成果,利用科技成果转化政策,释放活力与效率,鼓励重大成果产出,按转化模式差异化管理,团队最高可获得92%收益。上海交通大学建立"1+1+3+5"科技成果转化制度体系,构建良好的科技成果转移转化政策环境。联合上海16家高校和近20家知识产权服务机构共同成立上海高校知识产权运营创新中心,推动科技成果转化并将良好的经验进行推广

---

① 袁泉.我国高校科技成果转化绩效研究[D].武汉:华中科技大学硕士学位论文,2019.

宣传。清华大学出台《清华大学科技成果评估、处置和利益分配办法》《清华大学知识产权管理规定》《清华大学科技成果评估备案实施细则》等相关措施助力科技成果转化，同时围绕科技成果的转移转让审批、校内教授的兼职活动、科技成果作价入股实施办法等制定《清华大学科技成果处置尽职调查办法》，规范尽职调查职责与程序。

（3）加强平台建设，保障科技成果转化优良环境

创新创业平台为高校科技成果转移转化提供有力支撑[①]。我国一些高校通过建立创新创业空间、科技成果转移转化服务平台等，为科技成果转化打造良好的软硬件环境，提高成果转移转化率。南京邮电大学成立技术转移中心，该中心是全面负责学校科技成果转移转化的专职机构，明确制定技术转移、成果转化的考核评价细则。学校每年向技术转移中心规定考核目标任务，制定详细的业绩考核指标。学校与栖霞区人民政府共建"南京南邮技术转移有限公司"，同技术转移中心共同推进科技成果孵化、技术转移等业务。中心还与江苏省科技资源统筹服务中心、江苏省技术产权交易市场、上海技术交易所等第三方机构开展合作，为科技成果转移转化提供良好的生态空间。北京理工大学2016年成立技术转移中心，注册成立北京理工技术转移有限公司，中心与公司联合协作，中心负责成果转让、许可和作价入股审批和报批等，公司通过市场化手段推动科技成果转移转化落地。

（4）重视概念验证，推动科技成果落地

我国科研成果市场转化率极低，仅为10%～15%，而发达国家高达60%～80%。科技成果经过中试验证，产业转化成功率可达80%，未经中试验证的成功率仅有30%[②]。概念验证被认为是弥补科学研究基础成果与市场转化之间空白的关键环节。近年来，浙江、上海、北京、天津等试点建设概念验证中心，汇聚高校创新成果和前沿技术，打造科技产业集聚区。东北大学依托"沈阳市数字产业知识产权运营中心"建设东北大学辽宁沈阳数字技术概念验证中心，致力于构建科技成果转化的全链条服务支持体系，成为辽宁地区依托

[①] 郭小姝，张欣.高校科技成果转移转化与技术创新分析[J].科技资讯，2023，21(3)：163-166.
[②] 申轶男.我国中试基地发展现状及政策建议[J].科技与创新，2018(8)：11-14.

高校建立的首家基地。在技术熟化阶段,提供概念验证支持,打造和发挥典型示范效应,为数字产业创新发展和地方经济进步服务。西安交通大学依托国家技术转移中心,建设了全国第一家"概念验证中心",经过反复试错,总结出一套可复制可持续的优秀经营管理模式,为成都建立概念验证中心提供了可行性实践基础。

4.5.3 我国高校科技成果转化典型经验

国内各大高校依托自身科研优势结合实际形成了符合本校特点的科技成果转化体系。部分高校成立科技成果转化领导小组,建立健全成果定价、转让、考核、产权管理收益分配等科技成果转化制度,通过与其他部门合作开展科技成果转移转化,为其他高校提供了宝贵的经验借鉴。

(1) 聚焦重大项目科技产出,积极探索科技成果转化新思路

南方医科大学在2022年广东高校科技成果转化榜中位列第7位,在推动成果转移转化过程中,南方医科大学深化科技成果转化体制机制改革,以国家重大科技项目和重大成果的培育为突破口,打造完善高效的科技成果转化体系,激活科技成果转化活力,提高科技成果转化效率。

完善科技成果转化制度体系,加大科技成果转化激励力度。近年来学校制定了《南方医科大学科技成果作价入股管理细则》和《南方医科大学国家大学科技园创新创业导师管理办法》,完善成果转化作价入股的流程,邀请40名各领域专家作为校外导师共同指导大学生创业团队参加各种创新创业大赛,斩获省级以上奖项100多项,其中国家级奖项19项。修订了《南方医科大学促进科技成果转化管理办法(试行)》,将成果转化所得的纯收入(含作价投资)80%的收益分配给发明人团队,单项转化金额在500万以上的,90%分配给发明人团队,最大限度激发科研人员的积极性。

根据市场需求,推动具有较高价值的成果产业化。以市场需求为导向,立足产业需求,推动应用类项目转化,与企业联合研发,形成由市场决定技术创新的机制。完善生物医药高新科技企业孵化平台建设,近三年,累计新增

在孵企业35家,现在孵企业56家,培育企业累计获得社会投资超6000万元。平台与20家专业机构合作,为企业提供专业化、集成化和高水平的运营管理服务。

创新产学研合作新模式,提升科技成果转移转化效率。南方医科大学加强国家大学科技园建设,完善大学科技园运行管理机制,以"国家知识产权试点高校"建设为契机,提升学校知识产权高质量创造、高效率运用、高标准保护、高水平管理能力,主动对接相关行业企业,促进产学研深度融合,提高科技成果转化和产业化水平。

(2) 聚焦科技创新,服务国家重大需求成效显著

清华大学坚定走中国特色自主创新之路,面向国际前沿和国家重大战略需求,稳步推进科技创新工作快速发展。2017—2021年,清华大学共牵头负责143项国家重点研发计划项目,横向合同金额增长135.1%,各类科研机构数量从385个增长到421个,其中国家级政府批建科研机构9个。获国家最高科学技术奖1项,牵头获国家科技奖45项。

鼓励科研人员深入到基础科学研究中,以破解重大科学问题为目标。清华大学大力引进基础研究人才,加强平台建设,完善科研创新体系,鼓励科研人员瞄准国际科技前沿,开展科研攻关。牵头建设国家重大科技基础设施——锦屏地下实验室,专注于核天体物理等世界前沿基础科学实验研究。薛其坤院士团队长期潜心基础研究,经过反复攻关实验,在国际上首次实验观测到"量子反常霍尔效应",获颁2020年度国际低温物理领域最高奖——菲列兹·伦敦奖。

推进各类平台基地建设,提高科技成果转化支撑力。清华大学牵头建设北京市集成电路高精尖创新中心、生物医学检测技术及仪器北京实验室、脑与认知智能北京实验室、环境前沿技术北京实验室、空地一体环境感知与智能响应交叉研究平台,积极发挥引领支撑作用。平台建成后,将形成面向环境问题的技术产业全链条,为京津冀乃至我国水、气、土壤以及生态环境保护和资源利用提供多层次的综合管理与决策支持。

加强关键技术攻关,服务国家发展需求。2022年,清华大学国家自然科

学基金立项近 700 项、国家重点研发计划立项超过 65 项,创历史新高。清华大学核能与新能源技术研究院始终坚持"大团队攻关,多学科交叉"的科研组织模式,与华能、中核共同研发建设的全球首台固有安全的模块式高温气冷堆核电站于 2021 年 12 月并网发电,实现了我国在该技术上从"跟跑""并跑"到"领跑"的飞跃。2017—2021 年五年间,学校面向国家战略需求先后布局成立了航空发动机研究院、集成电路学院、碳中和研究院,发挥学校人才与学科优势开展科研攻关。在北京冬奥会筹办过程中,清华大学作为参与"科技冬奥"项目最多的单位,牵头 7 个项目、18 个课题,助力一批核心关键技术得到攻克,并设计建造"雪如意""雪飞天"和三大赛区火炬台,为北京冬奥会、冬残奥会提供了有力的科技支撑。

第 5 章　京津冀科技成果转化现状与特点

在经济发展和科技创新双轮驱动下,京津冀在传统产业改造升级、科技创新等领域取得了一系列显著的成就,但在科技成果转化过程中仍面临一些不足之处。梳理京津冀科技成果转化的政策文件、现状与薄弱环节,有助于全面理解其在科技成果转化工作中所面临的挑战,以期寻找更加有效的改进和提升路径。

5.1　京津冀科技成果转化政策梳理

习近平总书记强调:"要坚决扫除影响科技创新能力提高的体制障碍,有力打通科技和经济转移转化的通道,优化科技政策供给,完善科技评价体系。只有提高科技成果转化水平,才能更好实现科技创新和产业创新对接。通过对京津冀科技成果转化政策进行梳理,推动实现促进京津冀区域协同创新、优化创新资源配置、提升科技成果转化效率。"

5.1.1 北京市科技成果转化政策梳理

北京市不断健全科技成果转化政策法规体系和工作体系,持续推动概念验证平台、标杆孵化器、创新联合体等建设,让各类创新主体从"有的转、有权转"到"愿意转、转得顺",不断提升科技成果转化效率。

(1) 北京市科技成果转化专门性法律法规文件

2019年11月,北京市第十五届人民代表大会常务委员会第十六次会议通过了《北京市促进科技成果转化条例》(以下简称"《条例》")。地区科技成果转化往往面临"有的转""有权转""愿意转"以及"转得顺"的多重难题,《条例》围绕科研人员、科研单位以及科技企业的利益诉求,设计了多项激励措施,尤其在成果归属、权益保障、技术转移等方面进行了细致规定。通过明确成果权属、利益分配、知识产权管理等问题,有效保障了科研人员的权益,调动了科研人员的积极性和创新动力。同时,《条例》在职务科技成果的权属、职称评审、科技奖励等方面提出了多项创新性制度设计,进行了全方位的制度安排,构建了科学的政策框架,推动了科技成果转化流程的规范化、标准化。

(2) 北京市促进高等学校和科研院所科技成果转化相关文件

2014年1月,北京市人民政府办公厅印发《加快推进高等学校科技成果转化和科技协同创新若干意见(试行)》(以下简称"《意见》")。《意见》提出了一系列改革措施,以激发高校的创新活力,提升科技成果的转化效率。该意见改革科技成果处置权管理,赋予高校自主审批科技成果转化事项的权利,鼓励成果的市场化运作。改进科技成果收益分配方式,将70%以上的转化收益用于奖励科研人员,并支持科研、教学等工作。高校还需建立科技创新与成果转化项目储备库,评估并储备符合首都经济社会发展需要的重大科研项目。为促进产学研合作,政府将增加财政性科研经费支出,以支持高校与企业联合开展科技研发和成果转化。《意见》还鼓励高校开放实验室资源,与企业共同建设研发平台,推动联合科研和技术服务。高校还可与企业及科研机构共建协同创新中心,联合攻关重大课题,提升科技创新能力。此外,政策鼓励高校科技人员参与创业,支持其创办科技型企业,并提供股权激励与政府投资支持。高校还可设立科技成果转化岗位,加强成果转化管理与服务,并对相关人员进行职称评定与经费支持。最后,政策支持学生创业,简化创办科技型企业的流程,提供场地、资金及辅导等支持,助力学生通过创业实现就业。这些措施旨在通过体制创新和资源整合,推动科技成果转化,促进经济社会发展。

2018年4月,教育部科学技术司与中关村科技园区管理委员会印发《促进在京高校科技成果转化实施方案》(以下简称"《方案》")。《方案》旨在推动在京高校的科技成果转化,特别是中关村国家自主创新示范区内的落地实施。《方案》强调通过整合资源、优化机制和政策支持,促进科技成果的有效转化和产业化。其核心任务围绕高校技术转移、概念验证中心建设、校企协同创新、全球前沿技术创新大赛等方面展开。提出通过设立高校技术转移办公室,集中力量推进科技成果的转化服务。通过联合15所高校试点设立技术转移办公室,建立集成的科技成果统计、评估和转化平台,整合校内技术转移资源,并为高校技术转移办公室提供市场化支持和资金帮助,将建立高价值专利库,推动科技成果的专利化与市场化。《方案》还明确了推动在京高校建立概念验证中心的目标,重点关注信息技术、集成电路、医药健康等高精尖产业。通过开放实验室与企业、投资机构联合推动技术开发与市场验证,促进科研成果的商业化应用。提到通过建立企业与高校联合的协同创新中心,推动高校与企业的深度合作,解决企业技术需求,提高企业的创新能力,同时为高校科研人员提供更好的实践平台。为进一步激发创新活力,方案还计划举办全球前沿技术创新大赛,挖掘前沿技术项目并推动其在中关村示范区内的落地转化。总的来说,该实施方案为在京高校科技成果转化提供了系统的路径和政策保障,旨在加速科技创新成果的产业化应用,提升北京的科技创新能力。

2020年9月,北京市中关村科技园区管理委员会印发《关于强化高价值专利运营促进科技成果转化的若干措施》(以下简称"《措施》")。《措施》旨在通过一系列创新举措,推动高价值专利的全面挖掘、有效评估、精准运营与迅速转化，促进科技成果加快落地转化，进一步增强科技创新对经济发展的推动力。包括提升高价值专利的挖掘与布局能力，强调通过建立示范性专利挖掘平台，推动高校、院所、医院等机构与知识产权专业机构合作，共同进行专利申请前评估，筛选出具有较高市场价值和转化潜力的专利。鼓励知识产权机构围绕重点产业领域开展专利技术的深度挖掘，并为相关单位提供专业的转化服务。鼓励开展公益性的知识产权服务，向社会提供免费的专利技术指南和产业技术路线图，为中关村示范区的创新主体提供专利技术布局参考。在提升企业专利转化运用水平方面，文件提出支持企业提升承接高价值专利的能力，通过专利受让、许可等方式与高校院所及医院合作，加速专利的转化应用。此外，鼓励企业运用专利进行融资赋能，如通过专利质押融资、融资租赁等方式，提升企业的融资能力和创新竞争力。总体来看，这些措施立足中关村示范区的优势，推动了高价值专利的高效挖掘、评估、运营与转化，不仅提升了知识产权的市场化、资本化水平，也为科技创新提供了更加完善的转化服务保障，助力科技成果更好地服务于经济发展与产业升级。

2020年12月25日，北京市科委组织北京技术市场管理办公室、北京技术市场协会等8家单位共同起草的《技术转移服务人员能力规范》（以下简称《规范》）正式发布，于2021年2月正式实施。《规范》是北京市为加强技术转移服务人才队伍建设而发布的地方性标准，也是全国首个专门针对技术转移服务人员能力建设的地方标准。该《规范》旨在通过规范技术转移服务人员的职业特征、知识与技能要求以及从业守则，提升技术转移服务人员的专业化、国际化和复合型能力。北京市一直积极推动科技成果转化工作，发布实施了《北京促进科技成果转化条例》和"科创30条"等政策，推动技术转移体制机制创新。在此背景下，出台《规范》有助于进一步推动技术转移服务的标准化和高质量发展。《规范》明确了技术转移服务人员的层级要求，划分为初级、中级、副高级和正高级职称，同时推动技术经纪人培训工作，已培养了3000多名专业技术经纪人。此外，北京市还依托高校资源，建设了技术转移学院，为行业培养更多高素质人才。通过《规范》，北京市希望为技术转移服务机构提供管理和考核的参考依据，进一步促进技术转移人员的能力提升，并为全市技术转移工作注入专业化动力。这一《规范》不仅为提升技术转移服务质量提供了"路线图",也推动了北京技术转移服务人员的高质量发展,为科技创新成果的转化和产业化提供坚实的支撑。

2022年12月,北京市科学技术委员会等5部门印发《北京市科技成果转化工作评价方案》(以下简称"《方案》")。《方案》旨在全面评估本市各类高校院所及区级单位在科技成果转化方面的工作成效,通过总结经验、发现不足和对标先进,进一步优化科技成果转化的政策体系和工作机制,提升整体转化能力。该《方案》明确了评价的主要目标,即发挥评价在科技成果转化中的导向作用、激励作用和决策支撑作用,最终推动北京市高质量发展,并为促进国际科技创新中心建设提供支撑。评价内容主要分为两个部分:一是针对高校院所(包括高等院校、科研机构、央企研究院所和医疗卫生机构),重点评估其在政策落实、转化制度建设、人才队伍和转化绩效等方面的工作;二是对北京市各区(包括16个行政区及经济技术开发区)在承接和推动科技成果转化方面的表现进行评估。评价指标从工作体系建设、转化绩效和社会贡献三个维度展开,具体涵盖了科技成果转化管理办法、专门机构和人员建设、技术转让合同数量、产学研合作效果以及在社会公益、生命健康、生态环境等方面的实际贡献。评价方式采用自评、第三方独立评价和专家组论证相结合的方法,确保评估结果的客观性与全面性。总体而言,该《方案》通过科学的评估体系,力求提升北京市在科技成果转化方面的整体水平,并为全球科技创新中心建设奠定坚实的基础。

2024年11月,北京科技成果转化服务中心发布《科技成果转化常见问题工作手册(2024年版)》(以下简称"《手册》")。发布《手册》的目的是为高等院校、科研机构、医疗卫生单位的科研人员、技术转移机构的从业人员及科技企业的工作人员提供一部系统性且易于理解的入门性读物。其内容聚焦于科技成果转化领域的关键问题,涵盖了成果转化的制度体系、实施流程以及知识产权管理等核心领域,特别关注高频次的政策性问题。《手册》通过对这些内容简明扼要地阐释,为相关领域的从业人员提供了切实可行的操作指南与政策参考,助力其在实践中更加高效地推动科技成果的转化与应用。

(3) 北京市科技创新综合性政策及举措措施

2012年,北京市科学技术委员会印发《北京市战略性新兴产业科技成果转化基地认定管理办法》(以下简称"《办法》")。《办法》旨在推动科技成果的转化与产业化,加速战略性新兴产业的发展,并通过认定一批基地促进产业聚集。根据该办法,基地主要承担新一代信息技术、生物、节能环保、新材料、新能源汽车、航空航天等领域的科技成果转化任务。基地认定条件包括符合土地规划要求、具备科学可行的长远规划、拥有专业的管理团队和完善的产业链,以及能够提供技术转移、投融资等公共服务。对于正在建设中的基地,部分条件可适当放宽。认定程序包括由运营单位提出申请,并提交相关材料,如发展规划、法人资质及土地权属证明等。市科委将组织专家评审,并对无异议的基地名单进行公示,公示期满后授予认定牌匾。此外,市科委将为基地提供财政支持,特别是在技术服务能力建设、共性技术研发等方面,支持建设孵化器和技术研发平台,并鼓励入驻企业加入产业技术创新战略联盟。基地一经认定,需每年报告技术创新和生产经营情况,并接受五年一次的考核,重点评估企业聚集、产业培育和公共服务能力等。考核合格的基地可继续认定为战略性新兴产业科技成果转化基地,未合格或未参加考核的基地资格将失效。通过这些政策和措施,北京市希望实现战略性新兴产业的快速发展,打造创新驱动的新兴产业聚集区,并提升科技成果的转化效率。

2013年1月,北京市海淀区人民政府转发《海淀区科技成果转化和技术转移引导基金实施细则》(以下简称"《细则》")。《细则》明确了引导基金的设立和运作,推动海淀区科技成果的转化和产业化,促进核心区自主创新和产业发展。引导基金由区政府主导设立,采取参股方式运作,重点支持中关村科学城及相关产业技术研究院和特色产业园的科技成果转化项目,出资比例不超过参股基金的25%,并不参与日常经营管理,但对重大投资事项具有一票否决权。基金的资金来源主要包括政府专项资金、股权退出后的本金和收益,以及其他政府资金等,运作遵循市场化、非营利性原则。基金的管理由投资决策委员会和受托管理机构负责,定期进行投资绩效评价和监督,确保资金的合理使用和投资的有效性。同时,参股基金需投资于符合政策要求的科技成果转化企业，并确保企业在海淀区注册与纳税，且项目必须具备显著的技术创新价值和市场前景。该《细则》为实现海淀区产业技术创新和经济效益最大化提供了制度保障。

2014年6月，北京市人民政府办公厅印发《加快推进科研机构科技成果转化和产业化的若干意见（试行）》（以下简称"《意见》"）。《意见》是北京市为落实党的十八大、十八届三中全会及习近平总书记系列讲话精神，推动科技体制改革、深化产学研用协同创新、加快科研成果转化与产业化的政策文件。该《意见》从多个维度提出了促进科研成果转化的具体措施，旨在增强北京市作为科技创新中心的战略定位，推动科技创新与经济发展深度融合。提出了建立科技成果登记制度，推动科研机构通过托管、委托第三方机构进行科技成果的许可、转让、投资等活动。鼓励科研机构进行市场化改革，支持市属科研机构改制为企业，推动科研资产如房屋、土地、仪器设备等入股组建科技成果转化实体，利用市场化手段进行科技成果的产业化。鼓励完善科研成果转化平台，建立市、区两级科技成果转化用地协调机制，鼓励科研成果在区县落地转化，利用市、区两级财政资金，支持科研机构的新技术和新产品在城市建设、智能交通、健康养老等领域的应用，推动科研成果的社会化应用。鼓励科研机构与企业联合建设重点实验室、工程研究中心等，促进重大课题攻关和成果转化。

2019年3月，北京市顺义区人民政府印发《顺义区加快科技创新促进科技成果转化实施细则》（以下简称"《细则》"）。《细则》通过政策支持促进科技创新和成果转化，推动高精尖经济结构的构建。该《细则》由顺义区科学技术委员会负责实施，支持范围包括科技研发、创新交流、技术服务、产学研合作等多个领域。具体而言，区内企事业单位可以申报支持资金，最高可获得500万元用于高精尖产业和社会民生相关领域的科技研发。对于获得国家或北京市科技奖的项目，提供相应奖金标准50%的支持。《细则》支持范围还包括对国家高新技术企业、创新交流活动、技术市场等的资助。科技服务机构、平台及引进高精尖项目的中介服务也将得到不等金额的支持，具体金额根据引进项目的投资强度和发展潜力确定。对于科技成果的转化，区内企业可申请最多1000万元的资金支持，用于中试、转化及应用。此外，项目征集和评审过程包括材料提交、形式审查、真实性审核和专家评审，确保项目符合科技创新的高标准。项目资金必须专款专用，并接受科技、财政、审计等部门的监督。对于违规使用资金的单位，将依法处理，并取消未来的申报资格。总体而言，这些措施旨在通过资金支持、政策引导和平台建设，促进顺义区科技创新的蓬勃发展，并推动科技成果的高效转化与应用，助力经济高质量发展。

2024年5月，北京市昌平区人民政府办公室与北京未来科学城管理委员会办公室印发《昌平区加快科技成果转化支持办法（试行）》（以下简称《办法》）。《办法》通过落实创新驱动发展战略，加速科技成果的产业化与转化，推动昌平区科技创新和高精尖产业发展。该《办法》明确支持对象包括高精尖产业企业、高校、科研机构、医疗卫生机构等，重点支持医药健康、先进能源、先进制造、数字经济等产业领域。主要措施包括对重大科技成果产业化项目提供资金补贴，支持知名科学家和科技人才领衔的创新创业，推动产学研联合创新，鼓励外资研发中心建设，支持专业化技术转移机构和公共技术服务平台的建设。通过设立专项资金鼓励孵化器、科技成果转化基金、应用场景建设等项目，提升科技创新服务能力和市场化运作。孵化器、技术转移机构、技术经理人等也将得到资金奖励与政策扶持。为加强科技金融支持，鼓励社会资本投向早期硬科技项目，推动金融机构创新金融产品为科技成果转化提供服务。通过这些措施，昌平区期望建立起更加完善的创新生态体系，提升科技成果的转化效率，培育创新型企业，推动未来产业的快速发展，并为科技创新提供持续的资金与政策支持。

5.1.2　天津市科技成果转化政策梳理

天津市在全国率先出台成果转化地方条例，建立起"法规＋实施意见＋配套细则＋操作规程"的"四重接力棒"政策体系，形成多部门协同推动、全社会参与成果转化的良好生态，跑出科技成果转化"加速度"。

(1) 天津市科技成果转化专门性法律法规文件

1998年4月,天津市颁布了《天津市促进科技成果转化条例》(以下简称"《转化条例》"),但是,随着经济社会发展和科技体制改革的深入,该条例有些内容已难以适应实践需要,所以2001年12月,天津市第十三届人民代表大会常务委员会第二十九次会议对《转化条例》进行了第一次修正,修订后的条例更加注重科技成果的经济和社会效益,通过明确税收优惠等措施,鼓励企业事业单位积极从事科技成果转化活动,并注重保护科技成果转化各方的合法权益,有助于推动天津市的科技创新和经济发展,为天津市的科技进步和产业升级提供有力支持。2016年3月,天津市第十六届人民代表大会常务委员会第二十五次会议对《转化条例》进行了第二次修正。但《转化条例》仍存在着体制机制不完善、责权利不明晰、权益保障和激励不足、科技人员积极性不高、企业主体作用不强等突出问题。2017年7月26日,天津市第十六届人民代表大会常务委员会第三十七次会议通过了全面修订的《天津市促进科技成果转化条例》。这次修订是为了解决促进科技成果转化体制机制不完善、对科技人员激励作用不明显、企业主体作用发挥不够等问题,以适应天津市经济社会发展和科技体制改革的深入。2021年11月29日,天津市第十七届人民代表大会常务委员会第三十次会议通过了《关于修改〈天津市促进科技成果转化条例〉等五部地方性法规的决定》,对《转化条例》进行了最新的修正,为天津市的科技成果转化工作提供了更加完善的法律保障和政策支持,加强了政府在科技成果转化中的支持和保障作用,对利用财政资金设立的研究开发机构、高等院校在科技成果转化中的职责和义务进行了规定,突出了企业在科技成果转化中的主体地位,鼓励企业加大科技成果转化投入,支持企业与研究开发机构、高等院校等开展产学研合作等。

(2) 天津市促进高等学校和科研院所科技成果转化相关文件

2017年6月,天津市人民政府出台了《天津市促进高校科技成果转移转化工作的实施意见》,提出要建立有利于科技成果转移转化的工作机制、扩大高校科技成果转化自主权、完善高校科技成果转移转化奖励机制、规范对担任领导职务科技人员的奖励、实行科技成果转移转化有关决策尽职免责、建立科技成果转移转化年度报告制度等方面。

2018年5月,天津市科委印发《关于天津市技术转移体系建设方案的通知》,提出要发挥企业、高校、科研院所等创新主体在推动技术转移中的重要作用,以统一开放的技术市场为纽带,以技术转移机构和人才为支撑,加强科技成果有效供给与转化应用,推动形成紧密互动的技术转移网络,构建技术转移体系的"四梁八柱"。

2018年,天津市人民政府办公厅印发《关于深化产教融合实施方案的通知》,从推动教育和产业统筹融合发展、强化企业重要主体作用、深化产教融合人才培养改革、促进产教供需双向对接、完善政策保障措施等方面,用10年左右时间,形成教育和产业统筹融合、良性互动的总体发展格局,健全完善需求导向的人才培养模式,人才教育供给与产业需求重大结构性矛盾得到有效解决,职业教育、高等教育对经济发展和产业升级的贡献显著增强,培养大批高素质创新人才和技术技能人才。

2021年5月,天津市教委、市工业和信息化局、市发展改革委市科技局出台了《关于推进本科高校现代产业学院建设的指导意见》,以天津市传统产业升级、优势产业和战略性新兴产业发展需求为牵引,面向行业特色鲜明、与产业联系紧密的高校,重点是应用型高校,4年内分批培育建设10个左右天津市现代产业学院,培养一大批行业未来领军人才和高层次创新型、应用型、技术技能型人才,作为推动天津市构筑现代产业体系、创新协同育人机制、构建新发展格局的重要举措和推进自主创新和原始创新、加快新旧动能转换的重要引擎。

2021年11月,天津市科技局印发《关于加强科技人才队伍建设支撑高质量发展的若干措施的通知》,为加强科技人才工作系统谋划,大力推进天津市科技人才队伍建设提出要发挥重大创新平台承载功能,引育用好战略科学家和科技领军人才;要强化企业创新主体地位,围绕"制造业立市"打造产业科技人才队伍;要推进科技管理体制机制改革,真正为科技人才赋权松绑;要深化开放协同创新,加快集聚海内外高层次人才;要完善科技人才培养体系,造就一流科技人才方阵等。

2023年3月，天津市人民政府印发《天开高教科创园建设规划方案》，着力构建"一核两翼"、辐射全市的总体空间发展布局。即以南开区环天南医大片区为核心区，以西青区大学城片区为西翼拓展区，以津南区海河教育园区片区为东翼拓展区。打造以关键核心技术突破、科技成果转化为重点，创新链与产业链深度融合的科技创新策源地。以众创空间、科技企业孵化器、大学科技园为载体，打造高校师生创新创业活力迸发、高成长科技型企业竞相涌现的科研成果孵化器。

2023年12月，天津市人民政府办公厅印发《关于进一步推进高校技术转移机构高质量发展若干措施的通知》，指出要从强化统筹协调、完善机构设置、健全制度体系等方面加强组织推动，从加强技术转移人才队伍建设、提升技术转移服务能力、提升概念验证服务能力、提升科技金融支撑能力等方面强化能力提升，从支持科技成果所有权赋权改革、实施职务科技成果单列管理、强化成果转化收益激励、培育金牌技术转移机构和技术经理人等方面激发人员活力。通过以上方面进一步推进天津市高校技术转移机构高质量发展，充分发挥高校创新优势和策源功能，加快打造高校科技成果孵化、转化、产业化良好生态。

2024年7月，市科技局印发《关于京津冀国家技术创新中心天津中心建设方案的通知》，提出要在天津区域集聚整合全市有关高校、实验室、科研院所、新型研发机构、技术创新中心、创新联合体、企业、基金、成果转化基地等科研力量和创新资源共建，并与北京和河北的各类创新主体优势互补，形成京津冀科技创新大协作、网络化的技术创新平台，共建京津冀中心，以科技成果转化为主线，以重大科技任务为牵引，以市场化机制为纽带，以应用场景为驱动，以产业化目标为导向，构建协同创新体系。

（3）天津市科技创新综合性政策及举措措施

2017年11月，天津市科委印发《天津市"一带一路"科技创新合作行动计划（2017—2020年）》，提出要深化科技人文交流、共建联合实验室（研究中心）、支持科技园区合作发展、实施国际技术转移。此行动计划旨在全面发挥科技合作对共建"一带一路"的支撑引领作用，推动天津市开放型创新体系建设,支撑天津市"一基地三区"战略定位的实现。

2018年7月,天津市工业和信息化委印发《天津市软件和信息技术服务业发展三年行动方案(2017—2020年)》,提出要进一步推动产业基地和特色园区建设,实现资源、人才和资金的全面整合。加速创建京津冀大数据试验区、国家级大数据产业聚集区和创新孵化基地等。同时,继续完善产业链条,面向安全可靠应用需求,不断完善以软件、硬件、应用和服务为一体的安全可靠产业链条。打造工业APP、安全可靠、动漫游戏、工业互联网、软件开发云五个特色服务平台,为产业发展提供多方位的技术支撑。

2018年8月,天津市科委印发《天津市技术创新中心建设实施方案》,该方案是为了加快推进天津市技术创新中心的建设,优化全市科技创新基地布局而制定的,明确了技术创新中心的核心任务,即以天津市产业前沿引领技术和关键共性技术研发与应用为核心,加强应用基础研究,协同推进现代工程技术和颠覆性技术创新。方案提出聚焦产业、改革牵引、开放协同等措施,旨在通过优化整合现有资源,推动天津市科技创新能力的提升和经济发展方式的转变。

2018年10月,天津市人民政府办公厅印发《天津市新一代人工智能产业发展三年行动计划(2018—2020年)》,提出实施基础理论前沿技术攻关工程,产业核心基础夯实工程,智能终端产品产业化工程,推动人工智能与制造业深度融合,打造人工智能社会化应用场景等主要任务。以此推动天津市人工智能产业快速发展,提升产业核心竞争力和创新能力。

2019年1月,天津市科学技术局印发《〈关于进一步促进科技创新发展的十条措施〉实施方案》,提出支持高新技术企业与领军企业、鼓励企业增加研发投入、建设高水平研发平台、支持核心技术攻关、鼓励企业开发新产品、支持专利创造和运用、降低科技型企业融资成本等。旨在通过一系列的政策措施,全面推动天津市的科技创新发展,激发创新主体的活力,并打造科技创新引擎。

2020年11月,天津市人民政府印发《天津市科技创新三年行动计划(2020—2022年)的通知》,从增强科技创新能力、提升科技成果转化能力、科技赋能引领产业高质量发展三个方面提出了到2022年必须达到的13个工作目标。其中,在增强科技创新能力方面,包括全社会研发投入强度、全市有效发明专利数、重大创新平台和科技基础设施、重大科技创新专项4个目标。在提升科技成果转化能力方面,包括国家高新技术企业、"雏鹰"、"瞪羚"、科技领军(培育)、"独角兽"等科技型企业数量,全市技术合同成交额、市级大学科技园等7个目标。在科技赋能引领产业发展方面,包括工业战略性新兴产业增加值占比和高技术制造业增加值占比等2个目标。

2021年2月,天津市人民政府办公厅印发《天津市新型基础设施建设三年行动方案(2021—2023年)的通知》,提出加快建设信息基础设施,推进信息网络演进升级;全面发展融合基础设施,构建多元智能应用生态。旨在打造全国领先的信息基础设施标杆城市,打造普惠共享的融合基础设施应用生态,打造具有国际竞争力的创新基础设施集群。

2021年8月,天津市人民政府办公厅印发关于《天津市科技创新"十四五"规划的通知》,明确提出了到2025年的发展目标:创新驱动高质量发展取得显著成效,创新型城市建设取得显著进展,为建成全国先进制造研发基地、打造自主创新重要源头和原始创新主要策源地、支撑创新型国家建设作出重要贡献。指出要聚焦重点研发领域方向、着力提升创新策源能力、着力完善创新体系、推进科技成果转化及支撑体系建设、强化以京津冀为引领的开放协同创新,通过实施这一系列重点任务和保障措施,推动天津市科技创新高质量发展。

2021年11月,天津市科技局印发《关于加强科技人才队伍建设支撑高质量发展的若干措施的通知》,提出要发挥重大创新平台承载功能,引育用好战略科学家和科技领军人才;要强化企业创新主体地位,围绕"制造业立市"打造产业科技人才队伍;要推进科技管理体制机制改革,真正为科技人才赋权松绑;要深化开放协同创新,加快集聚海内外高层次人才;要完善科技人才培养体系,造就一流科技人才方阵等措施。

2021年12月,天津市工业和信息化局印发《天津市新一代信息技术产业发展"十四五"专项规划》(以下简称《规划》),《规划》指出"十四五"时期

（2021—2025年）是天津构建现代工业产业体系的重要机遇期，要实现到2025年，天津市电子信息制造业产值将突破3000亿元，年均增速超过9%；软件和信息技术服务业营业收入突破3500亿元，年均增速达10%。要形成一批掌握核心技术、具有国际竞争力的龙头企业，以及具有自主创新能力、技术在国内领先的创新型企业。要推动新一代信息技术与制造业深度融合，在交通、港口、医疗、能源等垂直行业打造一批应用场景。此外，《规划》还强调了新型基础设施建设的重要性，包括5G基站、大数据中心、人工智能等领域的加速发展，提出了要深入实施"智能＋"，推动人工智能、大数据云计算和制造业深度融合。

2023年11月，天津市人民代表大会常务委员会通过《关于推进京津冀协同创新共同体建设的决定》，提出支持京津冀高等学校、科研机构、企业加强产学研合作，鼓励组建创新联合体、联合实验室，共同承担国家重大科技项目，开展区域内联合技术攻关。与北京市、河北省健全科技成果转化供需对接清单机制；引导高等学校、科研机构、高新技术企业等创新主体共建概念验证中心、成果孵化与中试基地，创新应用场景；支持科技成果转化服务机构开展科技成果价值评估和交易、科技成果展示推介、技术经理人培训等活动，促进科技成果转化。

2024年5月，天津市人民政府印发《关于进一步推动科技成果转化创新改革若干措施的通知》，提出健全工作机制，科研事业单位应建立成果转化"一张明白纸、一幅流程图、一批服务专员"制度，提供线上或线下的成果转化"一门式"服务，采取有利于成果转化的定价方式，全面推行职务科技成果赋权改革，探索职务科技成果赋权对象多元化等措施，旨在打破科技成果转化过程中的体制机制障碍，激发科研人员的积极性和创造力，推动更多科技成果从"实验室"走向"生产线"。

2024年7月，天津市科技局印发《关于京津冀国家技术创新中心天津中心建设方案的通知》，天津中心要成为京津冀科技创新协同和产业体系融合的纽带和桥梁，成为共建京津冀中心开展跨区域、跨领域、跨学科协同创新的组织者，成为推动科技成果从"实验室"走向"生产线"的促进者。核心功能锚定科技成果孵化和转化,建立健全跨区域、跨领域、跨学科协同创新和科技、教育、人才、产业、金融融通机制,深化产学研协同,推动科技成果转移转化与产业化,为我市"1+3+4"现代化产业体系建设,推动"一基地三区"建设走深走实提供源头技术供给。

河北省有关科技成果转化的政策颁布数量不断提升,但仍与发达地区存在一定差距,在政策内容上主要集中在综合类、政府资助类以及成果基础平台类上,重点关注科技创新管理、人才激励、产权分配等方面,并在其中融入了协同发展的思想。

(1) 河北省科技成果转化专门性法律法规文件

2003年,河北省出台《河北省促进科技成果转化条例》,但随着经济社会发展和科技体制改革的深入,其已不能有针对性地解决科技成果转化实践中出现的新问题。2015年3月,河北省科技厅配合省政府法制办正式启动了《条例》修订起草工作。2016年12月1日,新《条例》正式颁布实施,立足深化科技体制改革总体部署,聚焦成果转化关键堵点、难点及重点,契合了创新链下科技成果转化的新需求和供给侧结构性改革的新要求,对促进全省科技成果转化为现实生产力、规范科技成果转化活动、加速科技进步与创新有着重要意义,也标志着河北省在促进成果转化的法制环境上进入一个崭新阶段,对建立符合科技创新规律和市场经济规律的科技成果转移转化体系,促进科技成果资本化、产业化,推动全省迈入创新型省份行列具有深远影响。新《条例》大幅提高科技人员成果转化收益,明确了领导人员成果转化奖励制度和容错制度,免除了领导人员在科技成果定价中因科技成果转化后续价值变化产生的决策责任,明确规定了企业的科技成果转化主体地位、与京津等地协同转化、科技金融支撑体系、税收政策保障、改革成果转化评价机制。

(2) 河北省促进高等学校和科研院所科技成果转化相关文件

2014年,河北省政府出台了《河北省促进高等学校和科研院所科技成果转化暂行办法》,从体制机制层面入手,解决了长期存在的科技成果"产权之惑",修正了造成"重论文、轻转化"的科研评价体系,将科技奖励、职称评定、人才激励等"指挥棒"全面指向市场。2016年,河北省科技厅、教育厅、财政厅等部门联合制定并发布《关于印发河北省促进高等学校和科研院所科技成果转化暂行办法实施细则的通知》。2017年12月,省科技厅印发《支持中央驻冀科研院所科技成果转化的若干措施(试行)》,提出了支持科技成果产业化开发应用、支持转化服务平台建设、支持创办高新技术企业、支持军民通用技术双向转移、支持培养引进高层次创业人才和做好服务协调等保障措施,旨在支持科研院所加快科技成果转移转化,把创新优势转变为产业发展优势。

2015年,河北省出台《关于深化科技体制改革加快推进创新发展的实施意见》和《深化科技体制改革实施方案》,从下放职务科技成果使用、处置和收益权,加大科研人员股权激励力度、强化科技人员考核评聘的成果转化导向、构建互联互通覆盖全省的技术产权交易体系等方面,围绕制约科技成果转化的体制机制问题进行了整体性、系统性改革部署。

2016年9月,河北省政府办公厅印发《河北省促进科技成果转移转化行动计划(2016—2020年)的通知》,围绕优机制、促协同、筑平台、强主体、引人才五项重点任务,启动实施科技成果转化,切实推动科技成果商品化、资本化、产业化。公布《河北省促进科技成果转移转化实施方案(2016—2020年)》,加快科技成果向现实生产力的转化,为科技成果转移转化营造了良好的制度环境,培养与提高企业、大学和研究机构的科技成果转化能力,全面构建上下衔接、横向调整、运行平稳的科技成果转移转化体系。

2016年,在河北省科技创新大会上出台《关于加快科技创新建设创新型河北的决定》《关于深化人才发展体制机制改革的实施意见》《河北省科技创新"十三五"规划》等政策文件,从加大科研成果转化激励力度、实施科技成果转移转化推进行动等不同方面对推进科技成果转化进行了制度设计和工作安排。这些支持政策的实施,对促进科技成果转化和推动河北省创新发展发挥了重要作用。

2017年8月,河北省政府办公厅印发《河北·京南国家科技成果转移转化示范区建设实施方案(2017—2020年)》,将形成包括石家庄国家高新区、保定国家高新区、固安高新区、亦庄·永清高新区霸州经济开发区、长城汽车科技园、高碑店国际创新园、涿州国家农业科技园区、任丘经济开发区、衡水高新区等10个园区在内的"一区10园"布局,加速京津研发、河北转化。

2017年9月,河北省委办公厅、省政府办公厅印发《关于落实以增加知识价值为导向分配政策的实施意见》,从"优化以增加知识价值为导向的收入分配结构""扩大科研机构、高校收入分配的自主权""完善科研资金激励机制""强化科技成果转化长期激励""支持科技人员兼职兼薪、离岗创业"五大方面提出32项具体措施,旨在通过发挥收入分配政策的激励导向作用,让智力劳动获得合理合法的回报,充分调动全省科研机构、高校和企业科技人员的积极性、主动性和创造性的作用,促进吸引省外特别是京津科技人员到河北参与科技成果转化。

2017年9月,河北省政府重磅推出了集目标、任务、举措、考核"四位一体"的科技新政——《加快推进科技创新的若干措施》,明确大力推动科技成果转移转化重点是抓好京南国家科技成果转移转化示范区建设,实施重大科技成果转化专项,加快科技成果转化体系建设,组织重大科技成果对接行动等,加快形成"京津研发、河北转化"的新模式。

2018年2月,河北省政府印发《河北省技术转移体系建设实施方案》,从优化转移体系基础架构、拓宽技术转移通道和完善政策环境支撑保障等方面部署了16项重点任务,发挥企业、高等学校、科研院所等创新主体在技术转移中的重要作用,推动科技成果有序流动、高效配置,加快新技术、新产品、新模式的广泛渗透与应用。

2019年6月,为贯彻落实《国务院办公厅关于印发促进科技成果转移转化行动方案的通知》精神,加快推动科技成果转化为现实生产力,依靠科技创新引领河北转型发展,结合河北省实际,制定《河北省促进科技成果转移转化行动计划》。该计划从总体要求、重点任务和保障措施三方面提出全面促进河北科技成果转化相关计划,其中包括强化高校、科研院所、企业等创新主体,促进主体间协作等措施。

河北省科技成果展示交易中心(简称"展交中心")是为提高河北省科技成果转化工作成效,搭建高校、院所高水平科技成果与高质量科技企业的精准对接平台,促进重大研发成果及科研能力在河北省落地转化为新产品、新产业、新动能,围绕技术成果交易,搭建的交易服务平台。参观者在这里可实时查询最新的技术创新成果、专家人才、创新资源数据等。展交中心还组织承接技术推介、项目路演、新产品新成果新技术发布等交流活动,促成供需双方精准对接。

2020年6月,为贯彻落实《中共中央 国务院关于构建更加完善的要素市场化配置体制机制的意见》和《国家技术转移体系建设方案》,进一步提升高校科技成果转移转化能力,就推进高校技术转移机构高质量建设和专业化发展,提出《关于进一步推进高等学校专业化技术转移机构建设发展的实施意见》。

2020年7月,为引导鼓励河北省技术转移机构发展,加快推进技术转移体系建设,促进科技成果转化为现实生产力,根据《河北省技术市场条例》《河北省技术转移体系建设实施方案》,结合河北省实际,省科技厅研究制定了《河北省技术转移机构管理办法》。

2020年10月,为深入贯彻落实省政府《关于推动创新创业高质量发展打造"双创"升级版若干政策措施》,引导全省科技企业孵化器及众创空间高质量发展,依据科技部《科技企业孵化器管理办法》和科技部火炬中心《国家众创空间备案暂行规定》等相关文件,结合河北省实际,制定《河北省科技企业孵化器认定和众创空间备案管理办法》。

2021年4月,为深入实施创新驱动发展战略和乡村振兴战略,进一步加强农业科技园区建设与规范化管理,加快培育农业农村发展新动能,打造现代农业创新发展引领区和示范区,推动农业农村现代化,实现农业农村绿色高质量发展,依据《国家农业科技园区管理办法》,制定《河北省农业科技园区管理办法》。

2021年10月,为加强和规范全省科技企业孵化器和众创空间管理,提升孵化服务水平,加快实现高质量发展,河北省科技厅研究制定了《河北省科技企业孵化器和众创空间绩效评价办法(试行)》。

2021年11月,为深入实施创新驱动发展战略,推动河北省新型研发机构健康有序发展,根据河北省委省政府《关于深化科技改革创新推动高质量发展的意见》和科技部《关于促进新型研发机构发展的指导意见》等文件精神,省科技厅会同省财政厅研究制定了《河北省新型研发机构管理办法》。

(3) 河北省科技创新综合性政策及举措措施

2015年,《关于财政助推全省科技创新投入实施细则(试行)》直截了当提出,对科技创新重点支出统筹安排、优先保障,确保到2020年河北财政科学技术支出在全国的排名进入前15位。

2016年,《关于优化科技资源配置实施细则(试行)》对鼓励企业增加研发投入、进行成果转化、加强创新平台建设等,分别予以重金激励引导:鼓励企业普遍建立研发准备金制度,大企业研发投入占销售收入比例不低于3%,高新技术企业和科技型中小企业不低于5%;对与国内外高校、科研院所成功实现重大技术转移和重大成果转化的企业,按技术合同实际发生额的2%给予资助,最高不超过100万元;对新认定的国家工程技术研究中心、重点实验室给予一次性500万元补助。

2016年,《河北省扶持高层次创新团队实施细则(试行)》明确对创新团队予以重点支持。对基础创新团队,给予连续3年每年10万~50万元的稳定性支持;对技术创新团队,取得重大工程技术成果、具有广阔应用前景和推广价值的,采取奖励性后补助方式,省市两级按1:1比例给予50万~200万元的专项经费支持;对产业创新团队,优先纳入省级科技创新、工业技改或战略性新兴产业专项资金支持项目,给予100万~500万元的风险投资支持,按照股权投资基金管理办法列明所占股份奖励退出机制。

2016年,《河北省扩大高校和科研院所开展科研自主权实施细则(试行)》对科研管理进行了大刀阔斧的改革。高校和科研院所对紧缺急需的高层次人才,可实行协议工资、项目工资或年薪制等分配形式;简化财政科研项目预算编制和调整程序,项目承担单位可以根据需要自行调整直接费用中材料费等事项,增加科研项目经费中间接费用比重。在人员管理上,《关于赋予高校和科研院所机构编制更大自主权实施细则(试行)》提出,对于满编的高校、科研院所,成功引进院士及后备人选、国家"千人计划"等高层次人才,可向机构编制部门提出申请,使用周转事业编制。

2018年3月,河北省印发《河北省科技创新三年行动计划(2018—2020

年)》,提出将着力构建以科技创新为核心,多领域互动、多要素联动的综合创新生态体系。在促进科技成果转化方面,提出建设各具特色的协同创新载体、实施科技成果转移转化行动计划。着力吸纳承接北京重点高校、科研院所、高新技术企业等,省级每年至少支持50项京津重大科技成果在河北省转化应用,到2020年,京津技术输出成交额中河北占比力争达到10%,基本形成"京津研发、河北转化"的格局。

2019年1月,河北省委省政府印发《关于深化科技改革创新推动高质量发展的意见》,涵盖突破国际一流技术、研发国内空白技术、攻关关键共性技术、布局前沿重大技术、设立河北省产业技术研究院、打造国际化科技成果展示交易中心等多项举措。在促进成果转化方面,提出"健全技术转移转化机制,加速科技成果资本化产业化",包括构建京津冀一体化的技术市场、打造国际化科技成果展示交易中心、构建"京津研发、河北转化"新模式和强化成果转化激励等具体举措。

2019年1月,河北省人民政府印发《关于深化"放管服"改革优化科研管理若干政策措施的通知》,旨在深入推进科技领域"放管服"改革,着力完善以信任为前提的科研管理机制,按照"能放尽放"的要求赋予科研人员更大的人财物自主支配权,为科研人员减负松绑,充分释放创新创业活力。在强化成果转化激励方面,允许转制院所和事业单位管理人员、科研人员以"技术股+现金股"形式持有股权。在税收优惠方面,提出对依法批准设立的非营利科研机构、高等学校等单位的科技人员通过科研与技术开发所创造的专利技术、计算机软件著作权、生物医药新品种等职务创新成果,采取转让、许可方式进行成果转化的,在相关单位取得转化收入3年内发放的现金奖励,减半计入科技人员当月个人工资、薪金所得征收个人所得税。

2019年8月,河北省财政厅制定了《河北省省级事业单位国有资产使用管理办法》,对省政府设立的研究开发机构、高等院校持有的科技成果可自主决定作价投资,不需报省财政厅、主管部门审批或者备案,价格的确定可以通过协议定价、在技术交易市场挂牌交易、拍卖等方式来实现。

2019年9月,河北省科技厅制定了《河北·京南国家科技成果转移转化示范区建设任务落实方案(2018—2020年)》,建立科技部和京津冀科技部门共同参加的"1+3"示范区建设联席会议制度,研究协同推进示范区建设、促进科技成果跨区域转移转化等重大问题。

2019年12月,河北省科技厅、省财政厅、省教育厅、省人力资源和社会保障厅联合印发了《关于进一步促进科技成果转化和产业化的若干措施》,重点聚焦河北省科技成果转化链条中的堵点、痛点和难点,围绕破解成果转化中存在的动力、权益、体制机制、服务体系、科技金融等问题,从创新科技成果转化支持方式、强化科技成果转化政策激励、完善科技成果转化服务体系、建设科技成果中试和产业化载体以及强化科技成果产业化金融支撑五个方面,加强河北省产业技术研究院、科技企业孵化器、大学科技园、众创空间、中试熟化基地等各类创新创业载体建设,着力打造从基础研究、技术研发、工程化研究到产业化的全链条、贯通式平台,进一步畅通科技成果转化产业化渠道。

2020年1月,为深入贯彻落实中共河北省委、河北省人民政府《关于深化科技改革创新推动高质量发展的意见》等有关文件精神,更好发挥科技创新券的作用,降低科技型中小企业创新成本,激发创新活力,提高各类研发机构提供创新服务的主动性和积极性,推动创新资源的开放共享,制定《河北省科技创新券实施细则(试行)》。

2020年1月,为深入贯彻国家关于财政科研项目和经费管理的要求,全面落实河北省《关于深化"放管服"改革优化科研管理若干政策措施》《河北省省级科技计划管理改革方案(试行)》等科技计划和经费管理改革措施,保证省级科技计划项目管理的公正、科学、高效,制定《河北省省级科技计划项目管理办法》。

2020年4月,为贯彻落实中共河北省委办公厅、河北省人民政府办公厅印发的《关于加强科研诚信建设的实施意见》等文件精神,规范河北省省级科技计划项目(以下简称项目)科研诚信管理,加强作风学风建设,营造以信任为前提,以诚信为底线的科研环境,推动科技治理体系和治理能力现代化,制定《河北省省级科技计划项目科研诚信管理办法》。

2020年6月,河北省第十三届人民代表大会常务委员会第十七次会议修订通过的《河北省科学技术进步条例》中第五章"科技成果转化"突出科技成果转化激励导向,调动科研人员积极性。在市场运作机制方面,鼓励和支持技术市场发展,推动技术中试、技术转移等服务机构建设,并加强监督管理。利用财政性资金设立的研究开发机构、高等院校对其持有的科技成果,可以自主决定转让、许可或者作价投资,但应当通过协议定价、在技术交易市场挂牌交易、拍卖等方式确定价格。在奖励激励机制方面,规定利用财政性资金设立的创新主体的职务科技成果,依法将不低于70%的成果转化收入作为对完成转化职务科技成果作出重要贡献的集体和个人的奖励和报酬。允许国有及国有控股企业在科技成果转化实现盈利后,连续三至五年,每年提取当年不高于30%的转化利润,用于奖励核心研发人员、团队成员及有重大贡献的科技管理人员。在组织协调机制方面,建立京津成果转化机制,鼓励京津冀共建科技园区、技术交易市场、产业技术创新战略联盟、成果转化基金,促进技术转移、投融资、创业孵化、知识产权等服务机构的协同互动;优化成果转化岗位与职称制度,科技创新主体可设立成果转化岗位,并依岗位需要设定专业技术职务评聘条件。建立成果转化免责机制,通过技术交易市场公开竞价交易的,或者通过协议定价并依法公示的,相关负责人在勤勉尽责、没有牟取非法利益前提下,免除其在科技成果定价中因成果转化后续价值变化产生的决策责任。

2020年7月,河北省委、省政府印发了《关于深化要素市场化配置改革的实施意见》,从健全职务科技成果产权制度、完善科技创新资源配置方式、培育技术转移机构和技术转移人才、完善技术要素与资本要素融合发展机制等方面,对加快推进技术要素市场化配置改革重点任务进行部署,促进要素自主有序流动,提高要素配置效率,为建设高标准市场体系、推动高质量发展、建设现代化经济体系打下坚实制度基础。

2020年7月,河北省科技厅印发了《河北省技术转移机构管理办法》,明确规定省级技术转移机构的业务范围、基本条件、申请程序、支持方式,按技术转移机构促成科技成果向省内企业转移交易额的一定比例给予省级技术转移机构补助。

2021年7月,河北省科技创新工作领导小组印发《河北省科技领军企业培育实施方案》,旨在夯实发展基础,构建梯度培育体系,提升创新能力,增强发展第一动力,开展精准服务,优化创新发展环境,推动平台化转型,实现跨越式发展,引进高成长性企业,推动聚集式发展,促进全省科技领军企业加快发展,培育战略科技力量,以科技创新催生新发展动能。

2021年8月,河北省科技厅研究制定了《河北省重大科技成果转化行动实施方案》,明确了"持续提升成果源头供给能力、建立健全成果转化激励机制、全面提高企业成果转化能力、加快推动技术要素市场发展"等四大抓手。

2021年11月,河北省科技厅、财政厅研究制定了《河北省新型研发机构管理办法》,进一步明确河北省省级新型研发机构建设发展定位、建设运行模式、评价标准、管理方式和支持措施等,建立完善培育发展工作体系,充分调动社会各方积极性,加快培育高水平新型研发机构,充分发挥其加速科技成果转化的载体作用,推动科技支撑经济高质量发展。

2021年11月,河北省委办公厅、省政府办公厅印发《关于大力推进科技创新工作的若干措施》,旨在深入实施创新驱动发展战略,加快提升全省科技创新水平,加快提高全社会研发投入水平,加快建立科技人才资源竞争优势,加快提升关键核心技术供给能力,加快提升科技成果转化效能,加快建设高端科技创新平台,加快提升企业创新能力,加快打造开发区创新高地,加快拓展科技开放合作新渠道,加快构建科技创新综合服务体系,为新时代全面建设经济强省、美丽河北提供强有力支撑。

2021年11月,河北省政府办公厅印发了《河北省科技创新"十四五"规划》。"十四五"时期是加快建设创新型河北、加快构建现代化经济体系、加快打造新发展格局的关键五年,《规划》明确了"十四五"时期全省科技创新的指导思想、发展目标、主要任务和重大举措,是科技创新领域的全省重点专项规划,也是全省迈入创新型省份行列攻坚阶段的行动指南,对于以科技创新催生新发展动能,实现依靠创新驱动的内涵型增长意义重大。

2022年3月,河北省人民政府办公厅印发《河北省全民科学素质行动规划纲要实施方案（2021—2025年）》，旨在到2025年，实现全省公民具备科学素质的比例达到15%，城乡区域科学素质发展不平衡明显改善，科普供给侧改革成效显著，科普公共服务能力显著提升，科普社会发展大格局更加健全，科普助力高质量发展的动能显著增强。

2022年4月，河北省科学技术厅印发《2022年河北省创新方法普及行动实施方案》，通过实施开展大范围多层次的创新方法培训、加强省级创新方法推广应用基地建设、培育区域创新方法推广应用基地、组织举办河北省创新方法大赛等重点任务，旨在更好地服务全省企业创新发展，推动创新方法在全省深度推广应用。

2022年10月，河北省人民政府办公厅印发《关于进一步吸引京津科技成果在冀转移转化若干措施的通知》，提出12条具体措施构建"京津研发、河北转化"模式，进一步在"十四五"期间吸引更多京津人才、科技成果等高水平创新要素向河北集聚，吸引京津科技成果在冀转移转化。明确国家高层次创新型科技人才的科研经费补贴和安家费，鼓励省内企业引进京津高校院所科研人员担任"科技副总"，定向委托京津一流高校院所共建科技创新平台示范基地，承担省级重大研发任务。在各地布局一批中试熟化基地，对符合条件的基地项目，给予最高500万元经费资助。

2022年11月，为进一步做好京津技术成果孵化转化，加快打造京津冀协同创新共同体，河北省科技厅印发《河北·京南国家科技成果转移转化示范区建设方案（2022—2025年）》。根据建设方案，京南示范区建设空间由"十园"拓展为石家庄、廊坊、保定、沧州、衡水和雄安新区"五市一区"全域。到2025年，京南示范区吸纳京津技术合同成交额增长15%以上，技术合同成交总额达1000亿元。

2023年2月，石家庄市委、市政府印发《关于进一步吸引京津科技成果在石转移转化的若干措施》，从人才引进、精准招商、平台建设、促进成果转化等方面提出11条具体措施，吸引更多京津人才、科技成果等高水平创新要素向石家庄集聚，以贯彻落实河北省政府办公厅印发的《关于进一步吸引京津科技成果在冀转移转化若干措施的通知》。

2023年5月,习近平总书记在河北省雄安新区考察并主持召开深入推进京津冀协同发展座谈会,要求河北省在推进创新驱动发展中闯出新路子。河北省认真学习贯彻习近平总书记一系列重要讲话和重要指示精神,持续优化创新生态,深入推进科技成果转化,以更大的气魄和力度推动创新驱动发展,为加快建设经济强省、美丽河北提供科技支撑。

5.2 河北省在京津冀区域科技成果转化中的重要作用

河北省作为打通京津冀区域科技成果转化的"最后一公里",其在创新发展方面已取得一些成绩。创新是引领发展的第一动力,科技成果转化是实现创新驱动的关键一环[①]。从中车唐车领跑"中国速度"到"雪如意"闪耀河北智慧,从河北成果频频获评国家、国际大奖到中关村"带土移植"打造成果转化高效模式,近年来,河北省密集施策,大力推动全省科技成果转化和产业化,融合产学研相结合的创新链、产业链和价值链,打通科技成果转化"最后一公里"[②]。

创新平台建设方面,京津冀建设多个创新平台和基地,包括科技园区、创新中心和产业园区,吸引众多科技企业和高新技术项目入驻,为产业创新融合发展提供平台。2022年,河北省级及以上企业技术中心811家、技术创新中心1028家、重点实验室334家。河北省在促进京津冀产业创新融合化发展方面起到了关键性的推动作用。通过建设一系列科技园区和创新基地,吸引

---

① 贺韶轩.习近平关于科技创新重要论述的生成逻辑、基本内涵及时代价值[J].理论导刊,2023,(12):17-22.
② 姜红,李师萌,盖金龙等.基于政策工具视角的中国产教融合政策适配性研究——77份国家层面政策文件的量化分析[J].吉林大学社会科学学报,2023,63(1):83-99+236-237.

高科技企业入驻,推动技术创新和知识共享,有助于河北省推动京津冀产业协同创新发展[①]。

2022年河北省有效发明专利51946件,增长24.7%;共签订技术合同15246份,如表5-1所示。河北省在新型基础设施方面大量投入后收获了可观的成果。

表5-1 2022年河北省科技方面成果

	数量	增长比例
有效发明专利	51946(件)	24.7%
技术合同	15246(份)	34.3%

资料来源:河北统计公报

产业创新人才培养方面,京津冀高校和研究机构加强合作,培养了大量的高水平创新人才,为产业创新融合发展提供了人才要素的支持。2014—2022年京津冀普通高等学校数,如表5-2所示。京津冀普通高等学校数相对稳定,其中河北高校数量约占45%。河北省深入实施人才引领战略,在创新人才培养方面,做出了巨大贡献。

表5-2 2014—2022年京津冀普通高等学校数　　单位:所

年 份	北京	天津	河北	京津冀
2014年	89	55	118	262
2015年	91	55	118	264
2016年	91	55	120	266
2017年	92	57	121	270
2018年	92	56	122	270
2019年	93	56	122	271
2020年	92	56	125	273
2021年	92	56	123	271
2022年	93	56	124	273

资料来源:京津冀统计年鉴

---

① 洪帅,符晓艺,王天尊.中国产业协同集聚研究综述[J].决策咨询,2022,(6):73-80

交通一体化方面,京津冀高速铁路、高速公路和城际交通等基础设施不断完善,有助于企业、人才和资源的流动,为产业创新融合发展提供保障。2014—2022年京津冀货运量呈现先上升后下降的态势,如表5-3所示,其中河北货运量约占三分之二。2023年上半年,京津冀首条跨区域地铁M22号线建设加快推进,京津冀定制快巴新开通燕郊至望京通勤班线,日均运送乘客4500人次,方便了通勤人员出行。河北省打通拓宽京津"对接路"42条段、2540公里,连通干线公路47条、74个接口。

表5-3 2014—2022年京津冀货运量

货运量(亿吨)	北京	天津	河北	京津冀
2014年	3.0	5.1	23.9	32.0
2015年	2.3	5.3	20.0	27.6
2016年	2.4	5.2	21.1	28.7
2017年	2.4	5.3	23.0	30.7
2018年	2.5	5.4	25.0	32.9
2019年	2.0	5.7	24.3	32.0
2020年	2.6	5.4	24.8	32.8
2021年	2.8	5.8	26.2	34.8
2022年	2.4	5.4	24.1	31.9

资料来源:京津冀统计年鉴

2022年京津冀三地的技术合同成交额及增长率如表5-4所示。北京市技术合同成交金额7947.5亿元,比上年增长13.4%,天津市技术合同成交金额1676.5亿元,比上年增长26.8%,河北省技术合同成交金额1009.7亿元,比上年增长34.3%。从增长率来看,河北省的技术合同成交额在京津冀中增长得最快,其在科学技术收益方面正不断努力,为京津冀科技成果转化谋取福利。

表5-4 2022年京津冀技术合同成交额及增长率

	技术合同成交额(亿元)	增长率(%)
北京	7947.50	13.40
天津	1676.53	26.80
河北	1009.70	34.30

资料来源:河北统计公报

河北省通过政府政策支持和资金支持,在硬件方面提升传统基础设施、建设新型基础设施,在软件方面建设数字政府、发展数字经济,积极促进京津冀产业融合,强化京津冀产业协同发展基础,坚实推进产业层次基础性优化,推动实现京津冀产业协同发展的目标。2023年4月,河北省政府发布《河北省人民政府关于加强数字政府建设的实施意见》,提出要将数字技术广泛应用于政府科学决策和管理服务,构建数字化、智能化的政府运行新形态,以数字政府建设引领数字河北高质量发展。利用互联网平台构建新型数字化体系推进京津冀数字政府建设,有效加强京津冀三地数字政府的互联互通,从而促进京津冀产业协同发展。

良好的创新环境是企业能够获得快速发展的重要原因[①]。河北省工业基础良好,为科创型企业提供了包括金融财税、项目申报、资源对接等多方面的支持,一批批先进的科研成果从好技术变成好产品,走出实验室,走向大市场,支撑转型升级和产业结构调整,成为助推产业发展的新引擎。河北省不断加大创新支持力度,优化创新生态环境。各类创新要素不断集聚,企业作为创新主体的活力被充分激发,在对接市场、推动产学研深度融合的过程中,助力京津冀区域科技成果转化速度不断加快。

河北省坚持有序疏解北京非首都功能,加速推进产业转移集聚化。2019—2022年河北省承接京津基本单位数情况如图5-1所示。自2019年开始,河北省承接京津基本单位数量呈现大幅上升的态势,到2022年仍保持着较高的转入数量。2020年河北省承接京津基本单位数量为5412个,其中法人单位3880个,产业活动单位1532个,同比增长率分别为461.4%、1942.1%和97.9%。在2020年以前,河北省承接的法人单位数量低于产业活动单位数量,而在2020—2022年,承接的法人活动单位数量则高于产业活动单位数量。2020—2021年是河北省承接京津基本单位的增速阶段,在2020年达到增幅最大,在2021年实现5616个基本单位的承接水平,达到承接峰值。由于此前已经累积承接了相当数量的京津基本单位,在2022年承接京津基本单位数量

---

① 陈红川,魏璐璐,李云健等.管理创新如何影响企业竞争优势——新冠疫情冲击下组织韧性与政府支持的作用[J].广东财经大学学报,2021,36(5):90-102.

虽呈现小幅下降,但仍维持在一个较高的水平上,这充分体现了京津冀产业转移集聚化速度在提高。

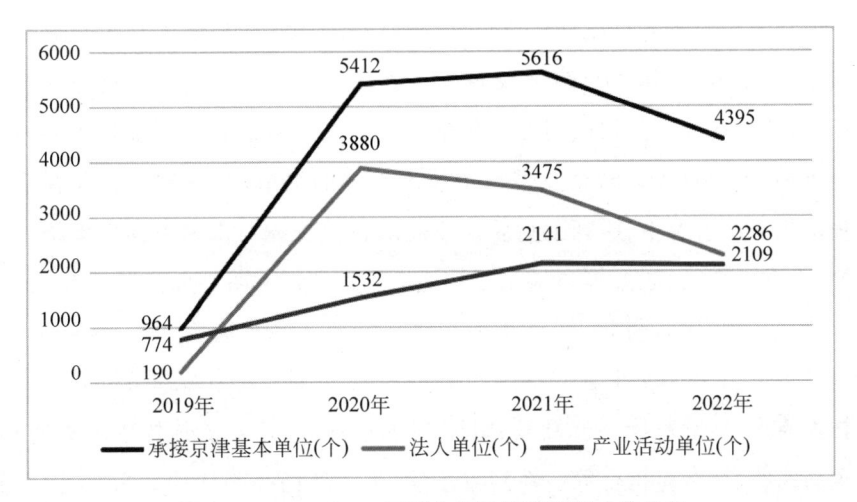

图 5-1　2019—2022 年河北省承接京津基本单位数

资料来源:河北统计年鉴

2023 年上半年,河北省承接京津转入单位 1544 家,其中,法人单位 1018 家,产业活动单位 526 家。雄安新区重点项目建设有序推进,完成固定资产投资同比增长 17.8%。河北省推动京津冀产业协同发展向纵深推进,包括持续推进冬奥遗产综合利用工作,不断促进京张体育文化旅游带建设等。

2023 年 1—8 月,河北省战略性新兴产业保持较快增长,规模以上工业战略性新兴产业增加值同比增长 6.9%,增速高于规模以上工业增加值 0.4%。其中,新能源车整车制造增长 1.9 倍,光电子器件制造增长 44.7%,风能原动设备制造增长 31.9%。高技术产业投资也保持快速增长,高技术产业投资同比增长 21.9%,增速快于固定资产投资 15.7 个百分点,高技术制造业投资增长 31.5%,高技术服务业投资增长 13.9%。通过政策支持、基础设施建设等手段,河北省积极对接京津产业,吸引京津产业加速转移与集聚。河北省产业转移集聚化提速一方面能显著优化河北省产业结构[1],另一方面也有助于疏

---

[1] 戴宏伟,杨思华.金融业集聚是否促进了京津冀科技创新?——基于京津区级及河北地级市面板数据的实证分析[J].河北经贸大学学报,2022,43(5):74-87.

解北京非首都功能,助力京津冀产业协同发展,推动京津冀区域经济高质量发展。

河北省积极举办科技合作项目推介会,百项国际优质创新技术成果线上发布,技术要素、创新资源跨国双向流动道路更加通畅。成果转化源头供给不断强化,创新要素加快向河北省集聚。很多企业做创新都面临技术实力不足的难题,各种对接会给企业带来了技术引进的渠道,越来越多企业在庞大的技术成果供给库中,找到了高质量发展的科技支撑与未来方向。围绕人工智能、生物医药、大数据等高端前沿产业,展交中心定期举办各类成果发布、转化交易活动,先后与北京、天津等地建立资源互联互通机制。围绕河北省12大主导产业和107个县域特色产业集群,展交中心集中梳理了全省产业发展技术需求,精准对接一流高校、科研院所等机构,开展了科技成果直通车、科冀高速路、金企对接会等一系列重落地、重实效的品牌活动。未来,河北省还将健全科技成果评价体系,充分发挥产业技术研究院、展交中心等平台作用,加快创新链、产业链深度融合,加快京津冀区域科技成果转化和产业化进程。

2022年京津冀研究与试验发展(R&D)经费及增长率、R&D经费投入强度如表5-5所示。

表5-5 京津冀研究与试验发展(R&D)经费及投入强度

	研发经费(亿元)	增长率(%)	研发经费投入强度(%)	比上年提高
北京	2843.30	8.14	6.83	0.42
天津	568.66	−0.99	3.49	−0.17
河北	848.90	13.9	2.00	0.15

资料来源:北京、天津、河北统计年鉴

北京市共投入R&D经费2843.3亿元,增长8.14%,R&D经费投入强度为6.83%,比上年提高0.42个百分点。天津市共投入R&D经费568.66亿元,增长−0.99%,R&D经费投入强度为3.49%,比上年下降0.17个百分点。河北省共投入R&D经费848.9亿元,比上年增加103.4亿元,增长

13.9%，R&D经费投入强度为2.00%，比上年提高0.15个百分点。河北省R&D经费的增长率在京津冀中最高，其在科技产品研发方面的投入力度正逐步加大。

从河北省2022年研究与试验发展（R&D）经费投入的不同活动类型看，如表5-6所示。

表5-6 河北研究与试验发展（R&D）经费投入类型

	经费投入（亿元）	所占比重（%）	增长率（%）
基础研究	27.3	3.2	61.6
应用研究	76.4	9.0	27.3
试验发展	745.2	87.8	11.5

资料来源：河北统计年鉴

用于基础研究的经费为27.3亿元，比上年增长61.6%，所占比重为3.2%；应用研究经费76.4亿元，比上年增长27.3%，所占比重为9.0%；试验发展经费745.2亿元，比上年增长11.5%，所占比重为87.8%。河北省在试验发展方面投入的经费占比最大，同时正加大在基础研究方面的经费投入力度。

从河北省2022年研究与试验发展（R&D）经费投入的不同活动主体看，如表5-7所示。

表5-7 河北研究与试验发展（R&D）经费投入主体

	经费投入（亿元）	所占比重（%）	增长率（%）
企业	707.0	83.3	11.0
政府属研究机构	78.8	9.3	16.5
高等学校	55.2	6.5	63.9

资料来源：河北统计年鉴

各类企业R&D经费支出707.0亿元，比上年增长11.0%，所占比重为83.3%；政府属研究机构经费支出78.8亿元，比上年增长16.5%，所占比重为9.3%；高等学校经费支出55.2亿元，比上年增长63.9%，所占比重为6.5%。各活动主体中，企业的研发经费投入占比最大，高等学校也正逐渐加大研发经费的投入力度。企业、政府属研究机构、高等学校三方活动主体共同助力京津冀科技成果转化工作[①]。

5.3 京津冀区域视角下河北省科技成果转化建设进展

京津冀科技成果转化建设一直是推动经济发展、提升产业竞争力的关键环节。多年来,在京津冀区域视角下河北省取得科技创新和成果转化的显著进展,为推动经济结构升级、加强创新型发展作出了积极贡献。科技成果转化作为科技创新的"最后一公里",在实现从科研阶段到产业应用的转变中发挥着不可替代的作用。

5.3.1 愿意转

在《京津冀联合发展规划》中,河北省的定位之一是"产业转型升级试验区"[②]。产业转型升级的动力必须通过科技成果转化来提供。2017年8月,河北省发布了《河北·京南国家科技成果转移转化示范区建设实施方案》,其中包括"一区11园",通过"筑巢引凤",河北将成为"京津研发、河北转化"的领头羊。目前,河北·京南国家科技转化示范区被明确界定为集创新要素、科技融资示范区、体制改革示范区、成果转化示范区于一体,带动全省的产业结构调整与转型升级。与以往的科技园区和创新平台不同,示范区具有更强的政

---

① 王浩,张秀强,吴志华.构建"类中关村"产业创新生态推动京津冀协同发展走深走实——以京津中关村科技城为例[J].求知,2023,(11):46-49.
② 李兰冰,徐瑞莲.中国式现代化建设背景下京津冀产业协同发展路径[J].北京社会科学,2023,(10):34-44.

治融合、改革研究和创新引领能力①。

河北省部分重要企业创新意识淡薄,创新动力不足,企业进行科技成果转化的动力不足,不愿意主动将科技成果转移落地②。河北省应进一步加强企业的自主创新能力,高效转化高校院所的重要基础研究成果,积极开展关键技术的攻坚克难和整合梳理,促进产业链的优化升级,驱动产品和产业向价值链的高端环节迈进。帮助有关区域建立以创新大数据为内核的创新运营体系,以平台为核心链接各类创新主体,搭建层次丰富的科技服务平台,帮助企业对接更多创新资源,引导企业加大研发投入,优化研发投入结构。鼓励企业进行自发的科技交流活动,建设以科学技术成果研究与转化的创新中心、创新实验室和创新联盟等实际有效的科技创新平台,促使企业与高校、科研院所合作开展科研活动,把握市场对核心技术的需求,实现技术创新高度契合市场需求。

对河北省而言,应从强化企业创新主体地位、整合全省优势创新资源、转变政府科技管理职能、加强体制机制创新等方面持续发力,将各创新主体有机联结在一起,将分散的创新资源和创新要素组织起来,加快构建目标一致、相互协同、内生动力强、创新效率高、创新成果迸发的创新联合体。持续发挥科技领军企业在创新联合体中的牵头作用,有效整合各创新资源,协调各创新主体,推动产业链创新链深度融合。用好需求导向的"揭榜挂帅"机制,支持以企业为主体的融通协作。

河北省出台的一系列文件改进了科技奖励、职称评定、人才激励等政策,鼓励研究机构加速科技成果的转化和应用,将技术的创新和应用的优势向产业的发展方向转化。在此基础上,进一步加强了对河北地区科研院所、高等院校和企业中科研人员的积极性、主动性和创造力的有效激励,推动京津地区的科研人员来河北省开展科技成果转化活动。

加强政策协同,促进京津科技成果在河北落地转化。科技成果转化政策

---

① 洪帅,符晓艺,王天尊.跨省市自贸试验区建设路径研究[J].边疆经济与文化,2022,(9):12-14.
② 曹冠龙,柳贝贝,邹娜.价值共生视域下河北省中小微企业人才共享能力评价体系构建[J].中国人事科学,2023,(9):46-57.

是指在一定时期内,政府为激发成果转化动力、规范成果转化过程和实现科技成果转化的各种举措、规定和办法的总和。河北省要牢牢抓住这一契机,加强京津冀跨地区政策协同和政府间协同创新联动,探索创新京津冀科技成果转化的有效模式,实现区域创新一盘棋,形成目标一致、协作配合的政策合力。建立政策协同绩效考核的动态机制,加强在政策制定过程中沟通协作,共同制定区域协同发展政策。

促进科技成果转化的政策工具有资金投入、政府采购、服务外包、贸易管制、国际交流合作、税收优惠、金融服务、知识产权保护、产学研协同等一揽子政策,河北应选择有效的政策工具,并考虑政策工具的组合效应,对现有的政策进行再设计。一是加强政府采购、服务外包、国际科学技术合作与交流、贸易管制等需求型政策工具的应用;二是制定政策组合模式,将国际交流合作、金融服务和产学研协同作为政策组合使用,推进产学研协同发展,加快国际技术转移中心建设,强化社会资本的投融资支持;三是加强部门间的协同,鼓励科技、税务、知识产权、金融等相关部门参与政策制定,发挥协同互补作用,共同为科技成果转化活动提供有效支持,促进京津冀协同发展向广度深度拓展。

5.3.2 有权转

京津冀科技成果顺利转化的前提是解决好权益问题。无论转让形式选择、交易定价、补偿资金计算、对兼职和贸易以外的创业活动、是否可能产生产权、如何使用产权等进行规范是必不可少的内容。目前,河北省知识产权和技术转让领域最大的问题是无法提供综合服务。对管理和服务部门来说,应该进行知识产权保护的全过程服务,包括专利研究分析、技术和专利评估等。这就需要组建一支专业化、市场化的服务团队,但很少有技术经理同时掌握技术、法律和业务。

2022年以来,河北省知识产权运用促进工作成效明显,在推动创新主体知识产权能力提升、活跃知识产权交易许可、创新知识产权金融服务、推进地理标志商标品牌运用促进工程实施等方面均有亮点。新增知识产权管理体系贯标认证单位440家,同比增长19.2%;积极探索开展专利开放许可试点工作,截至2022年底,共有78家单位声明专利开放许可359件,促进知识产权转化运用,更好地实现了知识产权价值。河北省探索开展专利开放许可试点工作,印发《河北省专利开放许可试点工作实施方案》。全省共78家单位声明专利开放许可359件,其中包含来自15家高校的212件专利,成功达成交易74项。河北省全面推进专利转化专项计划实施,省知识产权局联合省教育厅、工信厅等6部门举办"专利转化燕赵行"活动,推动全省专利转化效益明显提升。

  知识产权权益分配改革,关系着能否激发高校和科研院所专利转化的动力[1]。在河北省知识产权局的指导下,各试点单位围绕成果管理、权益分配、工作流程等制定系列管理办法。例如,石家庄铁道大学确立了科技成果转化贡献的评估方式,在职称晋升、协议工资和科研评价考核中均增加了成果转化方面的内容,引导教师把科技成果转化摆在重要位置,切实保证科研人员的利益。

5.3.3 怎么转

  促进京津冀科技成果转化,首先要弄清楚怎么转,即体制机制问题[2]。因此,河北要通过产学合作推进中试基地建设,通过中试提高生产技术,增强产品试验质量和生产能力。需要建立公共和共享服务的机制,以促进设备和工具的共享。技术创新中心和大学科学综合园中试能力有待加强,评价机制有待优化,科技创新有待深入发展。

  按照"全流程、全要素"的理念,围绕科技成果转移转化需求,以持续提升成果源头供给能力、建立健全成果转化激励机制、全面提高企业成果转化能力、加快推动技术要素市场发展为抓手,形成了20项重点任务,明确分工,并

---

[1] 谢准,韦稼霖.我国高校专利转化问题研究[J].科技促进发展,2016,12(6):685-689.
[2] 王立勇,唐升.政府RD补贴政策效果及决定因素研究——基于创新效率视角[J].宏观经济研究,2020,(6):75-88.

保障任务落地落实。

　　加强体制机制创新,营造良好创新生态。建立以企业为主体、竞合有序、符合规范的创新发展机制,推动创新联合体内部优势互补、错位发展。完善成果转化收益分配机制,落实科研人员税收优惠等政策,加快建立创新联合体不同主体间知识产权服务共享和保护机制,切实保护创新联合体成员的科技成果,保障创新联合体健康运行和持续发展。

　　建立创新要素流动汇聚机制,提升创新联合体发展能级。重点围绕双一流高校、一流科研院所、新型研发机构的重点前沿技术方向和突破性原创成果,探索建立科技领军企业牵头的前沿关键核心技术攻关、原创成果研发转化产业化新型体制,打造高能级创新联合体。建立联合体创新合作绩效评价体系,完善创新联合体评价指标,增加技术创新能力的权重,将综合评估结果与财政拨款、政策激励对接,更好激发联合体成员创新积极性。

　　围绕"八个着力"展开各项工作：着力提升产业创新能力、着力发展培育企业创新主体,着力打造创新创业平台,着力完善技术转移体系,着力推动科技金融融合,着力引进和培养创新人才,着力深化体制机制改革,着力促进合作。努力形成"京津研发、河北转化"的创新合作新模式。

　　推动人才共享,强化科技成果转化人才支撑。科技人才是提高自主创新能力的关键,对科技成果转化至关重要[①]。贯彻落实新时代人才强国战略部署,为加快建设现代化经济强省、美丽河北提供有力支撑,一个关键所在就是要创新人才使用模式,优化人才引进和使用政策,形成"不求所有,但求所用"的人才使用机制。鼓励各地结合自身产业实际,采用"周末科学家"等人才引进和使用模式,完善科技人才培养激励机制,助力京津科技成果在河北转移转化。高水平的科技成果转化专业人才是创新链和产业链融合的关键环节,要大力打造专业化的人才队伍。一是加大政策规范力度,完善科技成果转移转化人才考核激励政策,制定出台人才评奖评优、职称晋升等制度,调动其积极性主动性。二是加强科研辅助人才队伍建设,培养一批具备技术开发、法

---

① 吴佩颖.企业科技成果转化及科技人才队伍建设的相关问题探讨[J].就业与保障,2020, (17)：146-147.

律财务、商业谈判等方面知识的高层次人才,服务科技成果转移转化。三是建立科技成果转移转化人才队伍建设的行业标准,提高人才技术开发和成果转化能力,保障科技成果转移转化人才队伍建设整体水平。

2022年河北省启动三年期的赋予科研人员职务科技成果所有权或长期使用权试点工作以来,省科技厅不断强化对10家试点高校院所的全过程管理和服务:指导试点单位制定赋权改革管理办法细则、建立尽职免责机制;协助试点单位落实以增加知识价值为导向的分配政策,确保完成、转化职务科技成果主要贡献人员收益;完善省科技成果展示交易中心和省科技成果转化网平台功能,开展科技成果公开发布、路演对接、挂牌和公开交易;加强高校院所和社会化技术转移机构建设,完善技术转移人才职称评聘体系和职业晋升通道。

在试点工作推动下,河北省高校院所千万级科技成果转让、许可、开发项目实现了从无到有,再到目前加速涌现的可喜变化。河北工业大学、河北科技大学、石家庄铁道大学、燕山大学等试点高校均实现了千万级科技成果转化的突破,河北工业大学吕建华团队更是实现了河北省高校院所亿级科技成果转化项目零的突破。

河北省科技厅将深入贯彻落实科技部赋权试点推进会议精神,积极会同有关部门推进试点工作,进一步汲取职务科技成果无形资产单列管理、科技成果先使用后付费等先进经验做法,找准差距、弥补不足,完善科技成果转化激励政策,制定切实可行的举措,充分激发科研人员创新创造活力,推动河北省试点工作走深走实,加速科技成果加快向现实生产力转化。

5.3.4 转得顺

京津冀科技成果想要转得顺,需要建立好相应的服务体系[①]。从全球经验来说,技术转移中介服务机构在科技成果转化服务体系中发挥着举足轻

---

① 冯赵建.新时代河北省科技创业服务体系优化研究——基于需求分析视角[J].科技管理研究,2019,39(21):98-104.

的作用。如今,我国正持续优化技术转移服务体系,新的市场化服务模式接续出现,主要形成多主体相连、政策驱动的状态。但我国技术转让服务市场尚不发达,服务链尚不稳固,特别是市场化服务机构的积极性不足,仍需国家政策的指导。

河北省专业的转化服务系统还未建立。当前,河北省科技成果转化最需要做的就是打造高端复合型的服务生态系统①。政府要加强对转化服务平台的引导和管理。对接市场、寻找资金、寻求政府支持,第三方转化服务平台的作用更加重要。科研成果在转化过程中所需要的要素条件太复杂,需要多元化的资源配置、常态化的服务、巨大的投资等,这是科研人员、院校机构甚至承建企业所做不了的,并且也不应该他们来做。科技成果转化一定需要市场化的专业第三方服务平台,让这些平台去沟通、联络、设计、撮合,帮助项目完成转化、对接市场、找到政府支持、找到投资基金参与。对于科技成果来说,中国科技成果"好而不熟",有诸多国际领先甚至填补国际空白的技术成果。服务平台需要做好"熟化"服务,帮助判断科技成果哪里不"熟"、怎么做"熟"。当前,了解掌握企业的技术需求基本是通过各地政府征集的方式,企业报需求,政府征集后对接相关单位的需求。但是企业和地方产业项目的科技创新需求不是报出来的,也不是通过征集的方式可以做到位,而是要通过专业的团队用服务的方式帮助企业和地方产业园挖掘和梳理需求。

河北应依托地方产业集群,完善科技创新布局,建设省级以上重点实验室、技术创新中心等平台,鼓励社会各界参与平台建设,优化创新平台运营机制,形成梯次发展、多元协同、产学研融合的技术创新体系。可建立京津冀国家技术创新中心河北分中心,缩小科技成果研发与商业化之间的鸿沟,增加源头技术供给,培养成果转化技术人才。可借鉴浙江产业创新综合服务体的建设经验,建立河北省产业创新综合服务体,共享京津人才、资金、技术等创新资源。在京津冀区域内,选择创新资源较为集中、创新水平较高、创新链较为完整的园区,建设一批政策先行、机制创新的科技成果转移转化典型,打造

---

① 陈宇学.教育、科技、人才协同推动高质量发展问题研究[J].理论学刊,2023,(6):144-151.

高水平的科创大走廊、创新示范区,积极承接京津创新成果转移转化。

当前众多科技成果转化服务平台主要存在三大问题:一是小而散。不同层级、不同主体成立的平台资源集中程度低,辐射面、吸引力有限。二是割裂明显。许多科技成果服务平台各自为政,开放程度不够,横向与其他同类平台未打通,纵向与科研成果供给单位、科研成果使用单位联系弱。三是功能不完善。有的科技成果转化服务平台仅仅有信息发布功能,专业化的评估、中介服务、专业技术转让、金融孵化服务等的提供程度不足,平台功能比较弱。

对此,要将科技成果转化服务平台纳入要素市场化配置改革的框架[①],重点从三个方面优化:一是强化整合,改变小而散的状态。二是加强开放性,横向纵向强化与其他主体或平台链接。三是以平台为基础优化科技成果转化服务生态体系。特别是科技成果在转化服务平台上的反馈信息要及时传递给科研主体,以此解决科技成果与市场需求不一致的问题,提升科研成果的市场导向、产业导向。此外,服务生态体系的构建必然需要专业的人才。科技成果转化是一个复杂的系统性工程,需要大量有交叉背景的复合型人才[②]。

围绕河北省科技孵化转化中心联合创新的战略定位,进一步加快"京津研发、河北转化"。传统重工业的改造和现代化是一项非常复杂和系统性的工程,需要配置很多资源。要建立一批更加专业化的服务机构,适应河北省产业结构的需要,寻找真正适用于京津连接的科技成果,提高转化的针对性、专业性和系统性。为打破三国之间的信息和资源壁垒,河北省采取了积极措施。京津创新链、河北产业链和需求链推动了一系列新成果相互衔接、交织,让人们看到了创新和"订单式"协同转型升级的强大传统行业。依托高校和企业,推动建立一批技术转移人才培养基地,促进高校和科研机构、科技转移机构专业化发展,拓展技术转移市场体系和服务体系,转移和改进转型营销,反馈机制将加速京津科技成果在河北省的整合。

---

① 毛劲歌,吴贵龙.高校科技成果转化要素的结构性差异与配置困境——基于技术—组织—环境理论与扎根理论的联合探索[J].科技管理研究,2023,43(20):89-99.

② 王艳霞.河北省技术转移人才发展困境与破解对策[J].河北科技大学学报(社会科学版),2020,20(3):28-33.

对于科技产出而言，2021年河北省共登记科技成果2795项，成果类型以应用技术为主，占比达到93.77%，主要分布在卫生和社会服务业、制造业、农林牧渔业。其中，卫生和社会服务业共登记成果1796项，占总数的60.37%；制造业成果登记居第二位，共296项，占总数的10.59%；农林牧渔业成果登记居第三位，共267项，占总数的9.55%；建筑业成果登记居第四位，共127项，占总数的4.54%。卫生和社会工作、制造业、农、林、牧、渔业、建筑业等行业科学技术成果登记数占全行业登记总数的88.9%，其应用技术成果登记数占全行业总数的89.6%。这说明这四个行业占到河北省科学技术成果的绝对数量，因此搞好这四个行业的科学技术成果就基本等于搞好了河北省全行业的科技成果。但也能清楚地看到，河北省全行业软科学和基础理论成果登记数量较少，占比较低。未来河北省科技创新若要有新发展，全行业软科学和基础理论科学技术成果产出也许是新的突破口。

2022年省科技厅发布的河北省科学技术研究成果公报，公布2022年第一季度科技成果426项。其中，应用技术类404项，软科学类6项，基础理论类16项。涉及农林牧渔业、制造业、交通运输业、科学研究、卫生、社会保障和社会服务业等行业。其中，卫生和社会工作224项，制造业74项，农、林、牧、渔业63项，建筑业17项。成果主要由企业、大专院校和医疗机构完成。公报公布2022年第二季度科技成果591项。其中，应用技术类559项，软科学类10项，基础理论类22项。涉及农林牧渔业、制造业、交通运输业、科学研究、卫生、社会保障和社会服务业等行业。其中，卫生和社会工作385项，农、林、牧、渔业54项，制造业49项，交通运输、仓储和邮政业23项。成果主要由企业、大专院校和医疗机构完成。

为承接京津优质科技资源，加快推进成果转移转化，河北省构筑平台，支持河北·京南科技成果转移转化示范区先行先试；打破壁垒，鼓励园区、企业跨区域设立实验室、产业研究院、企业技术中心，推进创新要素全方位对接；资金支持，对重大科技成果转化一次性支持力度达200万元至500万元。河北省科技厅通过实施重大科技成果转化专项项目，直接撬动企业研发投入超40亿元，吸引160余项京津高水平科技成果在河北省落地。

5.3.5 转得快

金融科技对加快京津冀科技成果转化发挥着关键作用[1]。科技金融是促进科技开发和成果转化的一系列金融工具、金融政策与金融服务的系统性安排[2]。应适应发展需要,完善多层次、专业化、特色化的科技金融体系。要搭建一个动态管理平台,协调财政、工信等政府部门与风险投资机构、商业银行、证券公司等科技金融主体,以及高校、科研机构、企业等科技成果转化主体之间的合作。要打通科技成果转化与科技金融投资间的信息渠道,向各参与主体提供数据支持、预测结果等参考依据,为全省科技金融决策提供咨询、服务。

从国际看,全球范围颠覆性技术竞争日趋激烈,科技创新成为重塑国际格局的关键力量,新兴技术领域成为博弈重点。人工智能、5G、区块链等新一代信息技术全面渗透,新技术、新产品、新赛道、新业态不断涌现,为河北省抢占未来技术制高点、实现换道超车带来契机。同时,国际经贸摩擦、传染病防控、气候变化、能源安全等对科技发展提出挑战,亟须全球加强合作,共同应对,河北省要夯实战略科技力量和创新基础,在变局中开创新局。

从国内看,创新已成为我国现代化建设的核心,高质量发展对高水平科技自立自强的需求显著增加,面对新形势,必须深刻认识科技创新工作新发展阶段的新特征和新要求,主动作为,掌握发展主动权,走出一条从科技强到产业强、经济强、河北强的发展新路径。

从省内看,河北省委、省政府深入学习贯彻习近平总书记关于科技创新的重要论述和党中央决策部署,大力支持和服务科技企业创新发展,完善政策体系,整合创新资源,加强高水平创新人才引进培养,全力优化企业创新发展生态。河北省正引导企业做研发投入的积极参与者,利用政府采购、贷款、贴息、风险补偿等手段,促进企业在研发投入方面加大力度,用好研发费用税

---

[1] 任祝,魏颖,周元等.京津冀科技金融融合发展与协同创新研究[J].创新科技,2022,22(6):40-47.

[2] 汪泉,史先诚.科技金融的定义、内涵与实践浅析[J].上海金融,2013,(9):112-114+119.

前扣除政策，使企业在纳税方面更加方便，制定创新型企业家教育计划，基本形成资金支持和机构担保执行机制。京南国家科技转移转化示范区重点打造"创新要素聚集区、科技基金示范区、体制改革示范区、生产力转型示范区"。充分发挥区域间的相互促进作用，在区域间的技术交易、人才引进、科技融资、金融支持等方面形成合适的政策，以支持京津冀的协同发展。

统计河北省2021年财政科学技术支出情况表明，全省财政科学技术支出112.64亿元，比上年增加10.88亿元，增长10.69%，财政科学技术支出占当年全省财政支出的比重为1.27%。其中，省本级财政科学技术支出30.63亿元，比上年增长8.72%，占全省财政科学技术支出的比重为27.19%；地市财政科学技术支出82.01亿元，比上年增长11.44%，占比为72.81%。2022年，全省财政科学技术支出118.13亿元，比上年增加5.50亿元，增长4.88%，财政科学技术支出占当年全省财政支出的比重为1.27%。其中，省本级财政科学技术支出28.16亿元，比上年下降8.07%，占全省财政科学技术支出的比重为23.84%；地市财政科学技术支出89.97亿元，比上年增长9.71%，占比为76.16%。

2022年河北全省科技支出117.6亿元，同比增长7.6%。全面落实研发费用加计扣除政策，前三季度享受政策企业数量、扣除额分别增长185.8%、84.6%，有力调动了企业加大科技创新投入的积极性。实施创新发展激励政策，根据研发投入强度、研发费用加计扣除政策落实情况、高新技术企业发展、县域科技创新跃升等，对市县分别给予奖励。2022年雄安新区一般公共预算完成情况，收入总计718.6亿元，其中本级收入9.2亿元、上级补助298.6亿元、债务转贷收入150亿元、上年结转53.7亿元、动用预算稳定调节基金135亿元、调入资金等72.1亿元。支出总计676.6亿元，其中本级支出394.5亿元、对下补助105.9亿元、上解支出46亿元、债务转贷支出15亿元、补充预算稳定调节基金等115.2亿元。收支相抵，结转42亿元。政府性基金预算完成情况，收入总计468.9亿元，其中本级收入96亿元、上级补助0.4亿元、债务转贷收入150亿元、上年结转222.5亿元。支出总计460.3亿元，其中本级支出388.4亿元、对下补助0.3亿元、调出资金71.6亿元。收支相抵，结转8.6

亿元。国有资本经营预算完成情况,收入0.6亿元,完成预算的228.5%,全部调入一般公共预算。社会保险基金预算完成情况,新区本级收入15.8亿元、上级补助80万元;新区本级支出12.2亿元、上解上级200万元;收支相抵,年末新增结余3.6亿元。

5.4 京津冀区域视角下河北省科技成果转化薄弱环节

京津冀协同发展,是习近平总书记亲自谋划、亲自部署、亲自推动的重大国家战略,为京津冀发展带来千载难逢的历史机遇。党的二十大报告强调,"深入实施区域协调发展战略""推进京津冀协同发展"。深入学习贯彻习近平总书记重要指示批示精神和党中央决策部署,瞄准京津创新资源外溢供给,发掘用好京津创新辐射带动作用,在协同创新中加快推进"京津研发、河北转化",提高科技成果在河北省孵化转化成效。从京津冀区域视角看,北京市和天津市是科技成果的研发高地,推动京津科技成果在河北省转移转化是京津冀协同发展的必然要求。因此,应坚持以构建京津冀协同创新共同体为主线,推动科技与经济社会发展紧密结合,在加快科技成果转化应用上下硬功夫,以科技成果转化实效检验科技创新水平,以经济社会发展成效彰显科技创新实力。相比于北京市和天津市,河北省科技成果转化在持续提升成果源头供给能力、建立健全成果转化激励机制、全面提高企业成果转化能力、加快推动技术要素市场发展等方面还存在着一些薄弱环节。

5.4.1 区域不均衡

河北省科技成果转化存在着不均衡的现实差异,准确厘清科技成果转化在地区与行业等方面的差异,将有利于探索科技成果转化更多有效途径[①],为推进河北省科技成果转化提供强力支撑。

(1) 地区层面

统计得到河北省2022年各市的R&D经费与R&D经费投入强度。从R&D经费来看,居全省前三位的地区分别为唐山、石家庄和保定,分别为171.8亿元、168.4亿元和135.2亿元,分别占全省总量20.2%、19.8%和15.9%。R&D经费投入强度超过全省平均水平的有4个地区,分别为保定、秦皇岛、石家庄和辛集,分别为3.48%、2.68%、2.52%和2.32%,高于全省平均水平1.48、0.68、0.52和0.32个百分点。总体来看,唐山市和石家庄市的R&D经费和R&D经费投入强度较为领先,其科技成果转化工作与其他市相比开展得更为顺利。张家口、定州、辛集市的R&D经费和专利申请数排名较为靠后,其中定州市的R&D经费仅4.38亿元。可以看出,河北省13个市之间的科技成果转化仍存在着不均衡现象。

从地区层面来说,由2022年各市R&D经费和R&D经费投入强度可得,各市对科技成果转化为现实应用工作正在积极展开,其中保定、唐山与石家庄对科技成果转化工作的贡献度较大。虽然河北省各市对科研成果的研发与转化数量大幅增加,科技成果转化工作整体向好,但与我国其他部分省市相比,仍存在着一些差距。未来河北省各市将建立起更紧密的联系,建立技术研发转移共享机构,继续增加对科技成果的研发投入,同时也将更加强调科技成果的产出数量。

2022年,示范区"五市一区"(石家庄、廊坊、保定、沧州、衡水和雄安新区)共吸纳京津技术合同成交额223.08亿元,占河北省吸纳京津技术合同成交额的55.38%。示范区通过科技部组织的建设验收,获得"良好"的评估结果,正式转入新的建设阶段,示范区建设空间也由"十园"拓展为石家庄、廊坊、保定、沧州、衡水和雄安新区"五市一区"全域。

---

① 洪帅,符晓艺,王天尊.河北科技成果转化现状与趋势研究[J].科技创新与生产力,2022,(9):16-19.

（2）行业层面

从行业层面来说，河北省各行业均逐渐开始重视对科技成果的投入。今后各行业将继续加快科技成果转化步伐，在不同行业间进行科技成果交流与共享，相互吸收借鉴科技成果转化的工作经验，推进产业链上下游相互协调配合，形成特色产业集群[①]。各种创新要素逐渐集聚在一起，为企业科技成果研发提供创新活力，助力科研成果从实验室转移到市场中去。未来，河北省各行业将更好地与市场对接，推动产学研深度融合，其科技成果转化步伐也将继续加快。

研究与试验发展（R&D）经费超过 10 亿元的行业大类有 13 个，这 13 个行业经费占全部规模以上工业的比重达 87.9%；研究与试验发展（R&D）经费投入强度（与营业收入之比）超过 1% 的行业大类有 20 个。河北省制造业科技成果转化经费仍然存在供应不充足的问题，专利申请数虽总体在增长，但多数成果仍未真正转化落地，成果转化效率低，故河北省制造业应最大限度利用雄安新区优势，推动制造业的科技成果转化[②]。

为推进科技成果转化和产业化进程，助推河北省主导产业和特色产业发展，实现更多优质技术成果加快转化落地，"2022 年河北省科技成果转移转化峰会——战略合作与项目签约及优质项目路演对接会"于 2022 年 6 月 6 日在河北省科技成果展示交易中心举办。河北省科技厅安排相关专家对科技成果转化落地政策、外专引智政策、科技金融政策、高新区政策等进行解读，帮助科技部门、高校院所、技术转移机构、科技园区、投融资机构、高新技术企业掌握相关政策，推进更多成果落地转化。转化落地项目多形式签约，牵手 6 家北京名校名所战略合作，河北省展交中心将与北京科大科技园、北大科技园、北京工业大学科学技术发展院、首都医科大学科技园、北京高校大学生就业创业指导中心、北京化工大学科技园 6 家名校名所签订战略合作协议，推动名

---

① 洪帅,符晓艺,王天尊.投入产出视角下河北科技成果转化现实差异分析[J].中国科技产业,2022,(8)：68-70.

② 洪帅,李果,符晓艺等.区域视角下河北传统制造业转型升级路径与对策研究[J].物流科技,2023,46(17)：91-94.

校名所更多优质科技成果向河北倾斜,助力河北省高质量发展。

2022年以来,省展交中心举办了河北省科技成果转移转化峰会、科技成果直通车等一系列活动,促成成果签约84项,对接会上,10个转化落地项目将进行现场签约,84个项目通过视频展示方式签约。本次对接会上,7项京津冀优质技术成果将围绕智能制造、生物医药、智慧农业、现代食品、新能源、新一代信息技术等进行路演推介。

中关村专场路演活动有两大主要特色。一是路演项目紧密围绕北京新一代信息技术和医药健康"双发动机"产业的技术创新需求,医药健康、新一代信息技术、智能制造领域的项目数量占比分别为40%、25%、20%。从项目来源看,来自高校院所的项目78个,数量占比67%;来自创新企业的项目40个,占比33%。

充分发挥京津科技资源优势,借力京津丰富的创新资源,为河北省产业发展赋能。一方面,河北省立足自身产业基础,筛选钢铁、生物制药等传统优势产业作为重要产业与京津对接,并围绕相关产业搭建企业与京津高水平高校和科研机构的对接桥梁,实现创新成果需求定向定制,形成深度协同合作关系。另一方面,聚焦现代信息技术、新能源汽车等高成长性产业,培育战略性新兴产业,促进京津科技成果在河北省落地开花。

5.4.2 成果源头供给能力弱

河北省技术转移人力资源开发缺乏统一标准。京津冀有自己不同的技术转移人力资源培训,虽然三地联合组织制定了技术经纪人培训流程,但这个流程是初级的,仅适用于初级技术经纪人培训。河北省之前的人力资源培训主要途径是省科技厅监督下的技术管理人员培训。但到目前为止,其培养时间短且不分层次,河北省技术转移的学历教育和学科建设还不够,高素质人才培养十分缺乏,层次分明、结构标准的人才培养体系尚不成熟。技术转移人力资源培训计划的实施被推迟,国家层面也没有给出计划来处理这个问题。

河北省高校中专门的技术转移组织很少。高校是科技成果的主要来源，但大多数高校并没有重视科技成果的转移转化。河北省128所综合性大学中，只有河北农业大学、河北科技大学、河北工业大学、河北大学等25所大学设立了技术转移机构，但这些机构几乎没有独立的法人资格，技术中介机构少，服务能力薄弱，难以开展复杂的技术转让业务。推动科技成果及时转化是实施创新驱动发展战略的重要举措，引进京津高校科技成果到河北省转化是推动河北省高质量发展的重要抓手。这是一项涉及面广、情况复杂、头绪繁杂的系统工程，需要统一领导、统一指挥、统一行动，因此要加强对京津高校科技成果到河北转化的组织领导。

加强京津高校科技成果到河北省转化的统筹规划。领导小组定期召开工作会议，及时研判形势，协调解决工作中的问题，指导相关地区、行业、部门开展好相关工作。加强顶层设计，谋划总体发展战略、思路目标、任务举措、评价体系等等。制定中长期发展规划，出台相应政策规定，建立优效工作机制，搭建各种平台。加强京津高校科技成果到河北转化的组织协调。充分利用政府权威和公信力，加强京津高校与河北高校、企业之间的合作交流，及时召开促进科技成果转化的理论研讨会、信息发布会、合作洽谈会、项目对接会、成果转化会等，支持鼓励高校和企业共建联盟、产教融合、合作办学、"校内厂、厂中校"等，推进高校和相关企业、产业深度融合创新发展。

加强京津高校科技成果到河北转化的督导检查。强调一分部署九分落实，建立督查落实机制，坚持做到"交账—要账—查账—对账—算账"，督促京津高校科技成果及时到河北省转化。定期通报各地引进京津高校科技成果情况，推广先进经验和做法，指导各地不断改进工作提高科技成果转化水平和成效。加大对京津高校科技成果到河北省转化的考核问责力度。要把引进京津高校科技成果工作列入市、县政府年度工作计划并作为年终考核指标体系中的重点内容。既要考核工作成效又要考核工作态度，既要考核发展现状又要考核发展潜力。对落实力度大、工作任务完成好的给予奖励，对敷衍应付、没有完成工作任务或科技成果转化的产值、利润没有取得明显经济效益的给予问责。

京津两地已成为河北省技术成果供给的重要源头。2022年上半年,河北省吸纳京津技术合同成交额230.1亿元,同比增长39.43%,占全省吸纳技术合同成交额的六成多。但河北省仍需提升创新质量,强化成果转化源头供给能力。

5.4.3　成果转化激励机制不健全

畅通科技成果转化通道,必须充分激发科研人员创新创造活力,需要建立合理的成果转化激励机制。国家科技计划项目间接经费允许用于科研人员绩效支出,但由于受单位核定的绩效工资总额限制,加上项目周期长、项目组人数多、间接经费金额有限等原因,虽然国家科技计划绩效支出新政策对科研人员激励产生一定作用,但从科研人员工资收入结构来看,激励效果不明显。2021年8月,《国务院办公厅关于改革完善中央财政科研经费管理的若干意见》发布,提高了科研经费中的间接费用比例,并探索突破单位绩效工资总额限制的政策,但由于至今政策实施时间尚短,政策效应还有待显现。

高校、科研院所的青年科研人员与信息技术、金融等行业相比,科研工作压力大,收入与付出不成正比,加上在科研机构内晋升难,科研平台、环境和生态不够好等原因,近几年科研人员流失现象凸显。其中,74%的科研人员所在单位流失的科研人员60%为年龄在25～45岁的中青年科研人员。河北省尚缺乏对中青年科研人员收入激励保障的系统制度设计,影响科研工作长期发展,有待通过政策、资金、管理等方面加以持续改善。

职称是对一个人在特定领域的工作水平的标准化评价,是薪酬等级、工作任用和职位升迁的重要指标,可以大大促进职工工作的积极性。目前,河北省的科研人员、工程技术人员和管理人员都有自己的职称序列,但技术转移人员尚未建立标准的职称序列。技术转移头衔的缺失不利于人才队伍的稳定,限制了人才的成长和培育,降低了行业吸引力,影响了技术转移机构对高端专家的吸纳。

河北省应借鉴其他地区成功经验,健全技术转移人员的职称评价标准和晋升机制。这不仅能够为科研人员提供更加清晰的职业发展路径,也能够激励他们在技术转移领域取得更多的成就。此外,技术转移人员的培训和进修机会也需要得到加强,以提高其专业水平和实践能力,更好地适应科技发展的需要。建立起相应的技术经纪服务费提取率标准,通过合理设定费率,保障技术经纪人在技术交易中能够获得合理的收入。这将鼓励更多有能力的技术经纪人投身于技术转让领域,提高整体服务水平。对于高校技术经纪人,有必要优化内部的分配机制,使其更加灵活公正。建立一套科学的技术经纪绩效评估体系,将其工作绩效与科技成果的转化挂钩,为其提供有力的激励。

适度放宽高校技术经纪人的身份限制,给予更多的职业发展空间,使其能够更好地结合专业背景和市场需求,实现技术经纪事业的蓬勃发展。针对技术经纪人作为兼职人员的问题,可以考虑通过设立专业的技术经纪机构,为其提供更为正式的背书和支持。此举有助于提高技术经纪人的职业认同感和责任心,促使其更加积极主动地参与技术经纪工作。在行政职位与技术转让业务性质不符的情况下,需要调整高校技术经纪人的职业晋升路径。可以设立专业的技术经纪职位,并建立与之相适应的晋升渠道。

通过以上举措,不仅能够提高技术经纪人的职业满意度,也有助于构建更加专业化和高效的技术转让机制。对于技术经纪人的行业能力认可问题,可以通过建立相关的行业资格认证制度来解决。这样的认证制度可以根据技术经纪人的实际工作表现和专业能力进行评估,为其提供行业内的权威认证。通过认证,技术经纪人将更容易在职场上获得认可,提高其在技术转让领域的竞争力,促使其更好地服务科技成果的转化。

在科技成果转化过程中,政府还可以通过制定更加灵活的税收政策来激励企业参与科技成果的转化。通过给予企业税收优惠,鼓励其与科研机构合作,共同推动科技成果向市场转化。此外,政府还可以建立专门的科技成果转化基金,为企业提供贷款或投资支持,帮助其更好地开发和推广科技成果。

政府可以在知识产权税收政策上作进一步的创新,给予企业在科技成果中所拥有的专利、商标等知识产权的税收减免,有助于提高企业保护知识产权的积极性,同时也促进了科技成果的商业化应用。税收政策的调整,可以鼓励企业更加积极地参与科技成果的推广和市场化。

政府还可以通过建立专门的科技成果转化基金,为企业提供贷款或投资支持,这一基金可以作为科技成果产业化的资金支持平台,为企业提供必要的资金保障。通过为企业提供有利的融资渠道,政府可以刺激企业更加积极地参与科技成果的开发和推广,降低科技成果转化的资金难题。在基金的运作过程中,政府可以采取差异化的激励机制,对于参与高风险、高科技含量的科技成果转化项目,可以提供更大幅度的贷款或投资支持。这样的灵活激励机制有助于吸引更多企业投身于创新性较强、技术难度相对较高的科技项目中,从而推动更多前沿科技成果的市场应用。

政府还应当积极引导和推动金融机构增加对科技成果转化项目的融资支持。通过建立科技成果转化的金融服务平台,降低融资成本,提高融资效率,为企业提供更为便捷的融资渠道。这有助于吸引更多金融机构参与到科技成果的产业化过程中,形成资金与科技成果之间更加紧密的连接。

综上所述,要畅通科技成果转化通道,不仅需要建立合理的成果转化激励机制,还需要关注科研人员的工作环境、收入待遇以及职业发展机会。政府、科研机构和企业应共同努力,通过政策、资金和管理等方面的创新,为科技成果的转化提供更加有力的支持,从而推动科技创新成果更好地为社会创造价值。只有在全社会的共同努力下,科技成果转化通道才能更为畅通,为创新发展提供更强有力的支持。在建立成果转化激励机制方面,除了关注科研人员的收入激励问题外,还应注重提升科研团队整体的创新氛围和合作机制。要实现这一目标,政府可以通过加强科技项目的组织和管理,鼓励不同领域的专家共同参与,形成跨学科、跨机构的协同创新模式。

5.4.4 企业成果转化能力弱

科技成果与市场对接难主要在于双方的信息共享不畅、了解不够。要通过各种方式打通科研机构、高校与企业的沟通障碍,提高它们之间的信息交流效率,实现精准匹配。融通产学研,支持企业牵头组建创新联合体。一方面是科研供给端对市场需求端的掌握不够;另一方面也存在市场对科技成果的了解和认知不足的问题。企业已经具备了大批量生产的条件,但是需求还没有跟上来,这与市场对产品技术的了解和认知不足有很大关系。企业一方面推广,一方面还要推动市场认知。政府、科研院所、企业应搭建沟通的桥梁和平台,让研发人员与市场有更多碰撞的机会。此外,政府也应该为科研院所与企业创造更多对接交流的机会,让科研人员有更多的机会介绍自己的成果,让市场及时了解最新的技术。

近年来,河北省稳定支持43个产业链关键核心技术攻关项目,投入财政资金2.44亿元,撬动企业投资55.4亿元,突破瓶颈技术95项,形成技术标准49项。通过技术研发,为企业带去收益35.23亿元。省科技厅的统计数据显示,2023年第一季度,河北省开展科技成果直通车活动25场,路演推介成果385项,促成技术合作意向66项;聚焦科技赋能县域特色产业,组织"中科院创新成果进河北"活动,28家企业与中国科学院达成合作意向。河北省下大力引导支持全国高校及科研机构与河北省企业开展全面产学研合作,229项2022年度河北省技术发明奖、科学技术进步奖获奖项目中,高校院所与企业联合完成的达101项。

2022年以来,河北省超过1.1万家企业享受到了研发费用加计扣除政策,同比增长16.9%,加计扣除额达到371亿元,同比增长53.9%,增速位居全国前列。企业是创新的主体。2022年以来,河北省为鼓励企业持续加大研发投入,打出了包括研发费用加计扣除在内的一系列政策组合拳,以科技计划为引领,带动更多中小企业走"专精特新"发展之路。对高新技术企业,河北省在省级科技计划项目、研发平台建设布局、科技人才专项等优先给予支持。对科技领军企业承担的省级重大科技计划项目,最高给予1000万元资金支持。采用"揭榜挂帅""赛马争先"等新型科技计划项目组织方式,推动企业加大研发投入。揭榜成功后,技术攻关类项目各级财政科技资金最高联合补助1000万元,成果转化类项目最高补助500万元。有了政策支撑,全省企业科技创新的能量进一步释放。

但河北省企业成果转化能力仍有待提升。企业研发业绩的转化率或市场化率较低,北京和天津的创新成果在河北省的转化率较低。由于河北省产业结构差异和创新能力不足,河北省对京津优质创新资源的转化与合作减少,与此同时江苏省、浙江省等东南沿海,乃至珠三角等发达地区通过业绩变革,承接了京津部分优质的创新资源,形成了"蛙跳效应"。科技研发成果转化力度不够,对创新前沿成果的吸引力下降,不仅使有限科技资源的利用效率不高,也阻碍了科技资源及时转化为社会生产力,不能给河北省经济社会发展和强国建设带来动力。河北省创新能力弱已成为区域创新合作治理体系的一大弊端,基于产业链布局的创新链尚未形成。产业链和创新链是相互促进、协作与交流的有机体。推动产业链与创新链紧密结合,增强企业独有的创新能力,突破关键技术瓶颈,对推动企业向价值链高端跃升很有帮助。

在协同创新上见成效,在融通产学研上下功夫,在完善科技服务上着笔墨。京津冀联手、产学研抱团,各方优势互补,攻克核心技术难题,让科技创新成为产业发展的澎湃动力。持续增强承接京津科技溢出效应和产业转移能力,不断提高科技成果转化和企业化水平,河北省正在推进创新驱动发展的路上奋勇前行。按照省委十届三次全会安排部署,持续加大对设区市研发投入增长的奖励力度,推行企业研发投入后补助等制度,引导企业加大研发投入。力争到2025年,全社会研发投入强度超过2.0%,科技领军企业达到100家,高新技术企业达1.5万家,全省科技创新水平再上新台阶。

5.4.5 技术要素市场发展不充分

促进科技成果转化是实施河北省创新引领、京津冀协同发展战略的重点目标。省科技厅将重点围绕《河北·京南国家科技成果转移转化示范区建设方案(2022—2025年)》,从项目布局、平台建设、服务保障、制度创新、对接活动多点发力,探索具有区域发展特色的科技成果转化机制与路径,不断完善"京津研发、河北转化"协同创新链条,促进更多科技成果到示范区转化孵化。目前创新型河北的建设还存在一系列问题,创新链的建设还存在很多薄弱环节,技术要素市场发展仍不充分。

  在科研成果走向市场的过程中,资金的支持是不可或缺的。当前科技成果转化仍面临资金不足的严重问题,这也是大量科技成果止步于实验室"展示品"、转化率低的核心原因之一。科技成果转化是一项高技术、高风险、高投入、长周期的活动,尤其在医疗领域这一特点最为突出,科技成果若想走向市场、形成产业体系需要大量长期资金的支持。当前科技成果市场化中,社会资本的作用越来越重要。对于社会资本来说,转化过程中面临的巨大不确定性是社会资本参与投资时最大顾虑。正是由于科技成果转化中不确定性太大,很多风险投资公司不愿意承担风险,多倾向于投资成熟期的项目,这使得很多早期的技术创新项目不能受到关注。市场是趋利机制,纯粹靠市场的引导并不现实,政府应该起到引导和推动作用,率先往里投,尤其是政府基金要更加重视科技创新项目早期的资金需求,通过政府基金带动社会资金支持初创型科技企业,激励风险投资公司对早期技术创新企业的投资。

  政府对技术投入的力度不够,结构也并不合理。以研发投入金额和研发投入强度(占 GDP 的比重)两项指标为例,河北与北京、天津、辽宁以及河南等相邻省份差距明显。在研发费用方面,河北省 84％的资金用于实验开发,13％的资金用于应用研究,3％的资金用于基础研究。与发达国家相比,基础研究和应用研究经费的投入比例较低,将科研成果转化为实际生产力遇到困难。公司研发投入力度小,创新能力不强。由于研发创新成本高、产品交换成本高、风险系数高、缺乏行业标准等各种因素,使得研发投入不足问题没有得到解决。

  从行业部门看,2022 年研发经费超过 10 亿元的行业大类共有 13 个,研发经费前三位的分别是黑色金属冶炼和压延加工业最高,为 165.7 亿元;汽车制造业次之,为 117.5 亿元;电气机械和器材制造业第三,为 42.76 亿元。研发经费投入强度超过 1％的行业大类共有 20 个,汽车制造业最高,为 4.18％。研发经费投入大于 2％的共有 8 个行业,小于 2％的共有 30 个行业。各行业研发经费投入强度大部分仅位于 0％～2％,这说明河北省行业研发经费投入强度仍然较低,还有很大的提升空间。

河北省高技术带头人明显短缺,高技术人才数量不多,科研机构研发创新的能力不强,利润分享机制和激励机制还不完善。河北省技术转移人才严重短缺是技术转移体系建设的明显弊端,阻碍了"京津研发、河北转化"的步伐。如何完善技术转移人力资源开发机制,加快建设足够数量的专业化技术转移队伍,提高整合北京、天津、河北三省市乃至全国创新资源的能力,加快河北创新发展,已成为亟待改善的问题。河北省在技术转移人才方面往往不如北京、上海、江苏等先进省市。高校从事技术转移工作的人多为具有特定专业知识的科技管理人员、工程师和教职员工,但大多工作人员的专业与技术转移工作并不匹配。来自社会中介的技术转移从业者的文化素质参差不齐,技术转移工作对从业人员的素质和能力要求很高,需要对技术、产业、趋势、法律问题、财税和金融等有一定的了解,符合组合型要求的人才在河北省的技术转移从业者中极为罕见。总体来看,河北省技术转移人才在推进科技成果转移转化的过程中仍然缺乏,人才规模、专业化程度与市场需求存在较大的差距。

第6章 京津冀科技成果转化模式分析框架

加快科技成果转化是推动我国经济发展转型升级的重要推手。党的十八大以来,以习近平同志为核心的党中央高度重视科技创新工作,对完善科技成果转化体制机制、畅通转化渠道、提高转化效率等做出一系列重要指示,为我国科技成果转化指明了前进方向。

6.1 科技成果转移转化双主体演化博弈

2021年,习近平总书记提出要"加快实现科技自立自强,要用好科技成果评价这个指挥棒,遵循科技创新规律,坚持正确的科技成果评价导向",科技成果转化成为实现创新驱动发展、将科学技术转变为现实生产力的关键环节。

6.1.1 演化博弈理论基础

科技成果转化相关研究受到学术界的广泛关注。当前我国科技成果仍存在转化率低、转化难等一系列问题，面临人才短缺、经费不足、周期较长等制约因素影响①。通过测算区域科技成果转化效率，分析其时空演进特征，构建"互联网＋"背景下区域协调机制解决地区间成果转化效率不平衡问题②。开放式创新对科技成果转化效率具有积极的影响，同时 CEO 经历、吸收能力与集成能力平衡度在其中具有调节作用③。在科技成果转化政策量化评价方面，史童等基于国内外学者研究成果并结合科技成果转化政策的特点，计算各项政策的 PMC 指数并绘制 PMC 曲面图④。立足整合视角框架，综合运用 CFA 和 fsQCA 方法，检验政策供给、政策协调、技术来源、机构实力、身份自洽 5 个条件及不同条件组态对转化成效的效应⑤。整体来说，现有研究强调促进部门统筹协同及政策宣传、完善科研人才考核激励政策、优化供给方政策、加强需求方政策、强化服务方政策、完善资金保障者政策⑥，以达到推动实现依靠创新驱动的内涵式发展的目的。

作为科技创新的"先锋官"，以高校为代表的研发单位是科技成果的重要输出地，与科技成果主要输入地——企业共同在国家科技创新体系中发挥重要作用。由于科技成果转化是一项多系统、多组织、多链条交叉配合的工程，具有较强的系统性和复杂性，在当前科学与技术之间日益交叉融合的趋势下，科技成果转化愈加需要研发单位之间、研发单位与市场之间的协同配合。因此运用博弈论分析科技成果转化过程中主体间的行为选择及利益关系十分必要。

高校科技成果转化路径研究方面，基于界面理论探讨多重并发因素和复

---

① 刘兴斌,盛锋,李鹏.农业科技成果转化与推广主体动态博弈及协调机制构建研究[J].科技进步与对策,2014,31(9):24-27.
② 赵公民,吕京芹,王仰东等.互联网背景下"双一流"高校科技成果转化效率研究[J].软科学,2021,35(8):45-50.
③ 林青宁,毛世平.开放式创新与涉农企业科技成果转化效率——CEO 经历、能力平衡的调节效应[J].研究与发展管理,2021,33(2):29-40.
④ 史童,杨水利,王春嬉等.科技成果转化政策的量化评价——基于 PMC 指数模型[J].科学管理研究,2020,38(4):29-33.
⑤ 胡宁宁,侯冠宇.区域创新生态系统如何驱动高技术产业创新绩效——基于 30 个省份案例的 NCA 与 fsQCA 分析[J].科技进步与对策,2023,40(10):100-109.
⑥ 李巧莎,吴宇.科技成果转化的政策优化策略[J].宏观经济管理,2021,(10):69-76.

杂因果机制下高校科技成果转化的现实路径[①]。因此,应在深入了解我国高校科技成果转化现状基础上,进一步分析我国高校科技成果转化存在的问题及深层次原因,以推动我国高校科技成果转化应用[②]。以高校科技成果为研究载体,研究知识扩散和科技成果转化的相关机制[③],打造以创新综合体为核心的创新集群并完善创新环境,发挥科技成果转化从原来的偶然零星事件质变为批量转化的"雨林效应",提高科研人促进科技成果转化的积极性,成为推动我国创新驱动发展战略落实落地的重要路径。

当前对于科技成果转化的相关研究主要集中在政策、机制、影响因素等方面,而对科技成果转化主体之间关系的研究相对较少。研发单位是科技成果的主要提供者,企业具有较强的商业转化能力,二者合作开展成果转移转化成为当前重要的科技成果转化方式之一。通过构建演化博弈模型,探讨达成并巩固合作联盟的条件,反映各主体在科技成果转化中的行为演化路径以及稳定策略的形成,对加快推进科技成果转化具有一定的参考意义。

6.1.2 科技成果转化主体演化博弈模型构建与适用性分析

演化博弈理论源于生物进化论,最早应用于遗传生物学中动植物的合作与冲突行为的分析,包含两个基本概念:"复制动态"和"演化稳定"。"复制动态",也称"模仿者动态",Taylor等在1978年提出的复制动态模型较好地解释并预测了自然界群体行为的变化趋势。该模型认为,所有参与者在稳定状态时对应一个特定的纯策略,而在其他不同时刻所处状态对应一个混合策略。其中 $K_i = \{k_1, k_2, \cdots, k_n\}$ 为参与者在某一时刻可以选择的纯策略集,$x_i(t)$ 为参与者在 t 时刻选择策略 k_i 的概率,并且 $\sum x_i(t) = 1$。假定 $\pi(k_i,$

[①] 徐丰伟,丁昱丹.高校科技成果转化的关键界面因素及优化路径[J].中国高校科技,2020,(4):90-93.
[②] 张旭雯,迟景明,何声升等.共生视角下校企创新主体深度融合的内在过程机理研究——基于沈鼓集团与大连理工大学的探索性案例[J].科技进步与对策,2024,40(14):12-21.
[③] 陈艾华,吴伟.大学跨学科科研合作与科研生产力的关系研究综述与展望[J].重庆高教研究,2023,(9):1-14.

$x_i(t)$ 为 t 时刻参与者选择策略 k_i 的期望支付,如式(1)所示。

$$\pi(k_i, x_i(t)) = \sum_j x_j(t) \pi(k_i, k_j) \tag{1}$$

可得参与者平均期望支付,如式(2)所示。

$$\bar{\pi}(x(t)), x(t)) = \sum_i x_i(t) \pi(k_i, x(t)) \tag{2}$$

复制动态方程,如式(3)所示。

$$\frac{\mathrm{d}x(t)}{\mathrm{d}t} = x_i(t) \{\pi(k_i, x(t)) - \bar{\pi}(x(t), x(t))\} \tag{3}$$

演化稳定策略是参与者经过不断地模仿、学习、调整策略选择,多次博弈后达到演化均衡状态下的均衡解。

由高校及科研院所(技术研发单位)和企业(技术成果转化单位)两类群体构成,政府由于不参与科技成果转化的利润分配,所以提供相关政策支持。在科技成果转化过程中,高校及科研院所拥有较强的知识和技术优势,相对来说企业凭借较强的商业转化能力与高校及科研院所形成互补。因此,与企业合作,通过技术交易把科技成果转化到企业,成为高校及科研院所进行成果转化的主要途径。部分高校及科研单位采用自办企业,或者要求直接参与科技成果商业转化过程的方式进行成果转化,这两种方式不在此次合作的考察范围之内。

高校及科研院所与企业合作进行科技成果转化过程中具有有限理性。二者面临一个信息不完全的外部环境,具有不确定性,各自掌握的信息也具有不对称性。双方在对是否合作进行博弈的过程中,不仅对外部环境变化无法准确预测,同时对对方合作目的、合作意愿以及合作动机等信息无法精准掌握。高校与企业的博弈过程是重复进行的,并且每一次的行为策略选择和收益情况在博弈结束后都能被对方完全获得。因此,当无法判断当期合作的得失情况时,博弈参与者会参考对方之前的行动策略来确定自己的策略选择,这种情况下模仿前期的行为就是参与者的最佳策略选择。博弈双方根据已经发生的行为,彼此之间通过不断模仿、交互,调整自身选择合作还是不合作策略,最终达到策略的稳定状态。演化博弈中的复制动态模型可以用来分析这种模仿行为。博弈过程中,除考虑对方的策略选择外,其他利益相关者(如政府)的态度也是影响合作策略选择的因素。在科技成果转化过程中,高校及科研院所拥有较强的知识和技术优势,相对来说企业凭借较强的商业转化能力与高校及科研院所形成互补。

基于以上分析做出如下假设。

第一,科技成果转化过程中有两个参与者高校(A)和企业(B)。参与者的策略集合为 $K=\{k_1,k_2\}$。其中 k_1 表示选择"合作"策略,k_2 表示选择"不合作"策略。

第二,高校(A)和企业(B)在博弈初始阶段选择 k_1,即"合作"策略的概率分别为 x 和 y,则选择 k_2 "不合作"策略的概率为 $1-x,1-y$,存在 $x,y\in[0,1]$。

第三,科技成果转化成功率为 α。科技成果转化的结果具有不确定性,存在转化失败的可能,因此用 α 表示高校和企业合作科技成果转化的成功率。

第四,科技成果创新价值为 V。科技成果创新价值直接影响高校和企业合作进行成果转化的意愿,用 V 表示高校研发专利的创新价值。两者合作时,高校根据价值 V 进行技术入股。该价值由高校研发过程中产生的人力、物力等资源的消耗来衡量。假设认为高校消耗的资源越多,该成果的创新价值越高。

第五,商业化收益。科技成果转化成功后会带来一定的收益,假定转化成功后的商业化收益为 M。

第六,收益分摊比例。高校和企业在合作之前会签订相关协议,商定好各自获得的利益分摊比例。假定协议中签订高校获得的成果转化利益分摊比例为 β,那么企业获得的分摊比例为 $1-\beta$。

第七,成本。科技成果转化后的商业化运营需要付出一定的成本,假定高校和企业科技成果商业化运营成本为 C。

第八,合作激励与惩罚。高校和企业合作进行科技成果转化时,为了激励双方的合作行为,保障合作的顺利进行,政府制定了激励和惩罚机制,选择合作的一方将会得到 P 的奖励,同样违约的一方将会得到 P 的惩罚。

基于此,双主体演化博弈相关符号及参数含义如表 6-1 所示。

表 6-1　双主体演化博弈相关符号及参数含义

参　数	含　义
k_1	选择"合作"策略
k_2	选择"不合作"策略
x	高校选择"合作"策略的概率
y	企业选择"合作"策略的概率
α	科技成果转化成功率
V	科技成果创新价值
M	科技成果转化后商业化收益
β	成果转化后高校获得的利益分摊比例
C	科技成果转化后商业化运营成本
P	高校与企业选择"合作"的奖励与违约的惩罚

基于以上假设,高校和企业如果都选择和对方合作进行科技成果转化时,那么高校除获得一定比例(β)的商业化收益外,还将获得政府给予 P 的奖励,最终将会得到 $M\alpha\beta+P-V$ 的总收益,企业在双方合作中得到的总收益为 $M\alpha(1-\beta)+P-C$；如果两者均选择不合作,那么高校和企业收益均为 0；如果高校选择与企业合作进行科技成果转化,但是企业选择不合作,此时高校获得的收益为 $P-V$,企业由于不合作将受到 P 的惩罚,因此收益为 $-P$；如果高校选择不合作,但是企业选择合作,那么高校将获得 P 的惩罚,企业获得 $P-C$ 的收益。这种情况下博弈双方的支付矩阵如表 6-2 所示。

表 6-2　高校与企业合作科技成果转化博弈支付

策略选择		企业(B)	
		合作(y)	不合作($1-y$)
高校(A)	合作(x)	$M\alpha\beta+P-V$; $M\alpha(1-\beta)+P-C$	$P-V$; $-P$
	不合作($1-x$)	$-P$; $P-C$	0; 0

6.1.3 高校与企业合作关系稳定策略演化博弈分析

根据式(1)和表 6-2 的博弈支付矩阵,在科技成果转化中,高校选择"合作"策略时,其期望收益如式(4)所示。

$$\pi_A(k_1) = y(M\alpha\beta + P - V) + (1-y)(P - V) \tag{4}$$

高校选择"不合作"策略时的期望收益如式(5)所示。

$$\pi_A(k_2) = -yP \tag{5}$$

由式(4)和式(5)可得高校在与企业合作进行科技成果转化时的平均期望收益如式(6)所示。

$$\bar{\pi}_A = x[y(M\alpha\beta + P - V) + (1-y)(P - V)] + (1-x)(-yP) \tag{6}$$

同理可得,企业选择"合作"策略时的期望收益如式(7)所示。

$$\pi_B(k_1) = x[M\alpha(1-\beta) + P - C] + (1-x)(P - C) \tag{7}$$

企业选择"不合作"策略时期望收益如式(8)所示。

$$\pi_B(k_2) = -xP \tag{8}$$

企业在与高校合作过程中的平均期望收益如式(9)所示。

$$\bar{\pi}_B = y\{x[M\alpha(1-\beta) + P - C] + (1-x)(P - C)\} + (1-y)(-xP) \tag{9}$$

由期望收益函数可以得出在与企业合作进行科技成果转化中,高校选择"合作"策略时的复制动态方程如式(10)所示。

$$F_A(x) = \frac{\mathrm{d}x}{\mathrm{d}t} = x[\pi_A(k_1) - \bar{\pi}_A]$$
$$= x(1-x)[y(M\alpha\beta + 2P - V) + (1-y)(P - V)] \tag{10}$$

同理可得,企业选择"合作"策略时的复制动态方程如式(11)所示。

$$F_B(y) = \frac{\mathrm{d}y}{\mathrm{d}t} = y(1-y)\{x[M\alpha(1-\beta) + 2P - C] + (1-x)(P - C)\} \tag{11}$$

由于高校和企业具备有限理性,最佳的策略选择很难仅通过一次决策实现。因此,式(10)和式(11)可以看作一个演化过程,两个方程联立形成一个复制动态系统,如方程组式(12)所示,其解即为该演化博弈模型的均衡解。

$$\begin{cases} H_A = x(1-x)[y(M\alpha\beta+2P-V)+(1-y)(P-V)]=0 \\ H_B = y(1-y)\{x[M\alpha(1-\beta)+2P-C]+(1-x)(P-C)\}=0 \end{cases} \quad (12)$$

根据 Weinstein 微分方程平衡点稳定性原理[①],如果方程中 x 处于稳定状态,那么有 $F(x)=0, F'(x)<0$。

6.1.4 高校与企业合作关系稳定策略演化博弈稳定性分析

(1) 高校决策的均衡分析

根据以上分析可知,高校如果实现策略稳定,则 x 满足 $F_A(x)=0$,$F_A'(x)<0$。如果 $y(M\alpha\beta+P)+(P-V)=0$,即 $y=\dfrac{V-P}{M\alpha\beta+P}$,$F_A(x)$ 恒等于 0,x 取任何值都是稳定状态,对高校来说都是稳定策略。如果 $y\neq\dfrac{V-P}{M\alpha\beta+P}$,$x=0$ 和 $x=1$ 两点是稳定状态,也就是高校的两种稳定策略,分别为"合作"和"不合作"。这时,$F_A'(x)=(1-2x)[y(M\alpha\beta+P)+(P-V)]$。

当 $y<\dfrac{V-P}{M\alpha\beta+P}$ 时,$x=0$ 为稳定状态,即高校会选择"不合作"策略。

当 $y>\dfrac{V-P}{M\alpha\beta+P}$ 时,$x=1$ 为稳定状态,即高校会选择"合作"策略。

可见,高校是否选择"合作"策略与企业的策略选择密切相关,其策略选择趋势如图 6-1 所示。

当企业选择"合作"的比例高于 $\dfrac{V-P}{M\alpha\beta+P}$ 时,即在空间 H_{A1} 中时,高校选择与企业"合作"的策略进行科技成果转化。当企业选择"合作"的比例低于

---

① 徐小聪,符大海.可变需求与进口种类增长的福利效应估算[J].世界经济,2018,41(12):25-48.

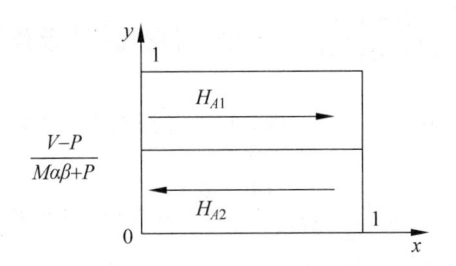

图 6-1 高校策略选择趋势图

$\dfrac{V-P}{M\alpha\beta+P}$ 时,即在空间 H_{A2} 时,高校选择"不合作"的策略。

(2) 企业决策的均衡分析

企业如果实现策略稳定,则 y 需要满足 $F_B(y)=0, F'_B(y)<0$。如果 $x[M\alpha(1-\beta)+P]+(P-C)=0$,即 $x=\dfrac{-(P-C)}{M\alpha(1-\beta)+P}$,那么 $F_B(y)$ 恒等于 0,对企业来说, y 取任何值都是稳定策略。如果 $x\neq\dfrac{-(P-C)}{M\alpha(1-\beta)+P}$,则 $y=0$ 和 $y=1$ 为稳定策略。此时,$F'_B(y)=(1-2y)\{x[M\alpha(1-\beta)+P]+(P-C)\}$。

当 $x<\dfrac{-(P-C)}{M\alpha(1-\beta)+P}$ 时,$y=0$ 是稳定状态,企业会选择"不合作"策略。

当 $x>\dfrac{-(P-C)}{M\alpha(1-\beta)+P}$ 时,$y=1$ 是稳定状态,企业会选择"合作"的策略。

可见,企业是否选择"合作"的策略取决于高校的策略选择情况,企业策略选择趋势如图 6-2 所示。

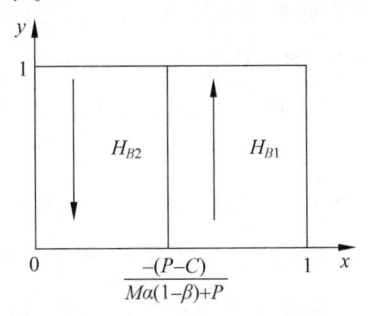

图 6-2 企业策略选择趋势图

以直线 $x = \dfrac{-(P-C)}{M\alpha(1-\beta)+P}$ 为界限，高校选择"合作"策略的概率高于 $\dfrac{-(P-C)}{M\alpha(1-\beta)+P}$ 时，即在空间 H_{B1} 内，企业选择与高校"合作"的策略。反之，当高校选择"合作"的概率低于 $\dfrac{-(P-C)}{M\alpha(1-\beta)+P}$ 时，也就是在空间 H_{B2} 内时，企业将选择"不合作"的策略。

（3）复制动态系统均衡点分析

由联立方程组式（12）可以获得以下 5 个局部均衡点：$(0,0)$，$(0,1)$，$(1,0)$，$(1,1)$，$\left(\dfrac{C-P}{M\alpha(1-\beta)+P}, \dfrac{V-P}{M\alpha\beta+P}\right)$。其中 $(0,0)$，$(0,1)$，$(1,0)$，$(1,1)$ 为该动力系统存在的 4 个纯策略均衡点，高校和企业在每个均衡点上都会选择纯策略，这四个均衡点确定了系统值域的边界。对高校和企业的复制动态方程式（10）和式（11）求偏导，可以得结果如式（13）～式（16）所示。

$$\frac{\partial F_A(x)}{x} = (1-2x)[y(M\alpha\beta+P)+(P-V)] \tag{13}$$

$$\frac{\partial F_A(x)}{y} = x(1-x)(M\alpha\beta+P) \tag{14}$$

$$\frac{\partial F_B(y)}{y} = (1-2y)\{x[M\alpha(1-\beta)+P]+(P-C)\} \tag{15}$$

$$\frac{\partial F_B(y)}{x} = y(1-y)[M\alpha(1-\beta)+P] \tag{16}$$

因此，该演化博弈模型的雅克比矩阵如式（17）所示。

$$J = \begin{bmatrix} (1-2x)[y(M\alpha\beta+P)+(P-V)] & x(1-x)(M\alpha\beta+P) \\ y(1-y)[M\alpha(1-\beta)+P] & (1-2y)\{x[M\alpha(1-\beta)+P]+(P-C)\} \end{bmatrix} \tag{17}$$

探索高校和企业均选择合作的理想状态，寻找趋近于渐进稳定点 $(1,1)$ 的博弈策略。根据李雅普诺夫第一法则可知，每个策略所对应的雅克比矩阵特征值的正负可以用来判断各个策略均衡点是否具有演化稳定性。当所有的特征值 λ 都小于 0 时，该点为演化稳定点，即 ESS 点，博弈参与者在此处所选择的策略为演化稳定策略；当所有的特征值 λ 都大于 0 时，该点为不稳定点；当特征值 λ 有正有负时，该点为鞍点。

在此以(1,1)为例，即高校和企业都选择 k_1 "合作"策略时，计算其雅克比矩阵的特征值。均衡点(1,1)的雅克比矩阵如式(18)所示。

$$J_{11} = \begin{bmatrix} -[(M\alpha\beta+P)(P-V)] & 0 \\ 0 & -\{[M\alpha(1-\beta)+P]\} \end{bmatrix} \quad (18)$$

可知，该矩阵的特征多项式如式(19)所示。

$$\begin{bmatrix} -[(M\alpha\beta+P)+(P-V)] & 0 \\ 0 & -\{[M\alpha(1-\beta)+P]\} \end{bmatrix} = 0 \quad (19)$$

均衡点(1,1)的特征值分别为 $\lambda_1 = -[(M\alpha\beta+P)+(P-V)]$，$\lambda_2 = -\{[M\alpha(1-\beta)+P]+(P-C)\}$，如果同时满足 $-[(M\alpha\beta+P)+(P-V)]<0$，$-\{[M\alpha(1-\beta)+P]+(P-C)\}<0$，两个特征值均为负数，那么(1,1)是演化稳定点，(合作,合作)即为高校与企业博弈的演化稳定策略。同理可以得到其他四个均衡点处的演化稳定性如表6-3所示。

表6-3 高校与企业演化博弈均衡点稳定性分析

均衡点	特征值	稳定性
(0,0)	$\lambda_1 = P-V; \lambda_2 = P-C$	$P>C, P>V$ 时，不稳定点 $P<C, P<V$ 时，为稳定点
(0,1)	$\lambda_1 = M\alpha\beta+2P-V; \lambda_2 = -(P-C)$	$P>C, P>V$ 时，鞍点 $P<C, P<V$ 时，不稳定点
(1,0)	$\lambda_1 = -(P-V)$ $\lambda_2 = M\alpha(1-\beta)+2P-C$	$P>C, P>V$ 时，鞍点 $P<C, P<V$ 时，不稳定点
(1,1)	$\lambda_1 = -[(M\alpha\beta+P)+(P-V)]$ $\lambda_2 = -\{[M\alpha(1-\beta)+P]+(P-C)\}$	稳定点

续表

均衡点	特 征 值	稳 定 性
$\left(\dfrac{C-P}{M\alpha(1-\beta)+P},\right.$ $\left.\dfrac{V-P}{M\alpha\beta+P}\right)$	$\lambda_1 = \dfrac{(V-P)(C-P)[M\alpha(1-\beta)+2P-C](M\alpha\beta+2P-V)}{[M\alpha(1-\beta)+P](M\alpha\beta+P)}$ $\lambda_2 = -\dfrac{(V-P)(C-P)[M\alpha(1-\beta)+2P-C](M\alpha\beta+2P-V)}{[M\alpha(1-\beta)+P](M\alpha\beta+P)}$	$P>C,P>V$ 时，不存在 $P<C,P<V$ 时，鞍点

通过以上分析，将高校与企业合作稳定性分为两种情况来探讨。

第一，当制定的双方合作违约罚金或奖励 P 大于高校研发的科技成果创新价值 V 和科技成果商业化运营成本 C 时，即：$P>C,P>V$。

当合作违约罚金或奖励大于成果创新价值或商业化运营成本时，该动力系统中在 $0 \leqslant x, y \leqslant 1$ 区域内存在四个局部均衡点 $(0,0),(0,1),(1,0),(1,1)$。根据雅可比矩阵均衡结果可知，$(1,1)$ 为策略演化均衡点。由于该条件下，高校和企业选择合作所获得的收益要高于选择不合作获得的收益，因此双方均会选择"合作"的策略。此时，博弈系统演化相位如图 6-3 所示。

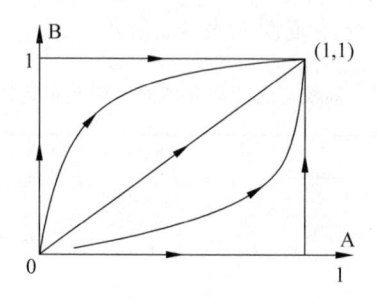

图 6-3 $P>C,P>V$ 条件下高校和企业博弈系统相位图

第二，当高校和企业选择与对方合作的奖励或选择"不合作"时的违约罚金小于高校提供的科技成果创新价值 V 和科技成果商业化运营中的成本 C 时，即 $P<C,P<V$。

此时，高校与企业博弈形成的动力系统在 $0 \leqslant x, y \leqslant 1$ 区域内存在 5 个局部均衡点，分别为 $(0,0),(0,1),(1,0),(1,1),\left(\dfrac{C-P}{M\alpha(1-\beta)+P},\dfrac{V-P}{M\alpha\beta+P}\right)$。由表 6-3 可知，当奖励或罚金 P 小于科技成果创新价值或商业化运营成本时，

(0,0)和(1,1)都是演化稳定点,分别代表高校与企业选择(不合作,不合作)、(合作、合作)的策略。此时,$\left(\frac{C-P}{M\alpha(1-\beta)+P}, \frac{V-P}{M\alpha\beta+P}\right)$为鞍点。这种情况下博弈系统演化相位图如图 6-4 所示。

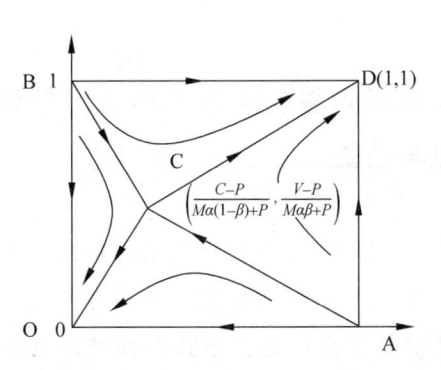

图 6-4 $P<C, P<V$ 条件下高校和企业博弈系统相位图

根据图 6-4 可知,当博弈初始状态落在区域 ACBD 中时,高校和企业博弈系统向(1,1)即(合作,合作)的状态收敛,最终高校与企业均选择"合作"的策略将会成为博弈的唯一演化稳定策略。当博弈初始状态落在区域 AOBC 内时,博弈系统向(0,0)即(不合作,不合作)的状态收敛,最终高校与企业均选择"不合作"的策略将会成为博弈的唯一演化稳定策略。因此,为了使该博弈系统沿着 CD 的路线向(合作,合作)演化的概率更大,应该增大 ACBD 的面积,即:使鞍点$\left(\frac{C-P}{M\alpha(1-\beta)+P}, \frac{V-P}{M\alpha\beta+P}\right)$向 O 点靠近[①]。高校与企业博弈系统内各参数变化对系统演化结果的影响如表 6-4 所示。

表 6-4 参数变化对博弈系统演化结果的影响情况

参数变化	鞍点变化	相位面积变化	策略演化方向
$P\uparrow$	向(0,0)靠近	$S_{ACBD}\uparrow$	(合作,合作)
$C\downarrow$	向(0,0)靠近	$S_{ACBD}\uparrow$	(合作,合作)
$V\downarrow$	向(0,0)靠近	$S_{ACBD}\uparrow$	(合作,合作)

---

① 陈艺丹,洪帅.科技成果转化主体行为策略演化博弈研究[J].科技创业月刊,2022,35(12):9-14.

续表

参数变化	鞍点变化	相位面积变化	策略演化方向
$M\uparrow$	向(0,0)靠近	$S_{ACBD}\uparrow$	(合作,合作)
$\alpha\uparrow$	向(0,0)靠近	$S_{ACBD}\uparrow$	(合作,合作)

6.1.5 科技成果转移转化双主体行为策略演化博弈数值模拟与仿真

高校与企业合作的目的是提高科技成果的转化效率与质量[①]，促进高新技术产业的发展，推动产业升级，进而提高科技竞争力。影响二者合作的因素有很多，任何因素的变化都可能会导致合作结果发生改变。不同的条件下，高校和企业策略选择的稳定状态不同。要实现二者优势互补，均选择与对方合作开展科技成果转化需要满足一定的条件。

探索高校与企业共同选择合作的理想状态，寻找系统中趋近于(1,1)点的博弈策略。为了更加直观地说明高校与企业科技成果转化中博弈策略达成过程，验证建立的演化博弈模型，运用 Matlab 软件对高校和企业的相关行为数值进行仿真分析。仿真过程中参数的设置主要依据模型中所涉及的各因素变化规律以及对演化稳定策略的敏感程度，通过改变参数的取值情况，分析科技成果创新价值、商业化运营成本、科技成果成功转化率等因素对高校与企业科技成果转化模式选择的影响。设置的各参数值并不表示实际社会运行中高校和企业的收益、科技成果创新价值等。另外，为不失一般性，将研究假设所涉及的各参数取值均为正。

(1) 对方概率选择对自身策略影响的仿真

高校或企业是否选择合作进行科技成果转化与对方的策略选择密切相关。以高校为例，改变企业选择"合作"策略的概率 y，进行仿真分析，验证对方不同的概率选择对高校策略的影响。首先设定各参数值 $M=100, V=30$，

---

① 张静,徐海龙,王宏伟.面向科技成果转化的服务需求研究[J].中国科技论坛,2022(9): 25-33.

$P=10, \alpha=0.5, \beta=0.5$，此时 $\frac{V-P}{M\alpha\beta+P}\approx 0.57$，首先对 $y<\frac{V-P}{M\alpha\beta+P}$ 条件下的策略选择进行验证，取 $y=0.4$，观察其演化结果。然后，其他参数保持不变的情况下，改变 y 值大小，设定 $y=0.6$，考察 $y>\frac{V-P}{M\alpha\beta+P}$ 条件下高校策略选择的变化，仿真结果如图 6-5 所示。

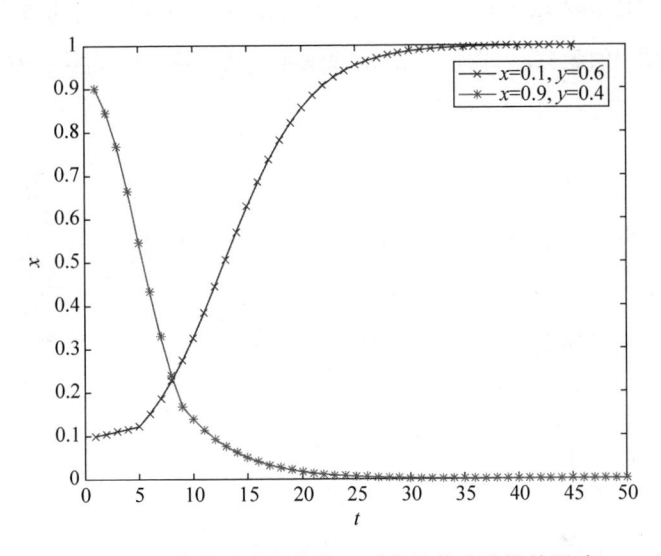

图 6-5　企业策略选择概率 y 对高校策略选择的影响

由图 6-5 可知，在 $y>\frac{V-P}{M\alpha\beta+P}$ 条件下，当企业选择"合作"策略的概率为 0.6 时，即使最初与企业合作的意愿为 0.1，在经过大约 30 次博弈后，高校依然趋向于选择与企业合作。而当企业的初始概率为 0.4 时 $\left(y<\frac{V-P}{M\alpha\beta+P}\text{条件下}\right)$，即使高校初始选择"合作"策略的概率高达 0.9，在经过约 25 次博弈后，最终仍然达到 $x=0$ 的稳定状态，即选择"不合作"策略。因此可以证明无论高校还是企业，在做出是否合作的决策之前都会参考对方的合作意愿，不断调整自己的策略选择。一方合作意愿（选择"合作"的概率）的高低直接影响另一方的最终策略选择。并非只有当一方选择"合作"的概率等于 1 时，双方才能达成合作协议。只要一方初始合作意愿高于某个特定值，双方经过模仿和调整，

最终将会达到(合作,合作)的稳定状态。

(2) 奖励和惩罚 P 大于价值和成本时演化稳定策略数值仿真

P 的取值范围不同,稳定策略的演化方向也就不同。设 $M=100,V=10$,$P=30,C=10,\alpha=0.5,\beta=0.5$,分别给 x 和 y 设定不同的初始值,通过图 6-6 可以发现,在满足约束条件 $P>C,P>V$ 时,不管 x 和 y 的值变大还是变小,高校和企业都能够通过不断地调整最终演化到(1,1)的稳定状态,即最终都会选择"合作"的策略。即使 V 和 C 值发生改变,但是只要小于 P,二者通过演化最终仍会达到(合作,合作)状态,"合作"为其唯一的演化稳定策略。

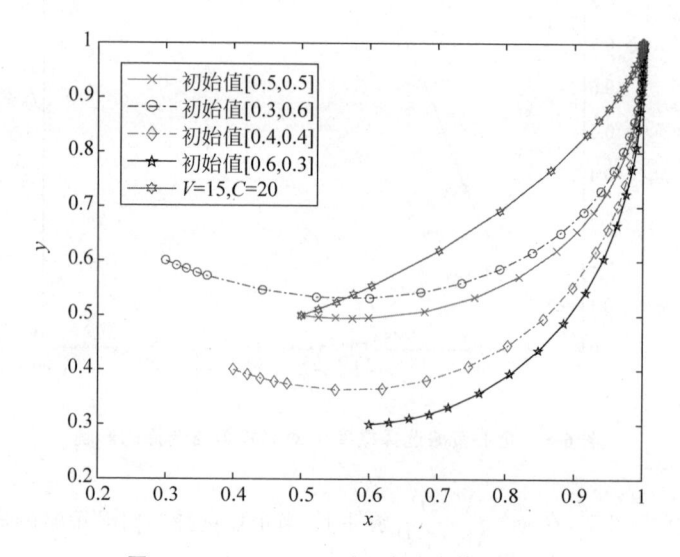

图 6-6 $P>C,P>V$ 时双方稳定策略演化

(3) 奖励和惩罚 P 小于价值和成本时演化稳定策略数值仿真

将 P 的取值范围改为 $P<C,P<V$。其他参数数值保持不变,设定 $M=100,V=30,P=10,C=30,\alpha=0.5,\beta=0.5$,系统仿真结果如图 6-7 所示。由于设定的 β 值为 $0.5,C=V$,因此鞍点 x 和 y 值相等。图 6-7 展示(0,0)和(1,1)都是演化稳定状态,图 6-3 得到证明。该系统中 0.57 大约是个临界值,当 x 和 y 的值大于 0.57 时高校和企业形成的复杂系统最终会演化到(1,1)的稳定状态,二者选择"合作"的概率趋向于 1,"合作"将会成为高校和企业的演化稳定策略。然而当 x 和 y 的值小于 0.57 时,系统会向相反的方向演化,

高校和企业会达到(0,0)的稳定状态,二者的合作将无法进行。也就是说,其他参数保持不变情况下,如果二者的合作意愿高于 0.57,那么双方选择合作策略的概率会收敛于 1,且合作意愿越强烈收敛速度越快。如果双方合作意愿低于 0.57,选择合作策略的概率会收敛于 0,并且合作意愿越低,收敛到 0 的速度越快。

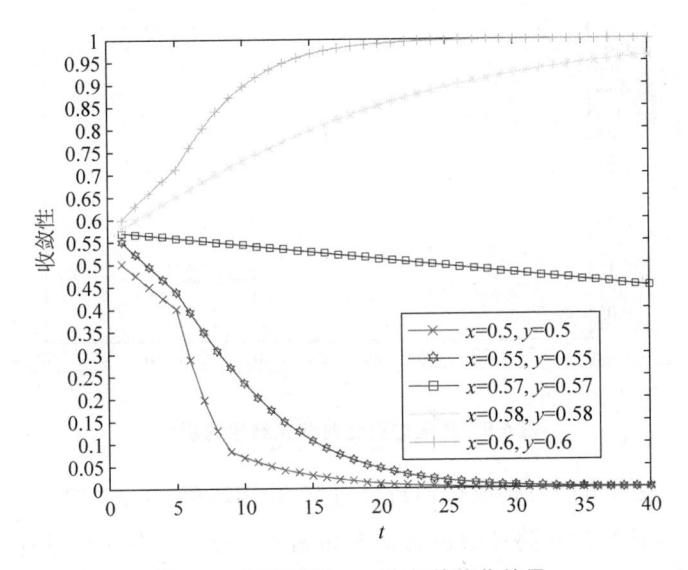

图 6-7　初始意愿 x,y 变化的演化结果

(4) 参数改变对演化稳定策略影响的数值仿真

在 $P<C,P<V$ 条件下,保证其他参数值不变,分别改变 P、V、α 和 C 的取值,观察高校和企业策略演化稳定状态的变化情况。

改变合作奖励与惩罚 P 的取值大小,分别取 $P=9,P=9.5,P=10,P=25$,仿真 4 次,高校与企业策略选择的演化路径仿真结果如图 6-8 所示。该仿真系统中 P 的临界值在 9 和 9.5 之间。$P=25$ 时,高校和企业选择"合作"的概率向 1 收敛的速度最快,这说明在奖励和惩罚小于科技成果创新价值和商业化运营成本的时候,合作获得的奖励或者不合作遭受的惩罚越大,高校和企业选择"合作"的积极性越高。随着 P 值的降低,二者选择"合作"策略收敛于 1 的速度会减慢,低于一定值后"合作"策略的概率将会向 0 趋近,双方将会选择"不合作"的稳定策略。这说明当提高合作奖励或者惩罚时,高校或企业会因为奖励或者惩罚的增大而更加积极地倾向于选择与对方合作。

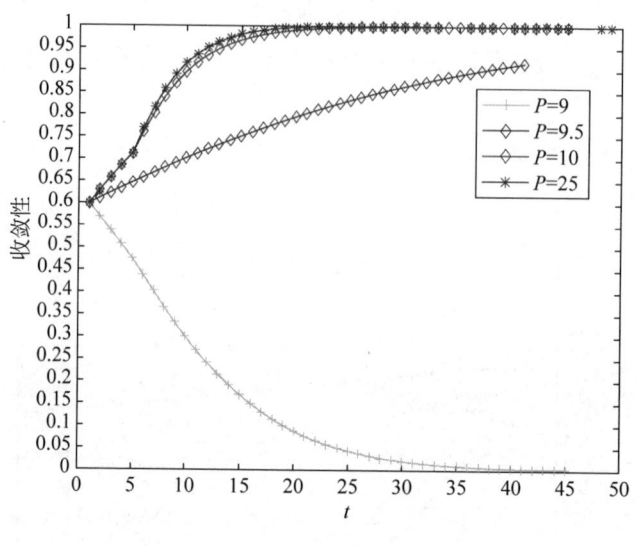

图 6-8　P 值的变化对演化结果的影响

改变高校付出的科技成果创新价值 V,分别取值 25、30、31、35,共仿真 4 次,二者策略选择演化路径的仿真结果如图 6-9 所示。在保持其他参数不变的条件下,科技成果创新价值 V 的临界值大约为 31,由支付矩阵可知,科技成果创新价值越高,高校获得的支付越少,即高校的期望收益越低,所以当该值高于临界值时,高校选择"合作"策略的概率会向 0 收敛,并且 V 值越高,向 0 点收敛的速度越快。科技成果创新价值低于该临界值时,由于高校的收益相对增大,加之存在合作奖励和违约惩罚,尽管企业与高校合作的意愿不强,但稳定点仍会向 1 收敛,企业最终也会选择"合作"策略。仿真结果表明,科技成果创新价值越大,高校和企业合作可能性反而越小。

科技成果转化成功率对演化路径影响的仿真结果如图 6-10 所示。其他参数保持不变条件下,转化成功率 α 的临界值大约为 0.5。当科技成果转化成功率低于该临界值时,均衡点向 0 趋近,α 值越小,向 0 收敛的速度越快。当 α 大于该临界值时,均衡点向 1 的方向收敛,值越大,收敛的速度越快,高校和企业达成(合作,合作)演化稳定策略的时间也就越短。可见,随着 α 值的不

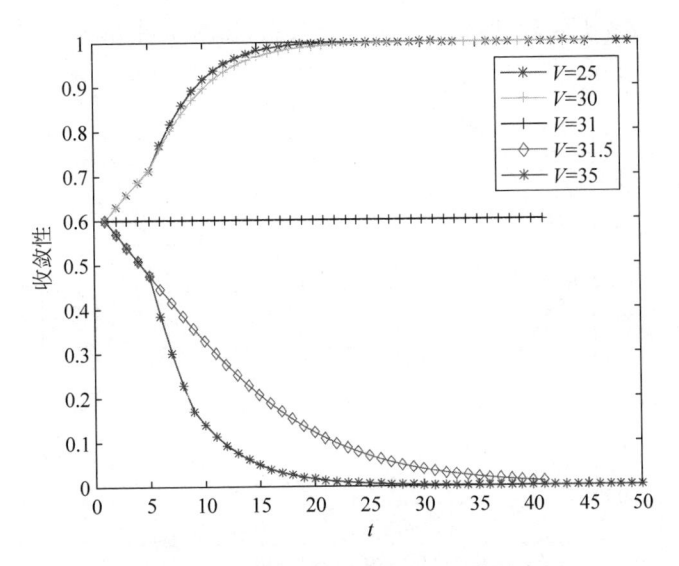

图 6-9　V 值的变化对演化结果的影响

断增大,高校与企业合作意愿也会逐渐从"不合作"转化成"合作"。随着转化成功率的增大,双方合作的收益逐渐提高,合作意愿也愈加强烈。

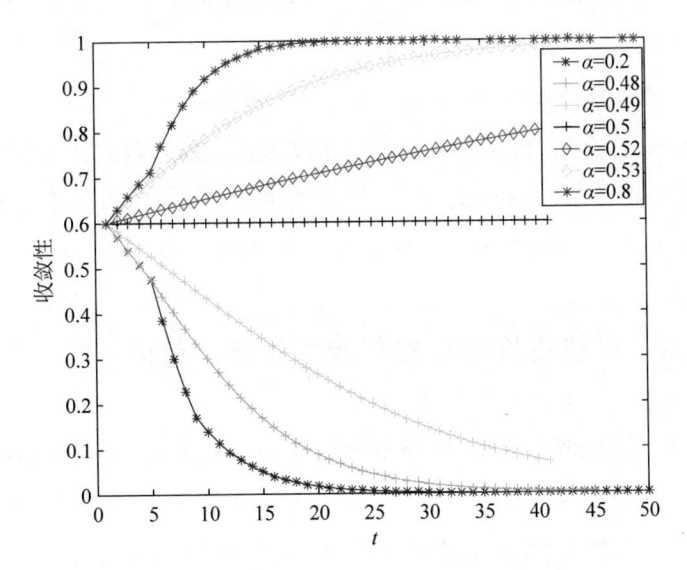

图 6-10　转化成功率 α 的变化对演化结果的影响

在科技成果转化过程中,企业产生的商业化运营成本 C 取值为 31 时,系统不会向 0 或者 1 收敛，即无法达到稳定状态，如图 6-11 所示。

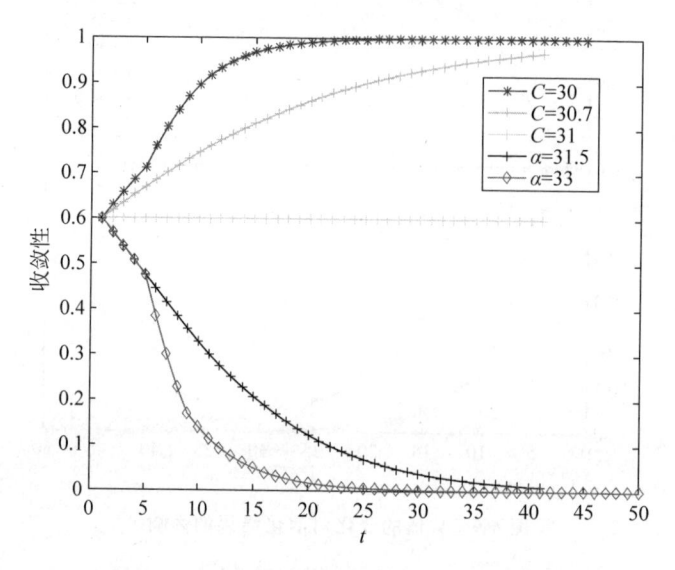

图 6-11 转化成本 C 的变化对演化结果的影响

当 C 小于 31 时，企业选择"合作"的概率向 1 收敛，并最终达到合作的稳定状态，成本的减少促使"合作"策略的概率向 1 演化的速度加快。当 C 大于 31 时，企业策略选择概率向 0 收敛，即"合作"的概率为 0，"不合作"成为稳定策略，成本越大"合作"概率向 0 收敛的速度越快。随着科技成果转化成本的增大，高校和企业的收益逐渐降低，仿真结果显示，一旦转化成本高于临界值，经过多次博弈，高校与企业最终选择"合作"的概率将会为 0。

6.1.6 科技成果转移转化双主体行为策略

通过建立演化博弈模型，以高校和企业为博弈主体，分析了两者在科技成果转化合作中的博弈过程以及最终演化稳定策略的发展情况。研究表明：第一，当政府制定的合作奖励或者不合作产生的违约惩罚大于科技成果创新价值和成果转化运营成本时，高校与企业会达到（合作，合作）的理想状态。第二，当政府制定的合作奖励或者不合作产生的违约惩罚小于科技成果创新价值和成果转化运营成本时,受奖励和惩罚、成果创新价值、运营成本、成果转化成功率等多种因素的影响,高校与企业有(合作,合作)、(不合作,不合作)两种稳定策略。第三,高校提供的科技成果创新价值越高,其获得的期望收益越小,合作意愿也随之逐渐减弱。第四,科技成果商业化运营成本逐渐增大至超过特定值时,由于企业面临的转化成本较高,最终将放弃与高校合作进行科技成果转化。商业化运营成本小于临界值时,成本越小,双方越容易形成合作关系。第五,科技成果转化成功率越大,高校和企业获得的收益也就越多,二者更加倾向于选择与对方合作进行科技成果转化。

6.2 科技成果转移转化多主体演化博弈

科技成果转移转化是实施创新驱动发展战略的关键环节,正影响和改变着未来经济发展格局。我国科技成果转化活动持续活跃,主要方式为成果转让。除高校和企业外,政府在科技成果转化中发挥着重要的引导和推动作用,分析政府、高校和企业三方主体在科技成果转化中的策略选择博弈过程更加符合社会现实。

6.2.1 科技成果转移转化三主体行为策略演化博弈模型构建

科技成果转移转化行为策略演化博弈模型由高校、企业和政府三类主体构成,其策略选择的宗旨都是自身利益最大化,通过提供相关政策支持以及在科技成果转化中担负起监督的责任使整体社会效益得到提高。高校依靠较强的知识及技术优势向企业输出专利等科技成果,企业凭借自身较强的商业转化能力与高校形成互补。部分高校采用自办企业,或者要求直接参与科技成果商业转化过程的方式进行成果转化,这两种方式不在此次合作的考察范围之内。

三类主体在科技成果转化过程中具有有限理性。科技成果转化面临一个信息不完全的外部环境,各主体掌握的信息也具有不对称性。三者在博弈的过程中,不仅对外部环境变化无法准确预测,同时对其他两方的合作目的、合作意愿以及合作动机等信息无法精准掌握。博弈过程是重复进行的,并且每一次的行为策略选择和收益情况在博弈结束后都能被其他参与方完全获得。因此,当无法判断当期合作的得失情况时,博弈参与者会参考其他参与者之前的行动策略来确定自己的策略选择,这种情况下模仿前期的行为就是参与者的最佳策略选择。博弈方根据已经发生的行为,彼此之间通过不断模仿、交互,调整自身策略选择,最终达到稳定状态,形成稳定的策略集合。演化博弈中的复制动态模型可以用来分析这种模仿行为。基于此,提出如下假设,三主体演化博弈相关符号及参数含义如表 6-5 所示。

表 6-5 三主体演化博弈相关符号及参数含义

参数	含义
U	政府选择参与时的社会收益
U'	政府选择不参与时的社会收益
P	政府参与时对合作方的奖补
Q	政府参与时对不合作方的惩罚
R_S	高校的基础收益
R_E	企业的基础收益
M	科技成果转化后商业化收益
α	科技成果转化成功率
β	成果转化后高校获得的利益分摊比例
C_1	高校选择合作时产生的研发成本
C_2	企业选择合作时产生的商业化运营成本
C_3	政府参与时产生的成本

第一,高校根据其科研成本和成果转化后的收益等因素决定是否与企业合作开展科技成果转化,其中选择与企业合作的概率为 x,则不合作的概率为 $1-x$。高校在成果研发中产生人力、物力等资源的消耗,形成研发成本 C_1。

假设成本消耗越大,该项成果的创新价值越高,且满足 $0 \leq x \leq 1$ 的条件。

第二,企业根据科技成果转化中商业化运营成本 C_2 以及产生的商业化收益 M 选择与高校合作或者不合作,选择"合作"策略的概率为 y,选择"不合作"策略的概率为 $1-y$,且满足 $0 \leq y \leq 1$ 的条件。

第三,政府在科技成果转化博弈中根据其社会收益、监管成本等因素自愿选择"参与"与"不参与",并且选择"参与"策略的概率为 z,选择"不参与"的概率为 $1-z$,且满足 $0 \leq z \leq 1$ 的条件。

第四,政府参与科技成果转化时,会获得社会收益 U,同时产生成本 C_3,对选择合作开展科技成果转化的高校和企业给予一定的奖补(P)。为避免合作开展科技成果转化中出现违约现象,对违约的一方进行惩罚(Q),且惩罚 Q 大于奖补 P。政府不参与科技成果转化时社会收益为 U',且 $U-C_3>U'$,即参与净收益大于不参与时的收益。

第五,科技成果转化的结果具有不确定性,存在转化失败的可能,因此用 α 表示高校和企业合作科技成果转化的成功率。

第六,高校和企业在合作之前会签订相关协议,商定好各自获得的利益分摊比例。假定协议中签订高校获得的成果转化利益分摊比例为 β,高校获得的收益为 $M\beta$。企业获得的分摊比例为 $1-\beta$,收益则为 $M(1-\beta)$。

基于以上假设,政府、高校与企业科技成果转化三方博弈支付矩阵如表 6-6 所示。

表 6-6　政府、高校与企业科技成果转化博弈支付

政府 企业 高校	参与(z)		不参与($1-z$)	
	合作(y)	不合作($1-y$)	合作(y)	不合作($1-y$)
合作 (x)	$R_s+M\alpha\beta+P-C_1$ $R_E+M\alpha(1-\beta)+P-C_2$ $U-C_3-2P$	R_s+P-C_1 R_E-Q $U-C_3-P+Q$	$R_s+M\alpha\beta-C_1$ $R_E+M\alpha(1-\beta)-C_2$ U'	R_s-C_1 R_E U'
不合作 ($1-x$)	R_s-Q R_E+P-C_2 $U-C_3-P+Q$	R_s-Q R_E-Q $U-C_3+2Q$	R_s R_E-C_2 U'	R_s R_E U'

在政府选择参与策略时,高校和企业如果都选择和对方合作进行科技成果转化时,那么高校除获得一定比例(β)的商业化收益外,还将获得政府给予 P 的奖励,最终将会得到 $R_S+M\alpha\beta+P-C_1$ 的总收益,企业在双方合作中得到的总收益为 $R_E+M\alpha(1-\beta)+P-C_2$。如果两者均选择不合作,那么高校和企业收益均为基础收益扣除罚金 Q;如果高校选择合作而企业选择不合作,高校除消耗研发成本 C_1 外,还可获得政府给予的奖补 P。政府选择不参与时的社会收益为 U',且 $U'<U$。

6.2.2 高校、企业与政府三方演化稳定策略分析

根据表 9 可知高校选择"合作"策略的期望收益如式(20)所示。

$$\pi_{S1} = yz(R_S+M\alpha\beta+P-C_1)+(1-y)z(R_S+P-C_1)+ \\ y(1-z)(R_S+M\alpha\beta-C_1)+(1-y)(1-z)(R_S-C_1) \quad (20)$$

高校选择"不合作"策略的期望收益如式(21)所示。

$$\pi_{S2} = yz(R_S-Q)+(1-y)z(R_S-Q)+y(1-z)R_S+(1-y)(1-z)R_S \quad (21)$$

高校在科技成果转化中的平均期望收益如式(22)所示。

$$\pi_S = x\pi_{S1}+(1-x)\pi_{S2} \quad (22)$$

企业选择"合作"策略的期望收益如式(23)所示。

$$\pi_{E1} = xz[R_E+M\alpha(1-\beta)+P-C_2]+(1-x)z(R_E+P-C_2)+ \\ x(1-z)[R_E+M\alpha(1-\beta)-C_2]+(1-x)(1-z)(R_E-C_2) \quad (23)$$

企业选择"不合作"策略的期望收益如式(24)所示。

$$\pi_{E2} = xz(R_E-Q)+(1-x)z(R_E-Q)+x(1-z)R_E+ \\ (1-x)(1-z)R_E \quad (24)$$

企业在科技成果转化中的平均期望收益如式(25)所示。

$$\pi_E = y\pi_{E1}+(1-y)\pi_{E2} \quad (25)$$

政府选择"参与"策略的期望收益如式(26)所示。

$$\pi_{G1} = xy(U-C_3-2P) + x(1-y)(U-C_3-P+Q) +$$
$$(1-x)y(U-C_3-P+Q) + (1-x)(1-y)(U-C_3+2Q)$$
(26)

政府选择"不参与"策略的期望收益如式(27)所示。

$$\pi_{G2} = xyU' + x(1-y)U' + (1-x)yU' + (1-x)(1-y)U' \quad (27)$$

政府在科技成果转化中的平均期望收益如式(28)所示。

$$\pi_G = z\pi_{G1} + (1-z)\pi_{G2} \quad (28)$$

根据演化博弈理论,由式(20)~式(28)可知,高校"合作"行为的复制动态微分方程如式(29)所示。

$$F(x) = \frac{dx}{dt} = x(\pi_{S1} - \pi_S) = x(1-x)(\pi_{S1} - \pi_{S2})$$
$$= x(1-x)[z(P+Q) + yM\alpha\beta - C_1] \quad (29)$$

企业"合作"行为的复制动态微分方程如式(30)所示。

$$F(y) = \frac{dy}{dt} = y(\pi_{E1} - \pi_E) = y(1-y)(\pi_{E1} - \pi_{E2})$$
$$= y(1-y)[z(P+Q) + xM\alpha(1-\beta) - C_2] \quad (30)$$

政府"参与"行为的复制动态微分方程如式(31)所示。

$$F(z) = \frac{dz}{dt} = z(\pi_{G1} - \pi_G) = z(1-z)(\pi_{G1} - \pi_{G2})$$
$$= z(1-z)[U - C_3 + 2Q - U' - (P+Q)(x+y)] \quad (31)$$

由于高校、企业和政府具备有限理性,最佳的策略选择很难仅通过一次决策实现。因此,式(29)~式(31)可以看作一个演化过程,三个方程联立形成一个复制动态系统,联立方程组式(32)的解,即为该演化博弈模型的均衡解[1]。

---

[1] 陈艺丹,洪帅,田学斌.基于政企研三方博弈视角的科技成果转化主体行为策略研究[J].河北经贸大学学报,2023,44(5):26-35.

$$\begin{cases} H_S = x(1-x)[z(P+Q)+yM\alpha\beta-C_1] \\ H_E = y(1-y)[z(P+Q)+xM\alpha(1-\beta)-C_2] \\ H_G = z(1-z)[U-C_3+2Q-U'-(P+Q)(x+y)] \end{cases} \qquad (32)$$

6.2.3 高校、企业与政府三方演化博弈稳定性分析

根据 Weinstein 微分方程平衡点稳定性原理[①],如果方程中 x 处于稳定状态,那么有 $F(x)=0, F'(x)<0$。

(1) 高校决策的均衡分析

根据以上分析可知,高校如果实现策略稳定,则 x 满足 $F(x)=0, F'(x)<0$。

当 $y=\dfrac{C_1-z(P+Q)}{M\alpha\beta}$ 时,$F(x)\equiv 0$,x 取任何值都是稳定状态,即对高校来说其策略选择不随时间发生变化。

当 $y\neq \dfrac{C_1-z(P+Q)}{M\alpha\beta}$ 时,得到 $x=0$ 和 $x=1$ 两点可能为 $F(x)$ 的两个均衡点。此时对 $F(x)$ 求导得:$F'(x)=(1-2x)[z(P+Q)+yM\alpha\beta-C_1]$。

当 $0<y<\dfrac{C_1-z(P+Q)}{M\alpha\beta}$ 时,$F'(x)\big|_{x=0}<0, F'(x)\big|_{x=1}>0$,则 $x=0$ 为稳定状态,即高校会选择"不合作"策略。

当 $\dfrac{C_1-z(P+Q)}{M\alpha\beta}<y<1$ 时,$F'(x)\big|_{x=1}<0, F'(x)\big|_{x=0}>0$,则 $x=1$ 为稳定状态,即高校会选择"合作"策略。

(2) 企业决策的均衡分析

令 $F(y)=\dfrac{\mathrm{d}y}{\mathrm{d}t}=0$,可知,当 $z=\dfrac{C_2-xM\alpha(1-\beta)}{P+Q}$,$F(y)\equiv 0$,$y$ 取任何值都是稳定状态,即企业的策略选择不随时间发生变化。

---

① 徐小聪,符大海.可变需求与进口种类增长的福利效应估算[J].世界经济,2018,41(12):25-48.

当 $z \neq \dfrac{C_2 - xM\alpha(1-\beta)}{P+Q}$ 时,得到 $y=0$ 和 $y=1$ 两点可能为 $F(y)$ 的两个均衡点。此时对 $F(y)$ 求导得:$F'(y)=(1-2y)[z(P+Q)+xM\alpha(1-\beta)-C_2]$。

当 $0<z<\dfrac{C_2-xM\alpha(1-\beta)}{P+Q}$ 时,$F'(y)\big|_{y=0}<0,F'(y)\big|_{y=1}>0$,因此 $y=0$ 为稳定状态,即企业会选择"不合作"策略。

当 $\dfrac{C_2-xM\alpha(1-\beta)}{P+Q}<z<1$ 时,$F'(y)\big|_{y=1}<0,F'(y)\big|_{y=0}>0$,因此 $y=1$ 为稳定状态,即企业会选择"合作"策略。

(3) 政府决策的均衡分析

令 $F(z)=\dfrac{\mathrm{d}z}{\mathrm{d}t}=0$,可知,当 $x=\dfrac{U-C_3+2Q-U'-y(P+Q)}{P+Q}$ 时,$F(z)\equiv 0$,z 取任何值都是稳定状态,即政府的策略选择不随时间发生变化。

当 $x \neq \dfrac{U-C_3+2Q-U'-y(P+Q)}{P+Q}$ 时,得到 $z=0$ 和 $z=1$ 可能为 $F(z)$ 的两个均衡点,这种情况下对 $F(z)$ 求导得:$F'(z)=(1-2z)[U-C_3+2Q-U'-(P+Q)(x+y)]$。

当 $0<x<\dfrac{U-C_3+2Q-U'-y(P+Q)}{P+Q}$ 时,$F'(z)\big|_{z=1}<0,F'(z)\big|_{z=0}>0$,因此 $z=1$ 为稳定状态,即政府选择"参与"的策略。

当 $\dfrac{U-C_3+2Q-U'-y(P+Q)}{P+Q}<x<1$ 时,$F'(z)\big|_{z=0}<0,F'(z)\big|_{z=1}>0$,因此 $z=0$ 为稳定状态,即政府选择"不参与"的策略。

(4) 复制动态系统均衡解分析

由联立方程组式(32)构造出演化博弈的雅克比矩阵 J。

令 $F(x)=0,F(y)=0,F(z)=0$ 可以得出复制动态系统中的 8 个纯策略解 $E_1(0,0,0),E_2(1,0,0),E_3(0,1,0),E_4(0,0,1),E_5(1,1,0),E_6(0,1,1),E_7(1,0,1),E_8(1,1,1)$。

根据该 8 个均衡点形成的雅克比矩阵的特征值正负来判断哪些均衡点是演化稳定点。当均衡点的雅克比矩阵的所有特征值都为非正时,该点具有演化稳定性,即为演化稳定点;当所有特征值都为正时,该点不具备稳定性,即为不稳定点;当特征值有正有负时,该均衡点为鞍点。将 $E_1 \sim E_8$ 分别代入雅克比矩阵 J 中,得到 8 个均衡点对应的雅克比矩阵的特征值及复制动态系统均衡点局部稳定性分析如表 6-7 所示。由表 6-7 可知,稳定点由 U 与 $C_3 + U' + 2P$ 的关系决定。

表 6-7 雅克比矩阵特征值及系统均衡点局部稳定性分析

均衡点	特征值	符号	特征值 λ_3
$E_1(0,0,0)$	$\lambda_1 = -C_1$	—	鞍点
	$\lambda_2 = -C_2$	—	
	$\lambda_3 = U - C_3 + 2Q - U'$	+	
$E_2(1,0,0)$	$\lambda_1 = C_1$	+	不稳定点
	$\lambda_2 = M\alpha(1-\beta) - C_2$	+	
	$\lambda_3 = U - C_3 + Q - P - U'$	+	
$E_3(0,1,0)$	$\lambda_1 = M\alpha\beta - C_1$	+	不稳定点
	$\lambda_2 = C_2$	+	
	$\lambda_3 = U - C_3 + Q - P - U'$	+	
$E_4(0,0,1)$	$\lambda_1 = P + Q - C_1$	+	鞍点
	$\lambda_2 = P + Q - C_2$	+	
	$\lambda_3 = -U + C_3 - 2Q + U'$		
$E_5(1,1,0)$	$\lambda_1 = C_1 - M\alpha\beta$	—	当 $U > C_3 + U' + 2P$ 时,$\lambda_3 > 0$,该点是鞍点。当 $U < C_3 + U' + 2P$ 时,$\lambda_3 < 0$,该点是稳定点
	$\lambda_2 = C_2 - M\alpha(1-\beta)$	—	
	$\lambda_3 = U - C_3 - U' - 2P$	无法确定	
$E_6(0,1,1)$	$\lambda_1 = P + Q + M\alpha\beta - C_1$	+	鞍点
	$\lambda_2 = C_2 - (P+Q)$	—	
	$\lambda_3 = -U + C_3 - Q + U' + P$	—	

续表

均衡点	特征值	符号	特征值 λ_3
$E_7(1,0,1)$	$\lambda_1 = C_1 - P - Q$	—	鞍点
	$\lambda_2 = P + Q + M\alpha(1-\beta) - C_2$	+	
	$\lambda_3 = -U + C_3 - Q + U' + P$	—	
$E_8(1,1,1)$	$\lambda_1 = C_1 - P - Q - M\alpha\beta$	—	当 $U > C_3 + U' + 2P$ 时，$\lambda_3 < 0$，该点是稳定点。当 $U < C_3 + U' + 2P$ 时，$\lambda_3 > 0$，该点是鞍点
	$\lambda_2 = C_2 - P - Q - M\alpha(1-\beta)$	—	
	$\lambda_3 = -U + C_3 + U' + 2P$	无法确定	

当 $U < C_3 + U' + 2P$ 时，即政府选择参与的收益小于不参与的收益、参与成本以及对高校和企业两方的奖补之和时，$E_5(1,1,0)$ 为演化稳定点，也就是高校和企业选择"合作"，政府选择"不监管"（合作，合作，不参与）为演化稳定策略组合。

当 $U > C_3 + U' + 2P$ 时，即政府选择参与的收益大于不参与收益、参与成本以及对高校和企业两方奖补之和时，$E_8(1,1,1)$ 为演化均衡点，此时高校和企业选择"合作"，政府选择"参与"（合作，合作，参与）成为演化稳定策略组合。

6.2.4 科技成果转移转化三主体行为策略演化博弈数值模拟与仿真

高校、企业与政府合作进行科技成果转化的目的是提高成果转化效率与质量，促进高新技术产业的发展，推动产业升级，进而提高科技竞争力。影响三者策略选择的因素有很多，任何因素的变化都可能会导致演化结果发生改变。不同的条件下，三者策略选择的稳定状态不同。

政府作为科技成果转化制度的主要提供者，营造并持续改善着成果转化的制度环境。因此政府参与是提高科技成果转化效率、促进经济社会创新发展的关键环节。所以研究的最终目标是达到高校和企业合作、政府参与的理想状态，寻找动态系统中趋近于(1,1,1)的点博弈策略，在上一部分建立的演化博弈模型基础上,通过数值仿真对高校、企业和政府的策略演化进行具体分析。仿真过程中参数的设置主要依据模型中所涉及的各因素变化规律以及对演化稳定策略的敏感程度。通过改变参数的取值情况,分析成本、奖补、惩罚、收益等因素对各主体策略选择的影响。设置的各参数值并不表示经济社会运行中的实际数值。另外,为不失一般性,研究假设所涉及的各参数取值均为正。具体参数设置如下:$U=10, C_1=1, C_2=1.5, \alpha=0.5, \beta=0.5, C_3=3, U'=2, Q=2.5, P=1.5, M=8$。

(1) 高校、企业与政府演化稳定策略分析

对以上设置的参数进行仿真模拟可以得到高校、企业和政府三类主体在满足设定条件下的策略演化情况,如图6-12所示。

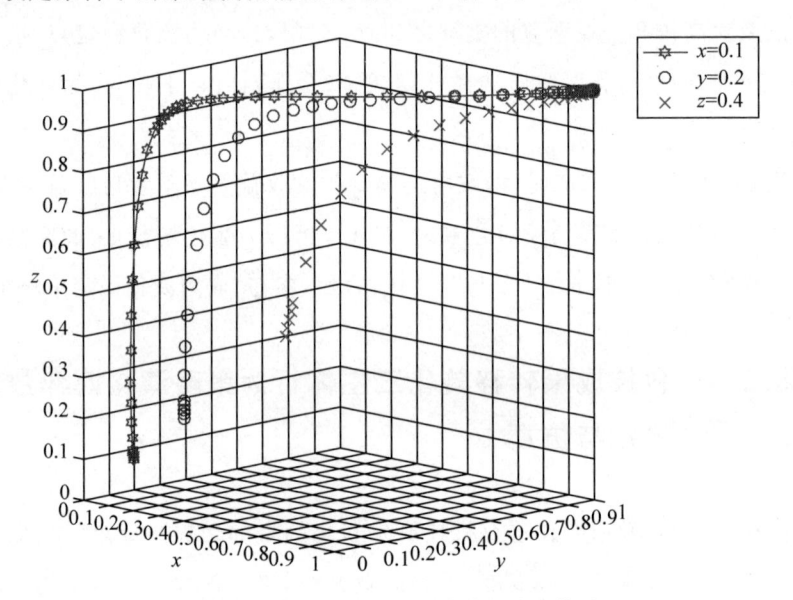

图6-12 高校、企业和政府演化稳定策略

满足所有假设的条件下,设定高校、企业与政府在博弈中初始意愿值分别为$x=0.1, y=0.2, z=0.4$,可以发现,即使高校和企业初始选择"合作"策略的概率与政府选择"参与"的概率均比较低,只要收益、利益分配比例、成本等其他因素在合适范围内,系统通过不断演化最终达到(1,1,1)的稳定点,也就是三方主体通过不断调整策略选择最终会形成(合作,合作,参与)的稳定策略。

(2) 研发成本 C_1 的变动对高校策略选择的影响

其他参数保持不变,改变高校的研发成本,分别取值为:$C_1=1$,$C_1=1.2$,$C_1=1.4$,$C_1=1.6$,$C_1=1.8$,$C_1=2.0$,仿真 6 次后结果如图 6-13 所示。

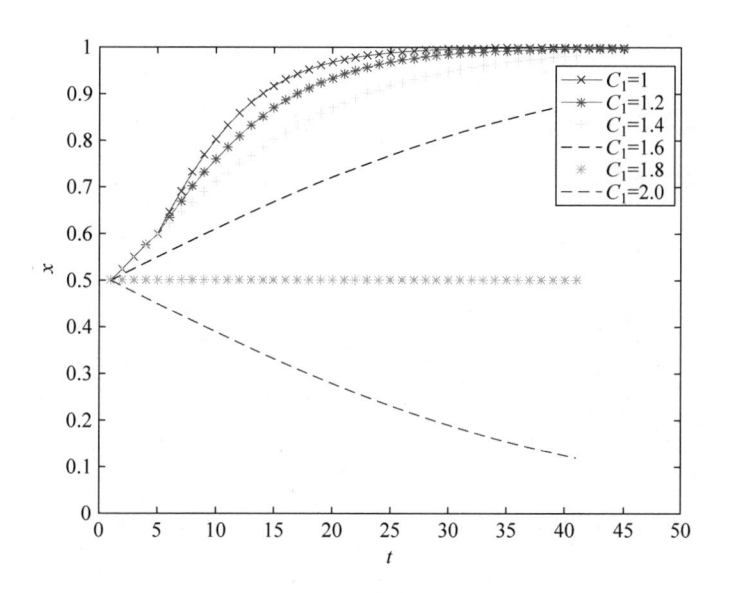

图 6-13 成本 C_1 的变化对高校策略选择的影响

可以发现研发成本约为 1.8 时,系统无法收敛到稳定的状态。当 C_1 大于 1.8 时系统逐渐向 0 演化,即高校选择与企业合作开展科技成果转化的概率逐渐趋向于 0,最终选择"不合作"策略。当 C_1 小于 1.8 时,系统向 1 演化,高校选择与企业合作的概率逐渐趋向 1,最终选择与企业"合作"开展科技成果转化。对比 6 次仿真结果发现,研发成本取值越小,系统收敛到 1 的速度最快,时间最短。随着成本取值的增大,系统向 1 收敛的速度逐渐减缓,超过 1.8 后则逐渐向 0 收敛。

这说明,对于高校来说如果与企业合作开展科技成果转化,研发成本是其必然要考虑的一个因素。当该成果的成本较大时,高校可能最终获得的净收益并不高,因此会拒绝与企业合作进行成果转化。研发出该成果的成本越低,高校越偏向于与企业合作开展科技成果转化工作。

(3) 奖补 P 和惩罚 Q 的变动对企业策略选择的影响

保证其他参数取值不变,对企业选择合作开展科技成果转化时获得的奖补 P 和对选择不合作时接受的惩罚 Q 分别赋值为:$P=0.5,P=1,P=1.5,P=2,P=2.5,P=3$;$Q=0.5,Q=1.3,Q=2,Q=2.5,Q=3,Q=3.5$,仿真 6 次后,探讨奖补 P 和惩罚 Q 变动时企业策略选择的变化情况,企业策略选择演化结果如图 6-14 和图 6-15 所示。

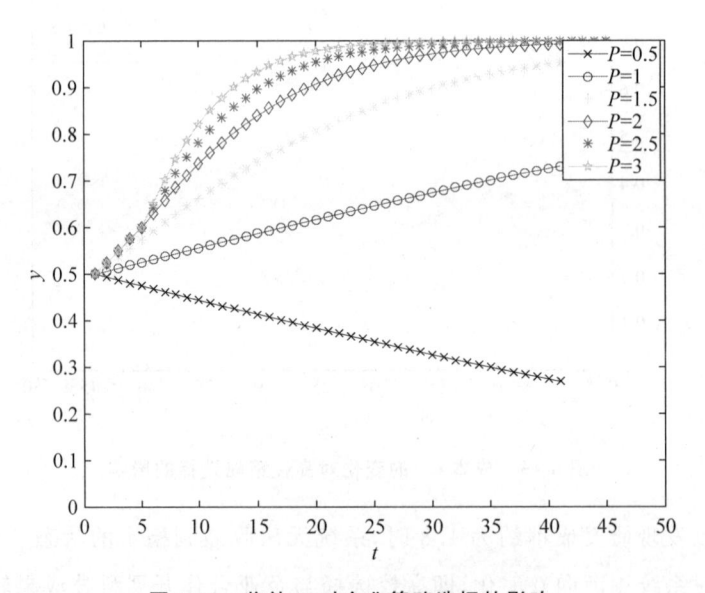

图 6-14 奖补 P 对企业策略选择的影响

图 6-14 显示,当政府给予企业参与合作的奖补 P 比较小时(例如 $P=0.5$),企业选择与高校合作开展科技成果转化的概率会向 0 收敛,即企业更偏向于选择"不合作"策略。表明政府激励不足时,企业与高校合作的积极性较低。随着 P 值的增大,企业选择与高校合作的概率逐渐向 1 收敛,并且 P 值越高,系统向 1 收敛的速度越快。说明政府在发挥引导作用时,奖励和补贴越高,企业与高校合作开展科技成果转化的积极性越高。

图 6-15 显示,当 Q 取值为 0.5 时,企业选择与高校合作的概率趋向于 0,说明企业违约后受到政府的惩罚较小时,该惩罚对企业没有产生约束作用。当 Q 取值为 3.5 时,企业选择与高校合作的概率向 1 收敛的速度最快,此时

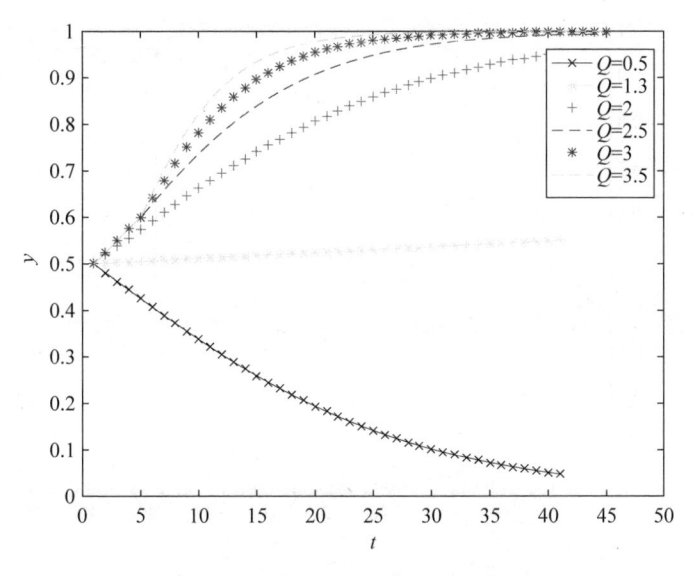

图 6-15 惩罚 Q 对企业策略选择的影响

企业更倾向于选择"合作"的策略。说明较高的惩罚力度增加了企业的违约损失,在利益最大化的前提下,企业最终会选择履行约定,积极与高校合作开展科技成果转化。

通过以上分析可知,来自政府的奖补 P 和惩罚 Q 都能促使企业选择高校合作开展科技成果转化工作,并且奖补和惩罚力度越大,企业与高校合作的积极性越高。数值对比 $P=3$ 与 $Q=3$ 的仿真结果可以发现,当奖励和处罚的力度相同时, $P=3$ 的情况下,系统大约经历 24 次演化达到稳定状态; $Q=3$ 的情况下系统需要大约经历 30 次演化后达到稳定状态。可知同等力度的奖补与惩罚下,系统在奖补 $P=3$ 时向 1 收敛的速度更快,说明政府在参与科技成果转化过程中,相对于惩罚来说,政府给予的奖补对企业选择与高校"合作"的影响更大。

(4) 政府参与成本 C_3 的变动对政府策略选择的影响

保证其他参数不变情况下,对 C_3 分别取值为: $C_3=1, C_3=1.5, C_3=2, C_3=2.5, C_3=3, C_3=3.5, C_3=3.8, C_3=4, C_3=4.5, C_3=5$,仿真 10 次后结果如图 6-16 所示。

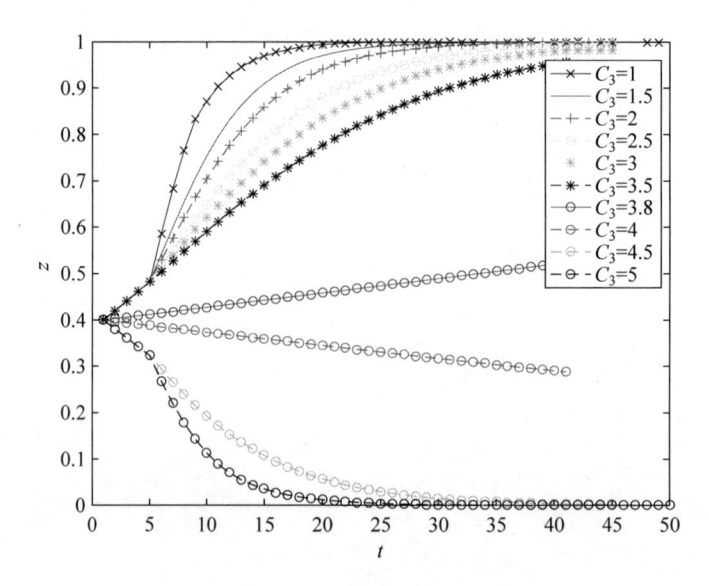

图 6-16 成本 C_3 对政府策略选择的影响

可以发现 10 个取值中,大约当 C_3 取值大于 3.8 时政府选择"参与"科技成果转化的概率逐渐向 1 收敛,且数值越小收敛的速度越快;小于 3.8 时政府选择"参与"的概率逐渐向 0 收敛,且数值越大收敛的速度越快。这说明政府在引导企业和高校积极合作开展科技成果转化,提升社会收益的同时,需要将参与成本控制在合理范围之内。成本较高会导致政府选择"不参与"的策略,控制合理的参与成本才会促使政府积极引导和推动其他主体合作开展科技成果转化工作,提高成果转化率,增强科技创新能力。

(5) 科技成果转移转化三主体行为策略

通过建立演化博弈模型,以高校、企业和政府为博弈主体,分析了三者在科技成果转化中的博弈过程以及演化稳定策略的发展情况。研究结果表明:第一,当满足 $U > C_3 + U' + 2P$ 条件时,即政府参与科技成果转化的社会收益大于参与成本、不参与的社会收益以及对其他主体的奖补之和情况下,三方主体会通过不断调整策略,最终实现高效和企业合作、政府参与的理想状态。第二,研发成本对高校是否选择与企业开展合作具有重要的决定作用。随着研发成本逐渐增大,高校与企业合作的积极性逐渐降低,增大到一定程度时高校趋向于选择"不合作"策略。第三,政府的奖补和惩罚对于企业选择与高校合作开展科技成果转化具有明显的促进作用,随着奖补与惩罚力度的逐渐增大,企业与高校合作的积极性逐步提高。并且相同力度下,奖补对企业选择"合作"策略的激励效果比惩罚产生的约束效果要明显。第四,合理的参与成本是促使政府积极引导其他主体合作开展科技成果转化的重要因素。

6.2.5 促进科技成果转移转化三主体行为策略建议

为了进一步加快科技成果转化,提高科技成果转化的数量与质量,充分发挥科技创新在高质量发展中的作用,提出如下建议。

第一,强化跨组织集成创新,打通科技成果转化"产学研用"链条。搭建科技成果转化创新链条,围绕国家和区域经济发展实际要求,联合高校、企业、政府及社会组织打造科技成果研发和转移转化中心,有力推动研发单位与企业全方位合作,有效承接原始创新成果的转移转化。推进要素集成,引导人才、技术、资金等优质资源向科技成果转化聚集,提高研发能力和转化能力,实现价值增值。搭建技术交易网络化市场平台,充分利用人工智能、云平台、物联网等信息技术,构建科技成果创新及转化的数据与管理网络,促进创新资源优化配置和高效流动,降低由于信息不对称造成的成本增加或资源浪费。建立以企业为主体、市场为导向、产学研深度融合的技术创新体系,引导高校、科研院所面向世界科技前沿、面向经济主战场、面向国家重大需求、面向人民生命健康展开科技攻关。

第二,强化政策支持和引导,营造良好创新生态。加大科技成果转化政策和资金支持力度和范围,实现科技成果转化精准扶持,激发创新活力。加大科技成果转化的金融财税支持,制定可以快速落地实施的财税政策,充分利用国家财政、企业资金和高校自有资金等多方资金,积极引导社会资金投入,提高科技研发及科技成果转化中的资金保障水平。制定研发单位和机构股权、分红等激励政策,加大对科技人员职务成果的税收政策激励,鼓励科研人员以科技成果投资入股,打通科技成果转化应用的"最后一公里"。完善科技创新人员收入分配政策,将科技成果转化作为个人晋升的条件之一,激发高校等研发机构科技创新人员参与科技成果转化的积极性和主动性。完善科技成果转化奖惩机制、收益分配机制等,建立各主体间知识共享和产权保护机制。

第三,强化组织要素保障,激发科技成果转化内生动力。强化企业、高校、科研院所等创新主体在科技成果转化中的要素保障,激发各类主体更多创新活力。健全高校科研项目管理制度,强化各类科研项目的管理责任,明确部门分工,加强对高校科技成果转化的管理、组织和协调,扩大高校等科研机构对科技成果的使用权、经营权和处置权。改革高校科技成果转化相关财务制度,赋予高校科研人员更大财务自主权。积极引进专业评价机构对高校科技成果科学价值、经济价值、社会价值等进行全面、客观、公正的评价。加大创新资源配置中的企业自主权,支持企业牵头组建创新联合体,引导人才、项目等各类资源向企业集聚,不断释放企业创新潜能,鼓励大中小企业上中下游协作,通过资源共享、系统集成加快推动科技成果转化为现实生产力。加快构建龙头企业牵头、高校院所支撑、各创新主体相互协同的创新联合体,提高科技成果转移转化成效。

6.3 科技成果转化经验模式

高度重视科技创新工作,积极抢抓京津冀协同发展重大机遇,大力实施创新驱动发展战略,创新资源要素加快集聚,科技创新能力显著增强,科技支撑引领经济社会发展的能力大幅提升。

6.3.1 "京津研发、河北转化"模式

创新是引领发展的第一动力。科技自立自强是促进发展大局的根本支

撑。通过吸引更多京津人才、科技成果等高水平创新要素向河北省集聚,构建"京津研发、河北转化"模式。

(1) 推进创新要素落地

创新是产业发展的第一原动力。河北省从开展产业链精准招商、吸引科技型企业落地、共建科技研发和中试基地等多个方面,积极推进京津两地科技产业在冀落地。《关于进一步吸引京津科技成果在冀转移转化的若干措施》提出,要聚焦主导产业和县域特色产业集群,绘制产业链图谱,面向京津优势科技资源开展招商,提升产业链竞争力和配套服务能力。河北省各地制定政策,对引进的链上企业,3年内给予发展扶持资金,并根据企业对当地经济贡献增量按一定比例给予奖励。河北省各地加大标准化厂房建设规模,采取租金减免或分期出售方式吸引京津科技型企业整体搬迁或新注册落户。提高现有工业用地土地利用率和产出率,在符合规划、不改变用途的前提下,允许企业提高开发建设强度,放宽建筑层数、容积率等指标,简化建设审批程序。定向委托京津一流高校院所与河北共建科技创新平台示范基地,承担省级重大研发任务。布局一批中试熟化基地,提供中试熟化、测试认证服务,吸引京津项目、科技成果入驻熟化、孵化,对符合条件的基地项目,给予最高500万元经费资助。计划设立京津研发飞地,鼓励河北省园区、企业在京津设立实验室、产业研究院、企业技术中心等研发机构,借力京津高水平科技资源和高端人才,推进创新要素跨区域链接。符合条件的纳入省级研发平台范围进行管理,按规定给予支持。

(2) 吸引高层次人才

人才是创新的根基。《关于进一步吸引京津科技成果在冀转移转化的若干措施》提出,鼓励高层次人才到河北省创新创业,并提供一站式科技人才服务保障。对于全职到河北省工作的国家高层次创新型科技人才,将在享受各地各单位引人政策基础上,河北省财政再给予每人最高1000万元科研经费补贴和200万元安家费。由各地制定政策,根据其工资性年收入缴纳的个人所得税地方留成总额情况给予奖励。鼓励省内企业引进京津高校院所科研人员担任"科技副总",满足相关条件的,可在河北省申报职称评审,专业技术人员职称京津冀互认。对采用兼职、挂职、产学研联合攻关等方式参与省内专精特新"小巨人"企业科技特派团工作的团长和成员,每人每年分别给予4万元、2万元工作补助,对全省科学技术事业作出重要贡献的优先授予"河北省科学技术合作奖"。对京津科技人才在子女教育、健康医疗、配偶就业等方面加大保障服务力度,并通过多渠道筹集人才公寓,为京津科技人才在冀就业创业提供过渡性住房支持,符合条件的入住人才公寓,前3年免租金,到期后可享受租金半价减免。对引入京津高层次人才的住房需求,采用"一事一议"方式解决。

(3) 加快科研成果转化

创新驱动产业发展,归根到底在于将科研成果及时转化为现实生产力[①]。支持企业吸纳转化重大技术成果,河北省本土企业以技术转让方式吸纳京津科技成果,单项交易额在50万元以上的,按照技术合同实际交易额给予最高10%的后补助,每项最高补助100万元。河北省本土企业与中国科学院等京津大院大所、龙头企业合作,吸引转化科技成果的,单个项目最高支持500万元。对高价值科技成果转化,采取"一事一议"方式支持。打造京津科技成果直通车。围绕主导产业和特色产业,举办科技成果直通车、国家科技计划成果路演行动、京津科研院所高校河北行等品牌对接活动。面向京津每月组织开展路演和对接活动,对接成功的科技成果优先列入省级科技计划支持,省科技投资引导基金有关子基金优先予以支持。激励技术转移机构开展服务。省内技术转移服务机构促成省内企业转化京津科技成果的,按不高于其促成技术交易额的1‰给予补助,年度最高可补助50万元,其中,对促成成果交易作出实际贡献的技术经纪人应按照不低于补助资金的30%予以奖励。保障科研人员成果转化权益。如科研人员促成京津项目、企业在省内落地的,由各地按照有关规定,给予现金等奖励。科研人员与企业合作实施职务科技成果转化的,可在投产后连续3~5年每年从营业利润中提取不低于5%的比例。将科技成果转化效益作为职称评审的重要内容,对符合绿色通道申报条

---

① 靳瑞杰,江旭.高校科技成果转化"路在何方"?——基于过程性视角的转化渠道研究[J].科学学与科学技术管理,2019,40(12):35-57.

件人员,不受学历、资历、资格和单位岗位设置数量限制,可直接申报评审相应的职称。

(4) 打造平台支撑京津科技成果孵化转化

推进京南示范区建设空间由"十园"拓展为石家庄、廊坊、保定、沧州、衡水和雄安新区"五市一区"全域,进一步集聚科技创新资源,推动成果转化政策、措施先行先试,吸引更多京津科技成果到河北孵化转化。承接转化平台作为推动科技成果转变为现实生产力的主要载体[①],在整合政、产、学、研、用各类资源,贯通研发、孵化、转化等关键链条方面发挥着重要作用。实施京津冀协同创新共同体建设行动,加快建设京南国家科技成果转移转化示范区。重点在保定中关村创新中心等 12 家科技合作园区,与京津共同打造先进制造、新能源、智慧城市等一批示范应用场景,吸引更多京津人才、成果等高水平创新要素向河北集聚。瞄准京津创新资源外溢需求,强力打造科创平台,构建创新驱动新引擎。在沧州渤海新区临港经济技术开发区,总投资 1.35 亿元的中试基地已全面进入项目入驻阶段。作为渤海新区重要的科创平台,中试基地已与南开绿色化工研究有限公司、北京龙基高科生物、沧州信联化工、爱彼爱和新材料、北京化工大学等单位签订或计划签订中试合作协议。渤海新区积极承接京津科研机构,重点抓好南开大学·渤海新区绿色化工研究院、中国运载火箭技术研究院"航天之星"(沧州)军民融合创新研究院、北京交通大学轨道交通综合研发实验基地等重点转移合作项目建设,推动国家重点实验室、工程研究中心等国家级科研创新平台落地渤海新区。对接国家和京津科技成果库,建设国家级中试基地、科技成果推广系统与综合服务平台,加快建设中国科学院微电子产业园等科技园区和成果孵化转化基地,实现"京津雄研发、渤海新区转化"。

(5) 升级产业提升产业链与创新链适配水平

产业链与创新链相互匹配、有机融合,是加速科技成果向现实生产力转

---

① 孙红军,王胜光.创新创业平台对国家高新区全要素生产率增长的作用研究——来自 2012—2017 年 88 个国家高新区关系数据的证据[J].科学学与科学技术管理,2020,41(1):83-98.

化的前提和基础[①]。河北产业链与京津创新链存在较大落差,是造成京津科技成果转化不足的主要原因。缩小河北产业链与京津创新链梯度差,关键要在做大产业增量和做优产业存量上做文章,围绕京津创新链布局河北产业链,构建适应协同创新要求的现代化产业体系。围绕"三区一基地"功能定位和中国式现代化河北场景的"八个聚焦",找到京津创新链与河北产业链融合互补的结合点,助力河北省钢铁、化工、建材等传统制造业高端化、智能化、绿色化发展,促进河北省新能源、高端装备、绿色环保等战略性新兴产业融合集群发展,在对接京津、服务京津中提升河北科技创新能力和产业发展水平。河北高校也要围绕全省107个县域特色产业集群,深化校地校企合作,推进产学研协同创新,为河北省产业转型升级提供坚实的人才保障、科技支撑和智力支持。充分利用京津创新资源,进一步加快技术和产品迭代以及新技术的研发,推动国家芯片关键材料的自主可控。强化与中电科下属研究所合作,将碳化硅单晶衬底成功应用在我国5G基站建设中,破解"卡脖子"难题。

(6)创新制度疏通科技成果转化的瘀点堵点

破除体制机制障碍,才能真正疏通京津科技成果在河北省转化的瘀点堵点[②]。进一步创新协作机制,联合京津打造产业技术创新战略联盟,探索跨区域科技成果转化、园区共建利益共享机制,建立高新技术企业与成果资质互认制度,加强河北省技术交易市场与京津的对接联通,促进科技成果顺利实现跨区域转化。建立激励机制,全面落实研发费用加计扣除、支持首台(套)重大技术装备的研制和应用等普惠性政策,积极推广企业创新积分制,探索建立赋予科研人员职务科技成果所有权或长期使用权的机制和模式,有效激发科技成果转化动能。坚持需求引导、政策激励、机制优化、责任倒逼同向发力,加快构建有利于京津科技成果转化的制度环境。进一步强化协同创新共同体建设,积极吸引北京创新资源和先进要素,合作共建一批高水平研发平

[①] 杨刚,彭涵.创新链视角下高校教师科技创新能力:结构、成长困境与培育路径[J].现代教育管理,2022(7):75-86.

[②] 张晓兰,黄伟熔.我国产业链创新链融合发展的趋势特征、经验借鉴与战略要点[J].经济纵横,2023(1):93-101.

台,推进科技成果在廊坊孵化转化产业化。大力优化创新环境,全面落实研发费用加计扣除等普惠性政策,充分发挥科技特派团、特派员作用,全力支持企业通过科技创新强基础、增动力、添活力。

6.3.2 京津科技成果在冀孵化转化

北京和天津是科技成果的研发高地,推动京津科技成果在河北省转移转化是京津冀协同发展的必然要求。瞄准京津创新资源外溢供给,发掘用好京津创新辐射带动作用,在协同创新中加快推进京津科技成果在冀孵化转化[①]。

(1) 赋能产业创新发展,提升科技成果孵化转化能力

围绕河北省钢铁、化工、建材等传统制造业高端化、智能化、绿色化发展,新能源、新材料、高端装备、绿色环保、信息智能、生物医药健康等战略性新兴产业融合集群发展,推进产业转型升级、产品迭代以及新技术研发,加快科技成果孵化转化进程。深挖河北产业链与京津创新链融合互补的结合点,提高河北产业链与京津创新链的适配水平,缩小河北产业链与京津创新链梯度差,提升河北省科技创新能力和产业发展水平。从整体上谋划科技创新与产业转移,整合政、产、学、研、用各类资源,推进常态化"京津研发"与"河北需求"的对接合作。探索构建多种类型产业链条,提高产业链、创新链、价值链的整合能力和协同能力,推动产业转移由平移向构建联系紧密、互动发展的京津冀区域现代产业生态圈转变。加速培育高新技术企业和科技型中小企业,进一步扩大科技型企业群体规模,促进科技龙头企业资源集聚,整合高端新型研发机构优势科研资源,吸引更多科技型企业在河北落地生根。

(2) 打造科技创新平台,增强科技成果孵化转化动力

充分发挥雄安新区创新引领示范作用,深化疏解高校协同创新,推动科技成果转化为现实生产力,为实现高水平科技自立自强贡献河北力量。加快科创平台建设与培育,积极发挥科创平台智力支持作用,推动科创平台紧贴

---

① 洪帅,武星.加快推进京津科技成果在河北孵化转化[N].河北日报,2023-5-10(7).

地方发展、深融地方产业,贯通研发、孵化、转化等关键链条,推进科技成果孵化转化增量提质。加快提升科创平台原创力,建立"基础研究＋技术攻关＋成果孵化转化"全过程创新生态链。激发科创平台吸纳转化积极性,提高财政资金补助,支持企业吸纳转化重大技术成果。围绕河北省重点产业创新发展需求,搭建成果供给与技术需求精准对接平台,加强与京津高校院所、企业等多主体创新联动,协同攻关合作,推进共建科技研发中试熟化平台,充分利用京津科技资源与创新要素。定向委托京津一流高校院所与河北省共建科技创新平台示范基地,借力京津高水平科技资源推进设立京津研发飞地,促进创新要素跨区域链接。

(3) 聚焦吸引京津人才,激发科技成果孵化转化活力

鼓励和吸引京津一流高校和国家战略科技力量的高层次人才来河北省创新创业,实现高水平科技成果在河北省孵化转化。支持省内企业积极引进京津高校院所科研人员,给予职称互认和科技奖励等方面的政策倾斜。在赋予科研人员职务科技成果所有权或长期使用权方面进行机制创新,加大科研人员成果转化权益保障力度,落实科研人员与企业合作实施职务科技成果转化的现金奖励和利益分配,将科技成果转化效益作为职称评审的重要内容。强化公共服务保障,在教育、医疗、就业等方面提供一站式优质服务,多渠道落实入冀国家高层次创新型科技人才住房需求,缩小和弥补京津冀人才待遇落差。加强人才引领和创新支撑作用,加大力度引进培育领军型创业团队、资本型创业团队、创新团队和团队项目,优化人才引进和使用政策,形成有利于科技成果转移转化的人才管理机制、科研经费管理机制、容错机制等。

(4) 共建科技创新协同体,畅通科技成果孵化转化路径

优化京津冀科技创新协作机制,推动京津冀共建科技创新协同体。联合京津打造产业技术创新战略联盟、利益实体联盟和技术创新中心,探索跨区域科技成果转化、园区共建利益共享机制,疏通京津科技成果河北省孵化转化的痛点堵点。推动建设科技成果转移转化综合体,改造提升设备先进、功能齐全、服务高效的省、市、县三级综合体,增强全省承接京津科技成果转移转化能力。组建县域特色产业协同创新联盟,增强县域与京津及省内城市协

同创新能力。创建科技成果转移转化"特区",加速推进河北·京南国家科技成果转移转化示范区建设,打造具有区域特色的科技成果产业化示范标杆。建立高新技术企业与成果资质互认制度,加强河北省技术交易市场与京津的对接联通,促进科技成果跨区域转化。探索构建京津科技成果河北省孵化转化的利益共享与补偿机制,推进京津冀协同创新制度化、长效化。

(5)深化制度创新集成,强化科技成果孵化转化保障

以实实在在的行动举措营造市场化、法治化、国际化的一流营商环境,在积极对接京津、服务京津过程中缩小与京津的落差,积极打造京津科技成果直通车,助力科技成果孵化转化落地,打通科技成果孵化转化"最后一公里"。面向京津优势科技资源,聚焦主导产业、县域特色产业全面推进精准招商、产业链招商、产业配套招商。瞄准引培壮大创新型企业,加大对河北省技术转移服务机构促成省内企业转化京津科技成果的补助力度,完善高品质的专业技术服务体系,与京津共建科技创新服务协同体系。营造适应高层次人才的政策环境和品质化生活服务环境,对教育、医疗服务等方面作出更细化的制度安排。加大财政科技投入力度,对科技型企业给予信用贷款担保支持。完善科技保险,为培育有市场竞争力的科技成果提供风险保障。完善多层次资本市场,逐步拓宽多层次融资渠道。

6.3.3 加大科技创新和成果转化力度

推动科技与经济社会发展紧密结合,在加快科技成果转化应用上下硬功夫,以科技成果转化实效检验科技创新水平,以经济社会发展成效彰显科技创新实力[①]。

(1)从战略发展需要高度重视科技创新和成果转化

加大科技创新和成果转化力度,是推进科技强国建设的应有之义。习近平总书记指出:"科技事业在党和人民事业中始终具有十分重要的战略地位、发

---

① 田学斌,洪帅.加大科技创新和成果转化力度[N].河北日报,2022-5-25(7).

挥了十分重要的战略作用。"当前科技创新成为国际战略博弈的主要战场,围绕科技制高点的竞争空前激烈,国家对战略科技支撑的需求更加迫切。要面向世界科技前沿、面向经济主战场、面向国家重大需求、面向人民生命健康,加强战略高技术研究,抢占深空、深海、深地、深蓝等科技创新战略制高点;站在全球视野谋划推动创新,围绕粮食安全、能源安全、人类健康、气候变化等人类共同挑战,加快形成若干战略性技术、战略性产品,推进战略科技成果转化为国家竞争新优势。

加大科技创新和成果转化力度,是推动经济高质量发展的内在要求。立足新发展阶段,构建新发展格局,积极应对劳动、资本、资源、能源等要素供给难题,战胜百年变局和世纪疫情交织形成的不确定性挑战,提高全要素生产率,推动内涵式高质量发展,必须大力实施创新驱动发展战略,增强创新第一动力,紧抓成果转化第一突破口,聚焦关键核心技术攻关,以科技创新实效引领支撑产业转型升级、经济发展质效提升。

加大科技创新和成果转化力度,是满足人民对美好生活向往的必然选择。随着经济科技水平的提高,人民群众对科技服务美好生活的需要日益增长。科技创新要服务人民多元化、多层次发展需要,在生命健康、生态环境、居民生活、城乡建设、公共服务、社会治理等方面提高供给质量和水平。要加快推进数字经济、数字政府、数字社会、数字生活一体建设,全面降低居民生产生活和公共服务成本,提高居民生活体验品质,以更为丰富多样的创新应用场景服务人民,让更多群众分享科技进步和成果转化应用的创新福利。

(2)突出重点加力推进科技创新和成果转化

加大力度推进科技创新和成果转化,必须面向经济社会发展主战场和紧迫需求开展自主创新、集成创新、协同创新、高效创新,抓住重点关键,从顶层设计、资金投入、主体活力、科技生态等方面持续发力,推进我国科技实力大幅提升。

一是坚持战略需求导向,全面提升科技创新服务发展能力。加强顶层谋划和系统布局,强化科技创新重大战略部署,打好关键核心技术攻坚战,瞄准集成电路、人工智能、量子信息、生命健康等前沿领域,实施一批具有前瞻性、战略性的国家重大科技项目。区域科技发展要在国家科技创新发展规划框架下发挥比较优势、突出有限目标、明确发展方向和发展重点，扭住创新应用、成果转化"牛鼻子"，顺应科技创新链式发展、融合发展、快速向纵深推进，强化新趋势，强化创新在提高生产要素使用效率方面的重要作用。加强基础研究，提高原创能力，突破基础技术、基础工艺、基础条件、基础材料等瓶颈约束，为推动科学技术进步、产业链供应链安全可控、新旧动能接续转换、掌控关键核心技术提供有力保障。

二是加大力度构建创新投入多元格局。科技创新是高投入、长周期、高风险、持续性活动。科技成果转化对投资规模、抗风险能力和专业化水平要求高，必须发挥好市场和政府的作用，健全多元化科技投资体系。对重大科技工程、战略科技领域和"卡脖子"关键核心技术，可以发挥举国体制优势，支持国有企业加大研发力度，加大财政投入力度，支持民间投资。对于主要面向产业、市场的科技创新，更多发挥民间投资、民营企业、风险投资等社会化、市场化多元投资主体优势力量。对于科技成果转化过程中的公共性平台、孵化器实验室、共享关键性科技资源建设，应当加大投资力度，整合市场投资，形成面向实践、成果优先、能力导向的优势互补、分工合作、多元协同的创新投资格局。

三是强化企业创新主体地位。习近平总书记指出："要发挥企业技术创新主体作用，推动创新要素向企业集聚，促进产学研深度融合。"企业最靠近市场，最了解科技创新的前沿需求，是科技和经济紧密结合的主要力量，是技术创新决策、研发投入、科研组织、成果转化的主体。重大科技项目决策、组织与实施应当更多征集企业需求，支持企业牵头组建国家产业创新、制造业创新、技术创新、工程研究等重大科技成果转化平台，承担国家重大科技项目。健全以市场需求为主导、以企业为主体、以高校院所为支撑、以科研人员为主力的协同创新体系，推动高等院校、科研院所和产业上下游企业组成创新联合体。依托自主创新示范区、科技创新园区、新兴产业集群、技术转化交易机构、科技中介组织等平台，构建科技创新和成果转化链，打造科技资源共享、创新平台共建、成果转化高效的网络化市场化创新生态。

四是深化科技成果转化体制机制改革。突出高校院所及科研人员科技创新、成果转化主力军功能定位,建立以创新价值、能力、贡献为导向的科技人才评价体系,强化社会服务、市场化效益评价激励。加强技术成果转移转化机构建设,配强专业人才,加大资金支持,增强科技领军人才、研发团队的项目立项、技术决策、经费使用、收益分配自主权和独立性,提高科技人员、研发机构、转化人员在成果转化利益增值中的分享比例。加大知识产权保护力度,降低专利申请、知识产权保护成本,强化科技创新和成果转化的利益回报预期。提高科研经费和科研项目立项管理水平,强化立项和成果导向,把科研人员从各种繁文缛节中解放出来,让科研人员把主要精力投入科技创新和成果转化活动。完善相关制度,降低科技创新制度性交易成本,营造鼓励创新、宽容失败的社会氛围。

(3) 坚持实效导向加快科技创新和成果转化

科技成果转化是科技创新活动全过程的"最后一公里",科技成果转化是否顺利决定了科技创新活动的绩效。要推动科技与经济社会发展紧密结合,在加快科技成果转化应用上下硬功夫,以科技成果转化实效检验科技创新水平,以经济社会发展成效彰显科技创新实力。

一是推动科技与经济紧密结合。坚持以科技创新打造新增长点,着眼于提升科技创新对经济增长的贡献率。聚焦产业转型升级亟待解决的科技问题,重点推出新产品,加快实现新产品商品化、产业化。围绕调结构转方式、加快传统产业改造升级、培育战略性新兴产业、大力发展现代服务业、推进现代农业科技化等方面需求,推动科技成果广泛应用。围绕数字经济发展、智慧产业发展、产业和产品向产业链中高端跃迁、产业链创新链稳定可控、智慧城市建设等,加快科技成果转移转化。

二是推动科技与民生需要紧密结合。坚持以人民为中心的发展思想,聚焦民生领域的痛点难点堵点,以降成本、提品质、增收入、便利化为宗旨和考量标准,加大科技创新和成果转化力度,以科技服务百姓民生、弥补民生短板,满足人民日益增长的美好生活需要。推进教育、就业、消费、出行、旅游、社交、医疗、防疫、社保、住房、生态环境等领域大数据普及应用,深度开发各类便民应用,推动科技创新重点向民生靠拢,科技成果优先向民生转化,提高科技成果的市场竞争力。大力推广"互联网＋教育""互联网＋医疗""互联网＋文化""互联网＋政务",提升公共服务均等化、普惠化、便捷化水平,加快推进城乡公共服务互联互通、同标同质。

三是推动科技与政府治理紧密结合。发挥数据作为数字经济关键要素的重要作用,制定数据资源确权、开放、流通、交易相关制度,依法依规促进数据开放共享。加快完善数字基础设施,打造万物互联、人机交互的网络空间,重塑政府数字化协同、服务和治理模式,以数字科技赋能政府治理,以数字化思维推动构建新型政商关系。发挥数字技术的支撑作用,推动各地区各部门间数据共享互换,提升跨层级、跨地域、跨系统、跨部门、跨业务的协同管理和服务水平。

第 7 章 京津冀科技成果转化效应与政策体系

科技成果转化在现实中最终表现出的效果可分解为规模效应、技术效应、溢出效应、应用效应等不同效应,厘清各转化主体的作用路径与转化效应的特点,可以指导科技成果转化过程,做到转化资源利用有的放矢。完善的政策体系为科技成果转化主体提供政策支持,一方面能有效提高科技成果转化主体的积极性,另一方面也发挥着规范科技成果转化市场的重要作用,是促进科技成果转化的核心因素。

7.1 科技成果转化效应分析

中试基地是具有开展中间试验活动的场地、设备、人才、资金等条件,为科技成果验证、中试生产提供物理空间和基础设施的平台,由综合实力较强的高校、科研机构和社会企业依据自身资源,选择中试熟化与产业化需求强烈的行业,自建或协同共建而成[①]。"科技成果"是我国科技管理的专有名词,

---

① 熊桉.农业科技成果转化:从外生向内生转变的机制与模式研究[J].农业技术经济,2019(11):83-92.

国外一般以论文、论著、科技报告、专利、技术标准等作为科研项目研发所取得的具体结果。科技成果可认为是经过认定,具有一定学术价值和实用价值的科学技术活动的产物。科技成果转化是指科技成果经过后续实验、开发、应用、推广直至形成新产品、新工艺和新技术,发展新产业等活动[①]。根据中试基地转化科技成果不同的作用路径,政府、高校、企业、科研院所、行业协会等主体将作用于中试基地促进科技成果转化的规模效应、技术效应、溢出效应、应用效应和其他效应,如图7-1所示。

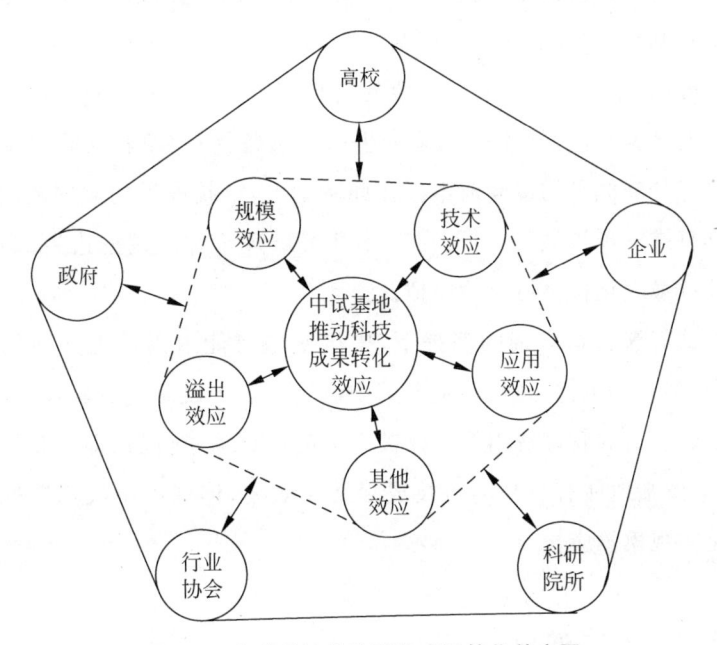

图 7-1 中试基地推动科技成果转化效应图

7.1.1 规模效应

通常而言,规模效应是指随着厂商生产规模的扩大,出现的平均成本降低的现象。其本质是固定成本被分摊到更多的产量上,换言之,在相同的生

---

① 王守文,覃若兰,赵敏.基于中央、地方与高校三方协同的科技成果转化路径研究[J].中国软科学,2023(2):191-201.

产成本下,厂商的产量更多,即生产效率的提升。从这一点出发,将规模效应的概念进行扩展,可认为规模效应是由规模扩大所带来的效率提升现象。相比于科技企业孵化器、科技企业加速器、众创空间和产业园等科技企业孵化载体,中试基地在科技成果转化效率方面有着独特的优势[①]。

一方面,中试基地并非仅仅面向单个企业开放,中试基地可以为科研机构、高校和企业提供技术验证和中试生产的场所,还可以为政府提供科技成果转化和应用方面的技术和服务支持,面向对象的广泛决定了中试基地拥有坚实的受众基础,中试需求前景广阔。

另一方面,中试基地拥有比一般的实验室更大的规模和更多的设备来进行多样化的试验,进行规模化试验和生产。设备批量采购、试验设施共享等手段可以充分降低平均试验成本。在此基础上,科技成果的应用范围和产业化水平具有进一步扩展的空间,可以不断突破理论和应用的边界,为规模化生产和效益最大化提供可行性模拟。

在中试需求前景广阔的前提下,中试基地有能力提供更全面的中试服务,满足众多科研机构、高校和企业的中试需要。中试基地试验设备、场地租金以及中试人员的管理费用等可以被大量的中试需求分摊,即在相同的中试成本下,中试基地拥有更高的科技成果转化效率,体现出中试基地推动科技成果转化的规模效应。

7.1.2 技术效应

中间试验是将抽象的科学理论转化为可使用技术的一个重要环节,技术的产生与进步不仅是由理论创新和生产研发等因素推动的,还与技术的使用和应用情况密切相关。技术效应通常是指技术进步或技术应用对经济系统

---

① 侯小星,曾乐民,罗军等.科技成果转化中试基地建设机制、路径及对策研究[J].科技管理研究,2022,42(21):112-119.

产生的积极影响①。它可以表现为生产效率的提高、生产成本的降低、新产品和服务的创新以及经济增长的加速等方面。

技术进步可以使得生产过程更加高效、节约资源、创造新的产品和服务、促进产业升级和结构优化，带来新的科技解决方案，推动创新技术的涌现，为科技成果提供更多的应用可能性，有助于不同领域的技术整合，促使科技成果更好地适应多领域需求，从而提高生产效率和生产力水平以及促进产业界和学术界的合作，使科技成果更好地适应实际产业需求。由技术进步产生的技术效应可以通过降低成本来转化为企业的利润或通过降低价格来转化为消费者的福利②。技术的使用和应用会促进技术的进一步发展。具体表现为，在技术的使用过程中，因为技术本身的局限性或实际使用所要求做出的技术调整，会使得技术的使用边界扩大或原有技术路线得到修正以更符合实际使用情况；在技术的应用过程中，技术可以从原有的单一领域应用迁移到多个不同的领域应用，扩大技术的应用范围，例如，人工智能技术在机器学习、自然语言处理、计算机视觉、智能机器人、智能汽车等多个领域的应用。此类内生的技术效应是一个正向反馈、良性循环的过程。

中试基地将创新的理论转化为可使用的生产技术后，对技术的使用限制和应用空间也会根据中间试验的具体情况进行针对性的调整。在这个过程中，技术进步使得中试基地推动科技成果转化的技术效应得到体现，并向中试基地对科技成果的转化效率提供正向反馈，反哺中试基地的建设与发展，通过技术进步的支持，科技成果能够更迅速、更有效地被转化为实际产品和服务，推动经济和社会的发展。

7.1.3　溢出效应

中试环节需要对科技成果的理论基础、技术资料、生产流程以及技术、产

---

① 郭继强,蒋娇燕,林平.技术进步类型与要素收入份额变化研究的理论梳理[J].社会科学战线,2020,(6)：47-59.
② 余乐安,雷凯宇,曾能民.竞争环境下考虑技术进步的供应链重构策略研究[J].系统工程理论与实践,2023,43(2)：421-437.

品的对接项目有充分的了解,中试基地在对科技成果进行转化的过程中,不可避免地会涉及其他相关的技术和行业领域。

从理论的验证、性能的测试到规模化量产的过程中,一方面,待转化的科技成果可以作为已转化科技成果或现有理论、技术的实践材料,为相关领域的技术改进提供经验参考,填补理论结构的空白[1];另一方面,由于中试基地具有大量的科技成果转化需求,对不同种类科技成果的相关研究都有一定的积累[2]。在中间试验的过程和后续环节中,对未预期问题的改进经验和转化成果应用在功能边界上的突破,不但可以提高当前科技成果的转化效率,还可以为其他转化后的新产品、新技术和新工艺等中试基地的产出成果提供配套的设备、技术支持和应用经验,从而促进科技成果的转化。

对于创新性较强、规模量产难度不大的科技成果,中试基地通过转化与应用,可以推动其形成新的产业链,新的产业链中自然而然会涉及许多前沿的技术和创新,随着技术创新不断地优化和升级产业,技术溢出效应就会体现在整个产业链上。例如,新能源汽车产业链中,电池技术、电机技术、车身结构设计等都需要不断进行优化和改进,从而推动整个产业链的技术发展。此外,新的产业链通常具有较高的组织协调性和合作性,各个环节之间相互联系、相互影响,形成相互依存的产业生态系统,各个环节之间需要密切配合和协调,形成良性的互动机制,从而推动整个产业的发展和创新。因此,这种新的产业链同样存在技术溢出效应,这种效应可以通过技术创新、协同作用和产业组织协调等方式来实现,从而推动科技成果的转化和科技创新。

7.1.4 应用效应

中试基地是新产品或新技术从实验室走向商业化的重要阶段,通过

---

[1] 贾宝余,杨明,应验.高水平科技自立自强视野中重大科技项目选题机制研究[J].中国科学院院刊,2022,37(9):1226-1236.

[2] 李晓华,李纪珍,杨若鑫.科技成果转化:研究评述与展望[J].外国经济与管理,2023,45(4):119-136.

在中试基地的试验、验证和优化，可以产出成熟的技术和产品。中试基地产出成果的应用效应可以体现为国内的本土化应用和国外的市场化竞争。

中试基地的成果可能包括新型工艺、新材料、新产品等，成功的中试阶段表明这些成果在实际生产中是可行的，推动其向更广泛的产业领域推广应用。通过中试基地推动的科技成果转化，成果的本土应用有助于提升相关产业链的技术水平。国内企业可以在技术和工艺等方面积累更多的经验，促使本土企业进行技术创新，提高技术和工艺等的本土化能力，降低对进口技术和产品的依赖度，推动整个行业向更高附加值和创新驱动的方向发展，提升国内企业的竞争力。中试基地成果还具有孕育新兴产业的可能性，例如新能源、生物技术等，有助于国内培育新的增长点，推动产业结构升级。中试基地涉及不同领域的企业和科研机构合作，通过整合产业资源，推动技术和产业的协同发展，推动产业链的升级和优化，能够提升国内企业在全球价值链中的地位[1]。

中试基地是国际技术合作的重要平台，通过与国外高校、企业和科研机构的合作，可以引进国内相关领域所欠缺的前沿技术和先进经验，提升国内企业的技术水平和创新能力，增强国内企业在国际市场上的竞争力。优秀的中试基地的成果还可以成为本国技术和产品的有力代表，通过出口促进技术的国际传播，促成国际科研合作的契机，促进本国与其他国家在科技创新领域的合作，加强国际合作网络。中试基地通过提供满足多样化需求的实验平台和技术支持，新产品和新技术能更有效率地进入市场，既能满足国内市场需求，同时也能够进军国际市场，提高本国企业在国际市场上的品牌知名度，树立本国在特定领域的技术领先地位，增强国内企业在全球市场的竞争力。

---

[1] 匡增杰，窦大鹏，赵永辉.服务化转型提升了制造业全球价值链位置吗？——基于跨国视阈的比较分析[J].世界经济研究，2023，(9)：46-61+134-135.

7.2 科技成果转化落地政策体系

中试基地更高效地推动科技成果转化落地，政府提供的政策支持至关重要，国家政策、省市政策是影响科技成果转化的核心因素之一[①]。近三年我国科技成果转化落地政策节选如表 7-1 所示。

表 7-1　2021—2023 年科技成果转化落地政策节选

地区	政 策 名 称	发布时间	文件批号
全国	科技部等印发《关于进一步支持西部科学城加快建设的意见》的通知	2023.03.31	国科发规〔2023〕31 号
全国	国务院办公厅转发商务部科技部关于进一步鼓励外商投资设立研发中心若干措施的通知	2023.01.11	国办函〔2023〕7 号
全国	科技部关于印发《"十四五"技术要素市场专项规划》的通知	2022.10.25	国科发区〔2022〕263 号
全国	国家知识产权局办公室关于印发专利开放许可试点工作方案的通知	2022.07.25	国知办函运字〔2022〕448 号
全国	科技部、财政部关于印发《企业技术创新能力提升行动方案（2022—2023 年）》的通知	2022.08.05	国科发区〔2022〕220 号
全国	关于开展"携手行动"促进大中小企业融通创新（2022—2025 年）的通知	2022.05.16	工信部联企业〔2022〕54 号
上海市	上海市人民政府办公厅印发《关于本市进一步放权松绑激发科技创新活力的若干意见》的通知	2023.04.01	沪府办规〔2023〕10 号

---

① 徐娟，张梦潇，罗天雨.科技人才政策对区域创新绩效的门槛效应研究[J].技术经济，2023，42(7)：1-12.

续表

地区	政策名称	发布时间	文件批号
上海市	《上海市促进医疗卫生机构科技成果转化操作细则（试行）》	2022.11.17	沪科规〔2022〕8号
浙江省	浙江省科学技术厅关于印发《浙江省支持重大科创平台建设实施细则》的通知	2023.03.24	浙科发规〔2023〕14号
湖北省	省人民政府办公厅印发关于进一步加强科技激励若干措施的通知	2023.02.07	鄂政办发〔2023〕4号
北京市	北京市科学技术委员会、中关村科技园区管理委员会等11部门关于印发《北京市关于落实完善科技成果评价机制的实施意见》的通知	2022.09.23	京科转发〔2022〕226号
天津市	天津市人民政府办公厅关于完善科技成果评价机制的实施意见	2022.02.25	津政办规〔2022〕3号
陕西省	关于印发《陕西省深化全面创新改革试验 推广科技成果转化"三项改革"试点经验实施方案》的通知	2022.03.21	陕科发〔2022〕7号
黑龙江省	黑龙江省人民政府办公厅关于完善科技成果评价机制的实施意见	2022.01.24	黑政办规〔2022〕1号
山西省	省科技厅印发《山西省提升科技成果转移转化服务行动方案》	2021.05.25	晋科发〔2022〕54号
福建省	福建省人民政府关于印发福建省高等院校和科研院所科技成果转化综合试点实施方案的通知	2021.02.05	闽政〔2022〕6号
合肥市	关于印发合肥市进一步加强科技成果转化若干措施（试行）的通知	2022.05.31	合政〔2022〕68号
广州市	关于印发广州市促进科技成果转化实施办法的通知	2022.03.31	穗科规字〔2022〕2号
石家庄市	《关于建立完善技术经纪服务体系促进科技成果转化的实施方案》	2021.03.03	石政办函〔2022〕10号

无论是全国范围还是省市范围，有关推动科技成果转化的激励在政策中都有所体现，也表明了我国对于科技创新的重视程度。加强我国科技成果转化能力和中试基地的建设水平，相当程度上依赖于政府的政策体系支持，如图7-2所示。

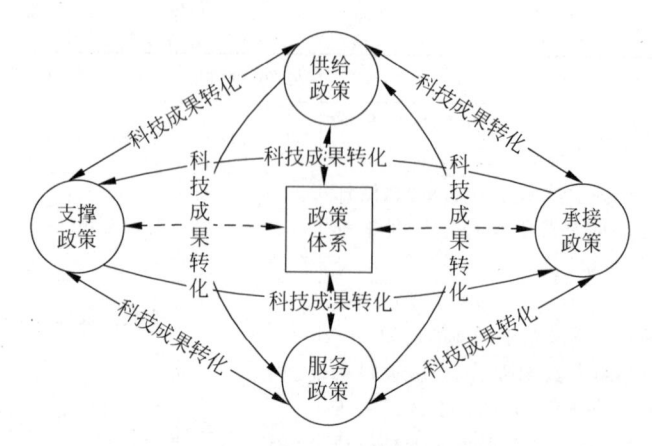

图 7-2 科技成果转化政策体系图

7.2.1 供给政策

中试基地是推动科技创新和产业升级的重要平台,其建设需要政策供给的支持[①],包括财政支持、税收优惠、监管保障等政策。政策供给是中试基地建设的重要保障,需要政府制定切实可行的政策支持措施,积极推动中试基地的建设。中试基地建设需要的政策供给中,可考虑如下政策内容。

通过投资、贷款、税收减免等方式,为中试基地的科技成果转化项目和中试基地的发展建设提供财政资金方面的支持。特别是对于具有高度前瞻性和高度创新性的中试基地,更应该加大财政投入力度,扶持其快速发展。对于在中试基地开展研发的企业,给予研发费用的税前扣除、税前加计扣除等税收优惠政策支持,有助于降低企业的研发成本,推动中试基地的发展建设。制定中试基地在运营方面相关的管理规定,规范中试基地的建设和运营,确保中试基地的科技创新和产业升级效果。

---

① 叶锐,温晓雨,王林燊等.我国科技成果转化关键路径研究——中试产业创新模式分析[J].科技创业月刊,2023,36(1):77-82.

7.2.2 支撑政策

中试基地推动科技成果转化落地,促进产出成果的产业化,技术是整个过程中的关键要素[①],需要政府出台一系列相关的技术支持政策,如技术转移服务、资金支持、产学研合作支持、人才支持与激励措施,以充分发挥中试基地推动科技成果转化的技术效应。

设立技术转移服务机构,为中试基地提供技术转移咨询、技术评估、技术交易等服务,以推动科技成果的转移和应用。设立科技创新基金、科技专项资金,为中试基地提供科技研发资金支持,促进科技成果的创新和转化。加大对于产学研合作的支持力度,推动中试基地与高校、企业、科研机构等开展科技创新合作,通过产学研合作实现科技成果的转化和应用。

破除制度性障碍是重点内容,在统筹安全与发展的前提下,突破不合理的制度束缚,尽可能扩大技术要素自由流动的深度,需要科学制定人才引进政策,吸引和培养高层次技术人才,提高中试基地的科技创新能力,促进科技成果的转化和应用。通过采取税收优惠、财政补贴等激励措施,鼓励企业和科研机构在中试基地开展科技成果转化和应用。政府还应该不断完善和优化科技成果转化技术支持方面的政策,以更有效率地推动中试基地的发展。

7.2.3 承接政策

中试基地对于科技成果的承接功能要求中试基地能够高效率地将科技成果转化为现实中可以实际生产应用的新产品、新工艺和新技术等。对此,政府可以从用地、环保、金融、公共服务、国际合作等方面入手,出台加强中试基地承接功能建设的政策,促进转移转化效率的提升。

---

① 吴寿仁.科技成果评价机制及其构成要素研究[J].上海经济,2023,(3):68-82.

政府通过出台优惠的用地政策①,鼓励高校、企业和科研机构在中试基地建设科技创新基地、科技研发中心等,推动科技成果的产业化和商业化。中试基地有时需要涉及会产生污染物的试验和生产等活动,政府可以出台相关的环境保护政策和发放污染排放许可证等②,确保在体现生态文明建设的理念下使得中试基地周边的生态环境和居民健康得到相应保障,实现中试基地的社会效益。

鼓励创新金融机构开展对中试基地的融资支持,提高中试基地的资金运转能力,提升对科技成果的转化效率,加速产出成果的产业化进程。建立中试基地公共服务平台,为高校、企业和科研机构提供信息、技术、培训等服务,促进科技成果高效转化和后续的产业化。借助中试基地的平台优势,建立国际合作平台,促进中试基地与国际科技创新机构的合作,实现科技成果的交流和转化。政府还应该根据实际情况不断调整和完善中试基地承接功能的政策,以更好地促进中试基地的发展建设。

7.2.4 服务政策

中试基地推动科技成果转化落地,离不开服务体系的完善,需要政府出台一系列相关的服务政策,从知识产权保护、本土企业支持、产出成果国际化推广入手,为中试基地推动科技成果转化落地提供保障。

加强对于中试基地产出成果的知识产权保护力度,确保科技成果的合法权益得到保护,有助于激励中试基地产出更多的科技创新成果,提升中试基地的技术创新能力③。对于项目上支持中试基地的本土企业,给予财政资金、税收优惠和项目补贴等支持,以扶持企业发展。中试基地产出的科技创新成

---

① 陈江畅,张京祥.我国创新产业用地政策的转型与变革——基于制度变迁理论[J].地域研究与开发,2022,41(2):167-173.
② 马冰,董飞,彭文启等.中美排污许可证制度比较及对策研究[J].中国农村水利水电,2019,(12):69-74.
③ 马海涛,岳林峰.知识产权保护实践中的地方政府因素[J].经济与管理评论,2020,36(04):56-64.

果本土化,包括本土化市场推广和本土化技术、工艺的发展,有助于中试基地吸纳更多投资和获得更多的发展机会。通过提供出口退税和贸易保险等政策支持[1],同时鼓励中试基地科技创新的国际合作,包括支持与国外高校、企业、科研机构的交流与合作,推动中试基地在不同领域技术、工艺的创新融合。

7.3 科技成果转化落地政策集聚

推动科技成果转化落地的政策集聚旨在提供全方位、多角度的支持,促进中试基地的科技成果转化落地,加快科技创新与产业发展的融合,推动经济社会的可持续发展,如图7-3所示。

7.3.1 成果处置

中试基地在推动科技成果转化落地时,需要进行有效的成果处置[2]。采取技术转让与许可、产业化合作、创业支持与孵化、技术推广与示范应用、资源整合与合作伙伴关系等多种成果处置方式,根据具体情况选择合适的方式,以最大限度地促进科技成果的实际应用和产生价值。

通过技术转让和许可的方式将科技成果转移给相关企业或机构,这种方式可以通过技术转让协议或许可协议将专利、技术知识或技术成果的使用权转让给其他合作伙伴,以实现科技成果的商业化和推广。通过与企业、产业园区或其他创新主体进行产业化合作,中试基地可以将科技成果应用于实际

---

[1] 胡怡建,周静虹.我国大规模、实质性减税降费的历史动因、现实逻辑和未来路径[J].税务研究,2022,(7):16-23.
[2] 李胜会,夏敏.中国科技成果转化政策变迁:制度驱动抑或市场导向[J].中国科技论坛,2021,(10):1-13.

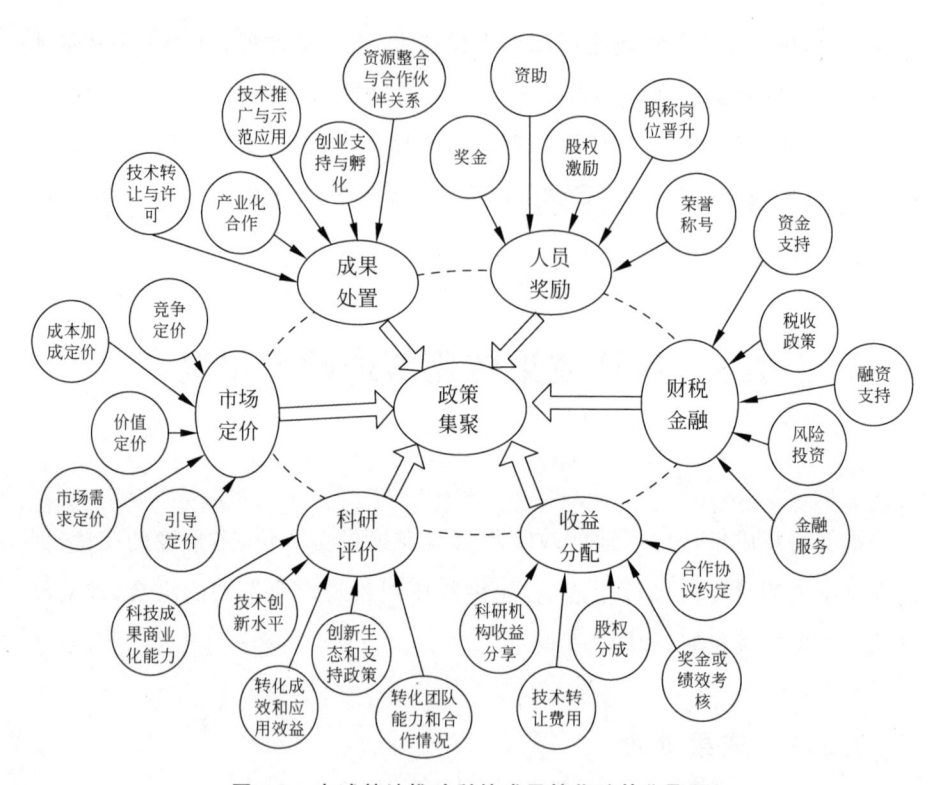

图 7-3 中试基地推动科技成果转化政策集聚图

产业环境中,并通过共享资源、共同研发等方式推动成果转化落地。中试基地通过提供创业支持和孵化服务,如提供创业培训、资金支持、办公场地等,帮助科技创新者将科技成果转化为具有商业潜力的创业项目。

中试基地可以组织技术推广和示范应用活动,向相关产业界和社会公众展示科技成果的应用效果和商业价值。通过组织展览、技术交流会议、示范项目等,将科技成果的优势和应用场景展示给潜在用户和合作伙伴。中试基地通过整合资源和与行业协会、投资机构、大型企业等建立合作伙伴关系,为科技成果转化提供更多的支持和机会。

7.3.2 人员奖励

中试基地推动科技成果转化落地的人员奖励可以采取多种形式,如奖金、股权激励、荣誉称号、资助、职称岗位晋升等。

直接的经济奖励是设立合理的奖金制度,根据个人或团队在科技成果转化方面的贡献程度和成效,给予相应的奖金。奖金可以根据科技成果的商业化程度、市场表现、经济效益等指标来评定。给予参与科技成果转化工作的人员一定比例的股权激励,使其分享科技成果转化所带来的经济收益,以此激发人员的积极性和主动性,更加投入到科技成果的推动和转化工作中。

间接的经济奖励是设立科技成果转化荣誉称号,如"科技成果转化先锋""科技成果转化优秀贡献者"等,用以表彰在推动科技成果转化方面做出杰出贡献的个人或团队,提高人员的社会声誉和职业声望,对个人的事业发展具有积极的影响。对于在科技成果转化方面表现突出的人员,可以给予职称或岗位的晋升机会,提供更广阔的发展空间和更高的职业地位,激发人员的积极性和进取心,促使人员在科技成果转化方面做出更大的努力。

政府需要根据具体情况和组织的需求,结合制定相应的奖励政策和评定标准,确保奖励制度公正、合理,并与组织的科技转化目标相一致。同时,及时地反馈和认可也是重要的,可以鼓励人员继续努力推动科技成果的转化和落地。

7.3.3 市场定价

中试基地推动科技成果转化落地的市场定价是一个复杂的问题,需要考虑多方面的因素,如科技成果的独特性、市场需求、竞争环境和经济效益等。

成本加成定价是基于科技成果的研发、生产、推广等成本,加上一定的利润率来确定价格,这种定价方法适用于有明确成本结构的科技成果。市场需求定价是根据市场对科技成果的需求情况来确定价格,通过市场调研和需求分析,了解市场对类似科技成果的需求程度和愿意支付的价格水平。竞争定价是考虑与竞争对手的竞争关系,根据竞争对手的定价策略和市场地位来确定价格,这种定价方法需要对竞争对手进行分析和比较。价值定价是根据科技成果为客户带来的价值来确定价格,通过评估科技成果的独特性、技术优势、市场前景等方面的价值,将价格与这些价值进行匹配。引导定价是为了推动科技成果的市场推广和应用,采取较低的价格策略,吸引客户尝试和采用科技成果。

在确定市场定价时,还需要考虑定价策略的灵活性,根据市场反馈和实际情况进行调整。同时,与潜在用户、合作伙伴和专业人士进行充分的沟通和协商,获取他们的反馈和意见,对定价决策起到参考作用。最终的市场定价需要综合考虑以上因素,根据具体情况针对性制定,以实现科技成果的转化和落地,并在市场中取得成功。

7.3.4 财税金融

中试基地推动科技成果转化落地涉及财税金融方面的一些问题[①]。

中试基地通过政府拨款、专项资金、科技创新基金等渠道获得资金支持,用于科技成果的转化和落地。这些资金可以用于研发费用、市场推广、生产设备购置等方面。政府出台相关税收政策,对中试基地和参与科技成果转化的企业给予税收优惠。例如,减免企业所得税、增值税等税种,鼓励企业在科技成果转化方面的投入和创新。积极引导和推动科技成果转化的企业进行融资支持,提供融资咨询、对接投资机构、撮合投资等服务。科技创新涉及较高的不确定性和风险,而风险投资是推动创新的关键因素之一。财税金融体系通过激励风险投资,例如通过税收优惠或风险投资基金,帮助科技企业更容易获得初创阶段的资金支持,从而促进科技成果的商业化和产业化。政府可以通过设立科技创新基金、科技创投基金等方式,为中试基地和科技企业提供风险投资资金,推动科技成果的转化和落地。中试基地与金融机构合作,提供金融服务,如贷款、保险、融资租赁等,帮助企业解决融资难题和风险管理问题。

中试基地还可以与财税金融部门合作,建立科技成果转化的财税金融专

---

① 张静园,张丁,武思宏等.面向打造城市"新样板"青岛市科技成果转化的关键问题及破解对策[J].科技管理研究,2023,43(18):90-99.

项服务机制,提供相关的政策解读、资金管理、税务申报等支持,为科技成果转化落地提供全方位的财税金融支持。

7.3.5 科研评价

中试基地推动科技成果转化落地的科研评价需要综合考虑诸多方面,如科技成果的商业化潜力和市场应用前景、技术创新性和研发水平、转化过程中的成效和应用效益、团队能力和合作情况、政策环境等。

评估科技成果的商业化潜力和市场应用前景,包括技术的成熟度、市场需求、竞争情况等。重点考察科技成果是否具备商业化转化的基础条件,以及转化后是否能够获得经济效益。评估科技成果的技术创新性和研发水平,包括技术先进性、研究方法和实验设计的科学性等。评估科技成果在转化过程中的成效和应用效益,包括商业化进展、产品推广和市场影响等方面。重点考察科技成果在市场应用中的表现和对社会经济发展的贡献程度。评估中试基地推动科技成果转化的团队能力和合作情况,包括团队的专业素质、项目管理能力、市场推广能力等。重点考察团队的协同合作和资源整合能力。评估中试基地所处的创新生态和支持政策环境,包括政府政策支持、产业链配套、创新资源等。

评价科技成果转化落地的科研评价需要综合定量和定性的指标[①],可以采用评估报告、专家评审、用户反馈、经济数据等多种手段进行综合评估。同时,评价结果需要及时反馈给中试基地和相关科研团队,用于指导和改进科技成果转化工作。

7.3.6 收益分配

中试基地推动科技成果转化落地的收益分配是一个关键问题,涉及中试

---

① 刘尧,张宁,王雁霄等.科技成果评价体系构建策略研究[J].河南科技,2023,42(20):153-157.

基地、科研团队、科技成果的所有者(如科研机构或个人)、投资方等多个利益相关方。

中试基地可以与科研机构签订合作协议或技术转让协议,在科技成果转化过程中,给予科研机构一定比例的收益份额,作为对科研机构科技成果的鼓励和回报[1]。在科技成果转化过程中,向科研机构或科技成果的所有者支付一定的技术转让费用,这种方式将科研机构或所有者对科技成果的知识产权进行价值化,以获得相应的经济回报。将科技成果转化后的收益通过股权分成的方式进行分配,中试基地或投资方可以获得一定比例的股权,与科研机构或所有者共同分享科技成果转化所带来的经济回报。设立奖金或绩效考核制度[2],根据科技成果转化的经济效益、市场表现等指标,给予科研团队或参与科技成果转化的人员相应的奖金或绩效激励,直接将收益与个人或团队的贡献和成果挂钩。

收益分配的具体方式需要根据各方的利益和贡献进行协商和确定,同时也要考虑到科技成果的商业化程度、市场表现、风险投资的参与等因素。合理的收益分配机制可以激励科研机构和中试基地积极推动科技成果的转化落地,并实现多方共赢的目标。

7.4 中试基地科技成果转化启示

中试基地推动科技成果转化落地是我国科技创新的重要一环。探析中试基地通过何种效应推动科技成果转化,在理论层面能为中试基地科技成果

---

[1] 刘强.高校科技成果混合所有制中科研团队法律地位研究——以契约型科研团队为视角[J].湖南大学学报(社会科学版),2023,37(1):139-146.

[2] 金童童.新时代高校科技成果转移转化现状与效能提升对策探究[J].中国高校科技,2023,(7):3-9.

转化的政策制定提供可靠依据,促进科技成果转化落地的效率。当对中试基地推动科技成果转化的研究趋向深入时,还需从定量的角度探究中试基地推动科技成果转化的多种效应,以充分利用中试基地在试验过程中积累的海量数据进行更精确的分析。中试基地科技成果转化政策体系的完善需要更科学合理的政策作为支撑,政策的制定既需要政府对我国中试基地的建设现状有清晰的认知,还需要坚实的理论基础作为政策支撑。同时,还需要有政府与有效市场相结合,以市场力量为驱动、探索政府与市场力量相结合的科技成果转化模式,是建立以中国为主的新兴经济体国家科技成果转化模式的重要方向之一。

通过有效的组织和管理,中试基地在推动科技成果转化方面可以发挥更大的作用,促进科技成果的转化落地,推动科技创新与经济发展的良性循环。其管理启示如下。

第一,促进科技成果转化效应。中试基地通过提供技术验证、市场推广、资源对接等支持,能够帮助科技成果更好地转化为实际应用和商业化产品。中试基地可以提供实验场地、设备和专业人才支持,加速科技成果的验证和推进,从而提高科技成果的转化效率和成功率。

第二,强化产学研合作。中试基地是科研机构、企业和政府之间的桥梁,促进产学研合作的深入开展。中试基地可以打破学术和实践之间的壁垒,促进科研机构与企业的密切合作,实现科技成果的技术转移和商业化转化。

第三,建立政策体系集聚。中试基地应与相关政府部门密切合作,建立科技成果转化的政策体系集聚。政府可以提供相应的政策支持,鼓励科技成果的转化和落地,包括资金支持、税收优惠、知识产权保护等方面的政策措施。中试基地应当及时了解和反馈政策需求,为政府部门提供科技成果转化的经验和建议。

第四,加强市场导向和需求导向。中试基地应将市场需求作为科技成果转化的重要指导,加强市场导向和需求导向的管理。中试基地可以进行市场调研和需求分析,了解市场对科技成果的需求和反馈,有针对性地推动科技成果的转化和落地,提高转化的市场适应性和竞争力。

第五,搭建创新生态系统。中试基地应该积极搭建创新生态系统,促进创新要素的集聚和协同发展。中试基地可以联合创业孵化器、科技园区、投资机构等各方,形成创新的合作网络,提供创业支持、投融资对接等服务,为科技成果转化提供更广泛的资源和机会。

要实现更高效率的科技成果转化目标,既需要进一步加强关于中试基地推动科技成果转化的理论研究,还需要根据中试基地现实情况科学地结合理论的条件下,制定更有利于中试基地发展建设的助推政策。

第 8 章　京津冀科技成果转化政策评价

科技与经济的紧密融合是技术是走向市场的"最后一公里",也是科技成果转化和产业化的关键[①]。习近平总书记要求,要深入实施这一战略,把握"十四五"期间的重大机遇,提高科技成果转化和产业化的水平。

8.1　科技成果转化政策模型构建

为找到进一步提高京津冀科技成果转化协同发展水平、弥补 3 省市之间的协同发展差异,从河北省视角出发,构造河北省科技成果转化政策 PMC 指数模型,以定量和定性的方式深入挖掘该省科技成果转化政策的优劣,提出相应的优化路径与建议,从而为加快河北省推动京津冀科技成果转化协同发展的建设提供科学的决策依据。具体研究思路如图 8-1 所示。

《中华人民共和国促进科技成果转化法》自 2015 年修订以来,各地区科技

---

① 王进富,邱婧,张颖颖.多要素驱动区域创新链耦合协调度提升的路径研究——TOE 框架下的 fsQCA 分析[J].科技进步与对策,2023,40(4):34-44.

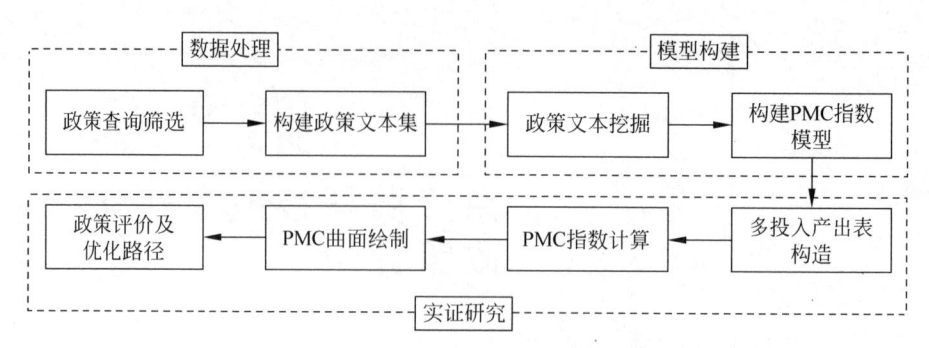

图 8-1 研究思路

成果转化政策陆续出台,科技成果转化政策体系日趋完善[①]。因此,本研究政策选取时间跨度为 2015—2023 年,主要以河北省省级层面政策为主,通过"北大法宝"数据库和河北省政府网站双重查询,后期经过人工核验,最终查询到有关政策 40 份,其中地方性法规 1 份,地方性规范性文件 6 份,地方性工作文件 33 份。由于篇幅有限,只列出部分内容,具体如表 8-1 所示。

表 8-1 河北省科技成果转化政策

序号	政策名称	发布部门	发布日期
1	关于组织申报 2024 年度河北省农业科技成果转化资金项目的通知	河北省科技厅等	2023.09.22
2	关于调整 2023 年省级农业科技成果转化与技术推广服务补助资金的通知	河北省财政厅	2023.07.10
…	……	……	……
15	河北省农业科技成果转化与技术推广服务财政补助资金使用及绩效管理办法	河北省财政厅等	2022.06.30
16	关于进一步促进科技成果转化和产业化的若干措施	河北省科技厅等	2019.12.27
…	……	……	……
40	河北省促进高等学校和科研院所科技成果转化暂行办法实施细则	河北省科技厅等	2015.12.30

---

① 郝涛,林德明,丁堃等."双一流"高校科技成果转化激励政策评价研究[J].中国科技论坛,2023,(7):21-32.

PMC(Policy Modeling Consistency Index)指数模型,一种用于评价政策文本的模型,由 Estrada 率先提出,其以"Omnia Mobilis"假说为前提,认为事物之间是相互联系的,不能忽视任何一个存在的变量[①],对任一二级变量的权重视为相同[②]。具有成本低、易操作等特点[③],可减少评价过程中的主观性[④]。主要操作步骤如下:对政策数据按相应指标进行赋值,并输入至多投入产出表,测算政策文本 PMC 指数,绘制 PMC 曲面图[⑤]。

8.1.1 变量分类及参数识别

将筛选出来的河北省产业科技成果转化政策文本导入文本挖掘数据库中,借助文本挖掘软件 ROSTCM.6 对有关政策文本进行分词和词频预处理,从中提取代表性词汇。考虑到政策内容为科技成果转化,因此需将"科技""成果""转化"等出现频率较高的词汇以及如"发展""应当"和"促进"等对结果无明显作用的程度副词和动词手动剔除。在剔除上述词汇后,最终形成 60 个高频有效词汇,如表 8-2 所示,为二级变量设置提供重要的参考依据。

表 8-2 部分有效词汇及词频统计

序号	词汇	词频	序号	词汇	词频	序号	词汇	词频
1	技术	654	6	服务	294	11	补助	204
2	单位	456	7	创新	291	12	管理	195
3	企业	432	8	人员	291	13	部门	183
4	机构	303	9	奖励	249	14	农业	180
5	资金	297	10	项目	243	15	开发	162

① Estrada M, Yap S F, Nagaraj S. Beyond the Ceteris Paribus Assumption: Modeling Demand and Supply Assuming Omnia Mobilis [J]. International Journal of Economics Research, 2008(2): 185-194.

② Estrada M. Policy Modeling: Definition, Classification and Evaluation [J]. Journal of Policy Modeling, 2011, 33(4): 523-536.

③ 何春建. 单篇论文学术影响力评价指标构建[J]. 图书情报工作, 2017, 61(4): 98-107.

④ 徐新鹏, 尹新哲, 马大来. 基于层次分析法的统筹城乡户籍制度改革政策评价的应用研究[J]. 西北人口, 2013, 34(4): 27-33+38.

⑤ 郭俊华, 王阳. 乡村振兴背景下农村产业政策优化调整研究[J]. 经济问题, 2022(1): 85-92.

续表

序号	词汇	词频	序号	词汇	词频	序号	词汇	词频
16	转移	159	31	转让	105	46	纳入	81
17	研究	150	32	人才	96	47	高新技术	81
18	投资	147	33	院所	96	48	条件	78
19	规定	141	34	资产	96	49	合作	78
20	合同	138	35	分配	93	50	资源	78
21	科研	129	36	组织	93	51	贡献	78
22	绩效	126	37	评价	93	52	工资	78
23	建设	120	38	产权	90	53	报酬	75
24	高校	120	39	收益	87	54	知识	75
25	创业	120	40	股权	87	55	年度	75
26	收入	117	41	机制	87	56	市场	72
27	财政	117	42	平台	84	57	高等院校	72
28	研发	114	43	社会	84	58	办法	72
29	职务	108	44	产业化	84	59	经费	69
30	交易	108	45	协议	84	60	方案	66

遵循PMC指数模型建模原则，在文本挖掘基础上，结合当下河北省科技成果发展的现实情况，参考张永安[①]和纪国涛[②]两位学者的相关研究，最终构造出河北省科技成果转化政策PMC模型变量。其中一级变量10个，二级变量40个，详细结果如表8-3所示。

表8-3 科技成果转化政策PMC模型变量设置

一级变量	编号	二级变量	编号	二级变量评价标准
政策类型	X_1	预测	$X_{1:1}$	政策是否有预测性
		监管	$X_{1:2}$	政策是否有监管性
		建议	$X_{1:3}$	政策是否有建议性
		描述	$X_{1:4}$	政策是否有描述性
		引导	$X_{1:5}$	政策是否有引导性

---

① 张永安，郄海拓."大众创业、万众创新"政策量化评价研究——以2017的10项双创政策情报为例[J].情报杂志,2018,37(3):158-164+186.

② 纪国涛,王佳杰.我国高校科技成果转化政策量化评价研究——以辽宁省10所高校的PMC指数模型分析为例[J].中国高校科技,2022,(11):22-27.

续表

一级变量	编号	二级变量	编号	二级变量评价标准
政策时效	X_2	长期	$X_{2:1}$	政策是否涉及3年及以上内容
		中期	$X_{2:2}$	政策是否涉及1~3年内容
		短期	$X_{2:3}$	政策是否涉及1年及以下内容
政策级别	X_3	国家级	$X_{3:1}$	政策发布主体是否为国家机关
		省级	$X_{3:2}$	政策发布主体是否为省级机关
政策保障	X_4	目标规划	$X_{4:1}$	政策是否涉及目标规划
		资金支持	$X_{4:2}$	政策是否涉及资金支持
		技术供给	$X_{4:3}$	政策是否涉及技术供给
		金融税收	$X_{4:4}$	政策是否涉及金融税收
		中介服务	$X_{4:5}$	政策是否涉及第三方服务机构
		政府采购	$X_{4:6}$	政策是否涉及政府采购
		人才培养	$X_{4:7}$	政策是否涉及人才培养
		法规管制	$X_{4:8}$	政策是否涉及法规管制
		国际合作	$X_{4:9}$	政策是否涉及国际合作交流
		策略性措施	$X_{4:10}$	政策是否涉及策略性措施保障
政策领域	X_5	经济	$X_{5:1}$	政策是否涵盖经济领域
		社会	$X_{5:2}$	政策是否涵盖社会领域
		科技	$X_{5:3}$	政策是否涵盖科技领域
		环境	$X_{5:4}$	政策是否涵盖营商环境
政策受众	X_6	研发机构	$X_{6:1}$	政策受众是否为研发机构
		高等院校	$X_{6:2}$	政策受众是否为高等院校
		企业	$X_{6:3}$	政策受众是否为企业
		科技人员	$X_{6:4}$	政策受众是否为科技人员
		中介机构	$X_{6:5}$	政策受众是否为中介机构
		产业园区	$X_{6:6}$	政策受众是否为产业园区
政策目标	X_7	研究开发	$X_{7:1}$	政策是否包含技术研发
		成果推广	$X_{7:2}$	政策是否包含成果应用与推广
		标准制定	$X_{7:3}$	政策是否包含标准的制定
政策视角	X_8	宏观	$X_{8:1}$	政策是否具有宏观性
		微观	$X_{8:2}$	政策是否具有微观性
政策评价	X_9	目标明确	$X_{9:1}$	政策制定是否目标明确
		方案科学	$X_{9:2}$	政策制定是否方案科学
		依据充分	$X_{9:3}$	政策制定是否依据充分
		权责清晰	$X_{9:4}$	政策制定是否权责清晰
政策公开	X_{10}	—	—	政策是否公开

对于PMC指数模型的相关参数设定主要采用二进制的方法,即假设每一个二级变量对于投入产出的重要程度都是相同的,从而有效兼顾每一个变量[①]。当待评价政策中有关表述符合相应二级变量中评价标准时,该二级变量赋值为1;反之为0。

8.1.2 建立多投入产出表

在选择和确定河北省科技成果转化政策PMC指数模型一级变量和二级变量后,需要构建相关多投入产出表。多投入产出表实质上是一种从多个维度量化单一变量的数据分析框架,可以保证各二级变量所占权重相同。结合河北省科技成果转化政策各变量具体情况,建立相关多投入产出表,如表8-4所示。

表8-4 多投入产出表

X_1					X_2			X_3	
$X_{1:1}$	$X_{1:2}$	$X_{1:3}$	$X_{1:4}$	$X_{1:5}$	$X_{2:1}$	$X_{2:2}$	$X_{2:3}$	$X_{3:1}$	$X_{3:2}$
X_4									
$X_{4:1}$	$X_{4:2}$	$X_{4:3}$	$X_{4:4}$	$X_{4:5}$	$X_{4:6}$	$X_{4:7}$	$X_{4:8}$	$X_{4:9}$	$X_{4:10}$
X_5				X_6					
$X_{5:1}$	$X_{5:2}$	$X_{5:3}$	$X_{5:4}$	$X_{6:1}$	$X_{6:2}$	$X_{6:3}$	$X_{6:4}$	$X_{6:5}$	$X_{6:6}$
X_7			X_8		X_9			X_{10}	
$X_{7:1}$	$X_{7:2}$	$X_{7:3}$	$X_{8:1}$	$X_{8:2}$	$X_{9:1}$	$X_{9:2}$	$X_{9:3}$	$X_{9:4}$	—

---

① 王黎萤,李胜楠,王举铎.我国工业互联网产业政策量化评价——基于PMC指数模型[J].工业技术经济,2022,41(11):151-160.

8.2 科技成果转化政策评价

通过前人研究，PMC指数模型旨在客观考虑所有二级变量，对评价对象无任何特殊要求，可以对任意科技成果转化政策进行量化评价，在选择待评价政策样本时应尽可能减少主观偏差。

为了更加深入了解河北省科技成果转化政策的现状，在不忽视外部性政策的前提下，同时进一步提高所选取政策的针对性，故选择了2项国家级科技成果转化政策，这类政策代表性强、政策工具涉及全面，通过横向对比可以找到河北省科技成果转化政策在相关指标上的差距和不足，从而达到政策优化及完善的目的。

按照上述思路，最终选择了9项科技成果转化政策作为政策量化评价样本。其中国家级政策2项，记为P_1、P_2；河北省省级政策7项，分别记为P_3、P_4、P_5、P_6、P_7、P_8、P_9。详细结果如表8-5所示。

表 8-5 科技成果转化待评价政策文本

序号	政策名称	发布部门	发布日期
P_1	中华人民共和国促进科技成果转化法若干规定	国务院	2016.02.06
P_2	中华人民共和国促进科技成果转化法（2015修正）	全国人大常委会	2015.08.29
P_3	河北省重大科技成果转化行动实施方案	河北省科技创新工作领导小组	2021.07.27
P_4	河北省农业科技成果转化与技术推广服务财政补助资金使用及绩效管理办法	河北省农业农村厅	2020.07.17
P_5	关于进一步促进科技成果转化和产业化的若干措施	河北省人力资源和社会保障厅	2019.12.27

续表

序号	政策名称	发布部门	发布日期
P_6	河北省地震局科技成果转化管理办法（试行）	河北省地震局	2019.05.09
P_7	支持中央驻冀科研院所科技成果转化的若干措施（试行）	河北省科学技术厅	2017.12.30
P_8	河北省促进科技成果转化条例（2016）	河北省人大（含常委会）	2016.09.22
P_9	河北省促进高等学校和科研院所科技成果转化暂行办法实施细则	河北省地方税务局	2015.12.30

8.2.1 PMC 指数计算

PMC 指数模型的计算围绕以下四个方面：首先，将上文一、二级变量放入到多投入产出表中；其次，结合公式（1）和公式（2）对多投入产出表中的二级变量进行一定赋值，其中二级变量数值服从 [0,1] 分布；再次，根据公式（3）对上述一级变量数值进行计算；最后，通过公式（4）将上一步中各一级变量进行加总，最终得出河北省科技成果转化政策 PMC 指数。详细计算公式如下：

$$X \sim N[0,1] \tag{1}$$

$$X = \{XR : [0 \sim 1]\} \tag{2}$$

$$X_t\left(\sum_{j=1}^{n} \frac{X_{tj}}{T(X_{tj})}, t = 1,2,3,4,5,6,7,8,9,10,\cdots,\infty\right) \tag{3}$$

式中，t 为一级变量，j 为二级变量。

$$\text{PMC} = \begin{cases} X_1\left(\sum_{i=1}^{4}\frac{X_{1i}}{4}\right) + X_2\left(\sum_{j=1}^{3}\frac{X_{2j}}{3}\right) + X_3\left(\sum_{k=1}^{2}\frac{X_{3k}}{2}\right) + \\ X_4\left(\sum_{l=1}^{9}\frac{X_{4l}}{9}\right) + X_5\left(\sum_{m=1}^{5}\frac{X_{5m}}{5}\right) + X_6\left(\sum_{n=1}^{6}\frac{X_{6n}}{6}\right) + \\ X_7\left(\sum_{o=1}^{4}\frac{X_{7o}}{7}\right) + X_8\left(\sum_{p=1}^{2}\frac{X_{8p}}{8}\right) + X_9\left(\sum_{r=1}^{4}\frac{X_{9r}}{9}\right) + X_{10} \end{cases} \tag{4}$$

通过上述计算公式，并带入到表 8-4 中，最终得到河北省科技成果转化政策多投入产出表，详细结果见表 8-6。

表 8-6　科技成果转化政策多投入产出表

一级变量	二级变量	P_1	P_2	P_3	P_4	P_5	P_6	P_7	P_8	P_9
X_1	$X_{1:1}$	0	0	1	0	0	0	0	0	0
	$X_{1:2}$	1	1	1	1	0	0	0	0	1
	$X_{1:3}$	1	1	1	1	1	1	1	1	1
	$X_{1:4}$	1	1	1	1	1	1	1	1	1
	$X_{1:5}$	1	1	1	1	1	1	1	1	1
X_2	$X_{2:1}$	1	1	1	1	1	1	1	1	1
	$X_{2:2}$	0	0	0	0	0	0	0	0	0
	$X_{2:3}$	0	0	0	0	0	0	0	0	0
X_3	$X_{3:1}$	1	1	0	0	0	0	0	0	0
	$X_{3:2}$	0	0	1	1	1	1	1	1	1
X_4	$X_{4:1}$	1	1	1	1	1	1	1	1	1
	$X_{4:2}$	0	1	1	1	1	1	1	1	1
	$X_{4:3}$	1	1	1	1	1	0	0	1	0
	$X_{4:4}$	1	1	1	0	1	0	1	1	1
	$X_{4:5}$	0	1	1	0	1	0	1	1	1
	$X_{4:6}$	0	1	0	0	0	0	0	1	0
	$X_{4:7}$	1	1	1	0	1	0	1	1	0
	$X_{4:8}$	0	1	1	1	0	0	0	1	0
	$X_{4:9}$	0	1	1	0	1	0	0	0	0
	$X_{4:10}$	1	1	1	1	1	1	1	1	1
X_5	$X_{5:1}$	1	1	1	1	1	1	1	1	1
	$X_{5:2}$	1	1	1	0	1	1	1	1	0
	$X_{5:3}$	1	1	1	1	1	1	1	1	1
	$X_{5:4}$	1	1	1	0	1	0	1	1	1
X_6	$X_{6:1}$	1	1	1	1	1	0	1	1	1
	$X_{6:2}$	1	1	1	0	1	0	0	1	1
	$X_{6:3}$	1	1	1	0	1	0	1	1	1
	$X_{6:4}$	1	1	1	1	1	1	1	1	1
	$X_{6:5}$	0	1	1	0	1	0	1	1	1
	$X_{6:6}$	0	0	0	0	1	0	1	1	0
X_7	$X_{7:1}$	1	1	1	1	1	1	1	1	1
	$X_{7:2}$	1	1	1	1	1	1	1	1	1
	$X_{7:3}$	0	1	0	0	1	0	0	1	0

续表

一级变量	二级变量	P_1	P_2	P_3	P_4	P_5	P_6	P_7	P_8	P_9
X_8	$X_{8:1}$	1	1	1	0	1	0	0	1	0
	$X_{8:2}$	1	1	1	1	1	1	1	1	1
X_9	$X_{9:1}$	1	1	1	1	1	1	1	1	1
	$X_{9:2}$	1	1	1	1	1	1	1	1	1
	$X_{9:3}$	1	1	1	1	1	1	1	1	1
	$X_{9:4}$	1	1	1	1	1	0	0	1	0
X_{10}	X_{10}	1	1	1	1	1	1	1	1	1

同时参照 Ruize Estrada[①] 对政策进行等级划分的标准：9～10（完美）；7～8.99（优秀）；5～6.99（可接受）；0～4.99（不良），最终确定出河北省科技成果转化政策的 PMC 指数（最终计算结果保留小数点后两位）及评价等级，如表 8-7 所示。

表 8-7 河北省科技成果转化政策 PMC 指数及评价等级

一级变量	P_1	P_2	P_3	P_4	P_5	P_6	P_7	P_8	P_9	均值
X_1	0.80	0.80	1.00	0.80	0.60	0.60	0.60	0.60	0.80	0.71
X_2	0.33	0.33	0.33	0.33	0.33	0.33	0.33	0.33	0.33	0.33
X_3	0.50	0.50	0.50	0.50	0.50	0.50	0.50	0.50	0.50	0.50
X_4	0.50	1.00	0.90	0.50	0.80	0.30	0.50	0.90	0.50	0.63
X_5	1.00	1.00	1.00	0.50	1.00	0.75	1.00	1.00	0.75	0.86
X_6	0.67	0.83	0.83	0.33	1.00	0.17	0.83	1.00	0.83	0.71
X_7	0.67	1.00	0.67	0.67	1.00	0.67	0.67	1.00	0.67	0.76
X_8	1.00	1.00	1.00	0.50	1.00	0.50	0.50	1.00	0.50	0.71
X_9	1.00	1.00	1.00	1.00	1.00	0.75	0.75	1.00	0.75	0.89
X_{10}	1.00	1.00	1.00	1.00	1.00	1.00	1.00	1.00	1.00	1.00
PMC 指数	7.47	8.46	8.23	6.13	8.23	5.57	6.68	8.33	6.63	7.11
排名	5	1	3	8	3	9	6	2	7	—
等级	G	G	G	A	G	A	A	G	A	—

注：等级 G 代表优秀，A 代表可接受，此处的均值不包含国家级政策（P_1、P_2）。

---

① Estrada M. The Policy Modeling Research Consistency Index（PMC-Index）[J]. SSRN Electronic Journal, 2010(10): 1-13.

8.2.2　PMC 曲面图绘制

曲面图可以更加直观地展现出量化结果,清晰地看到各项政策之间的差异性[①]。通过曲面图的起伏程度可以判断出政策在哪些方面存在差距,起伏程度越小代表政策内部结构越合理,政策越翔实。

构建 PMC 曲面图的前提是计算出相应矩阵,PMC 矩阵是由 9 个一级变量组成的 3×3 矩阵。因存在 10 个一级变量,且一级变量 X_{10} 无任何二级变量,各项政策得分均为 1,在考虑矩阵对称性的前提下将一级变量 X_{10} 剔除,最终构建出由 9 个一级变量形成的 3 阶方阵,从而更加直观地呈现出政策内部的一致性和合理性。PMC 曲面的计算如公式(5)所示。

$$\text{PMC 曲面} = \begin{pmatrix} X_1 & X_2 & X_3 \\ X_4 & X_5 & X_6 \\ X_7 & X_8 & X_9 \end{pmatrix} \tag{5}$$

河北省科技成果转化政策的 PMC 曲面图如图 8-2 所示。其中,X 轴为矩阵行,即图中的 1、2、3,Y 轴为矩阵列,对应图中系列 1、系列 2 和系列 3,Z 轴为待评价政策各一级变量的 PMC 指数得分。不同色块代表一级变量得分的不同数值,曲面凸出的部分表示该项政策在对应的评价指标上得分较高,凹陷部分则表示在对应的一级指标上得分较低。9 项政策之间的对比可以看出某项政策的优劣,P_2、P_3、P_5、P_8 这 4 项政策的曲面图整体平滑,表明政策结构合理,内部一致性很高;P_1、P_7、P_9 这 3 项政策的 PMC 曲面有一定凹凸,表明内部一致性相对较高,结构较为合理;P_4 和 P_6 这两项政策有明显起伏趋势,说明内部一致性较低,政策不够翔实,总体得分偏低。

---

① 陈永国,王天尊,洪帅等.基于 PMC 指数模型的河北省新能源汽车政策文本量化评价[J].上海节能,2023(7):937-946.

(a) P_1的PMC曲面图

(b) P_2的PMC曲面图

(c) P_3的PMC曲面图

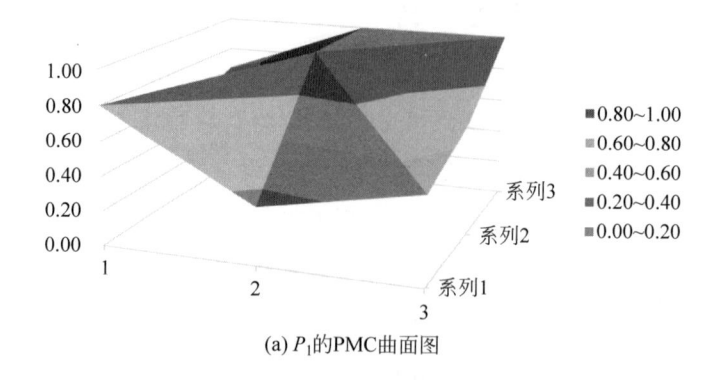

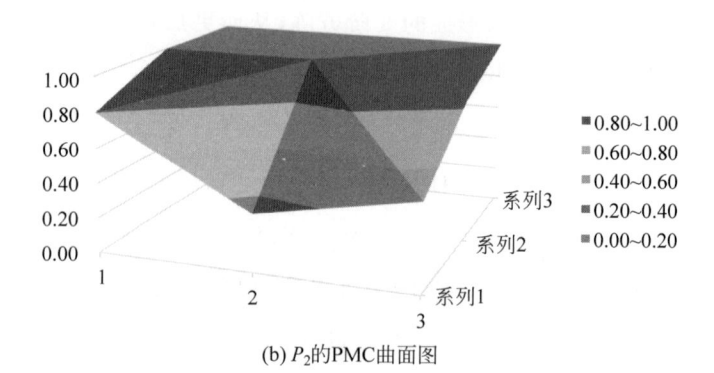

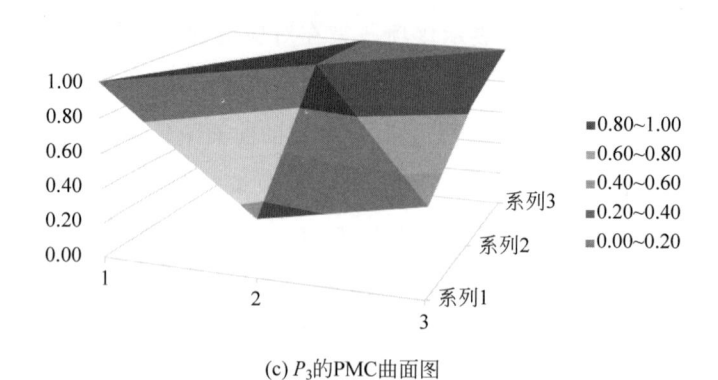

图 8-2　科技成果转化政策 PMC 曲面图

(d) P_4的PMC曲面图

(e) P_5的PMC曲面图

(f) P_6的PMC曲面图

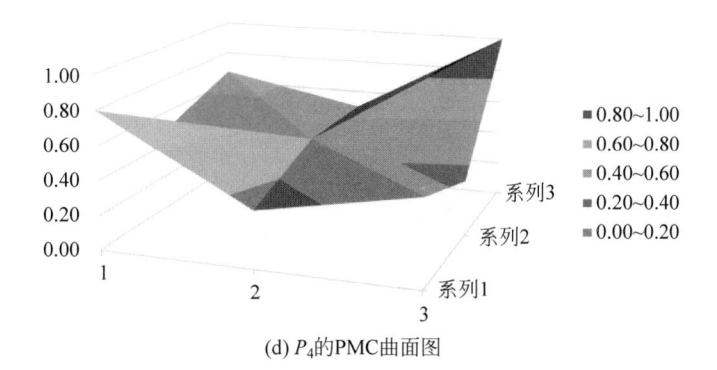

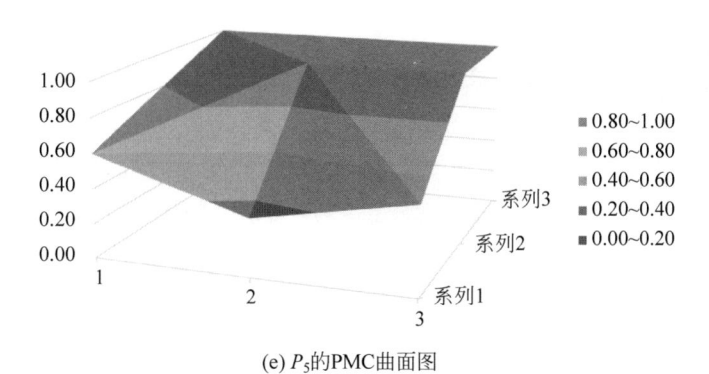

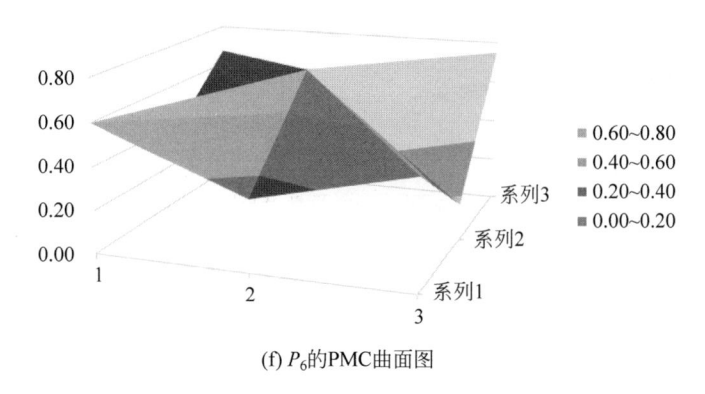

图 8-2 （续）

(g) P_7的PMC曲面图

(h) P_8的PMC曲面图

(i) P_9的PMC曲面图

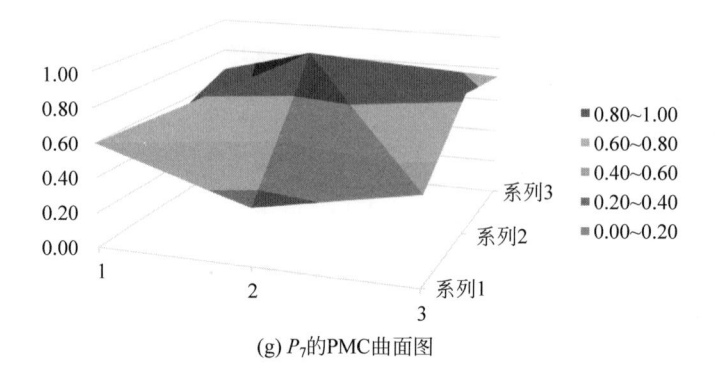

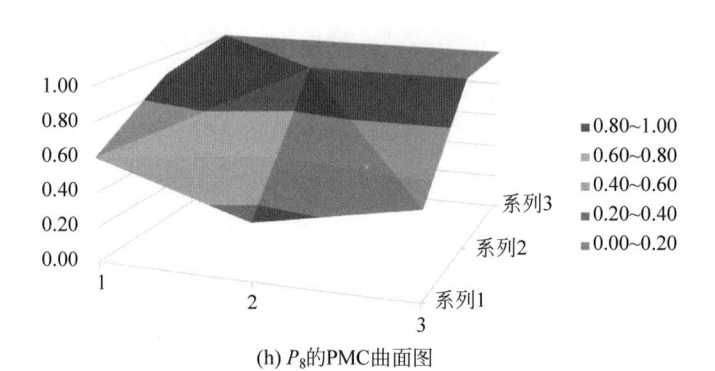

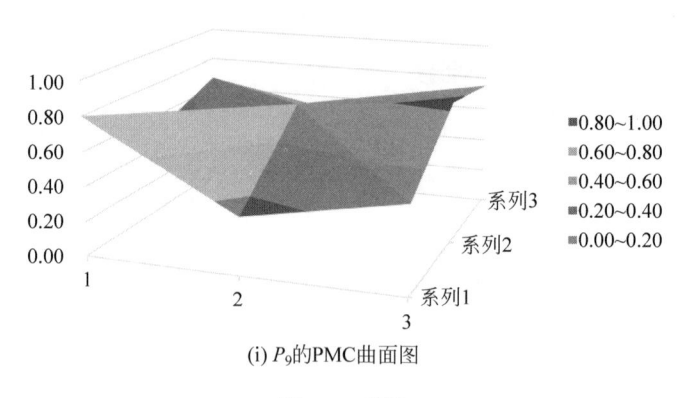

图 8-2 （续）

8.3 科技成果转化政策量化结果分析

在量化评价的 7 项河北省科技成果转化政策中,PMC 指数均值为 7.11。其中 3 项政策评价等级为优秀(P_3、P_5、P_8),4 项政策评价等级为可接受(P_4、P_6、P_7、P_9),没有完美政策和不良政策,具体排名如下:$P_8>P_3=P_5>P_7>P_9>P_4>P_6$。

8.3.1 整体结果分析

整体来看,河北省科技成果转化政策具有一定的科学性、合理性,地方政府在政策制定时与中央政府间协同意识较强,有效地推动了河北省科技成果落地的发展,加速了京津冀一体化的进程。值得注意的是,完美政策的缺失一定程度上说明河北省当下科技成果转化政策的质量还有一定上升空间。

对 7 项政策中 9 个一级变量的平均值制作成雷达图(戴布拉图),可以更加直观清晰地展示河北省科技成果转化政策存在的不足,这也是河北省今后制定该政策过程中需要注意和重点关注的方面。详细结果如图 8-3 所示。

政策类型 X_1 的均值为 0.71,说明河北省在制定科技成果转化政策过程中整体设计合理,政策类型主要包含建议、描述和引导等,但缺乏预测和监管类型政策,今后在政策制定时应该加强该层面的利用率。政策时效 X_2 的均值为 0.33,且政策时效多以长期政策为主,缺少中、短期政策的出台,未能做到"长、中、短"三个时期的有效衔接,忽略了政策的长期执行性。政策保障 X_4 的均值为 0.63,说明河北省在政策制定的过程中政策保障机制还需进一步完善,政策工具运用不够合理,缺乏法规管制、政府采购和国际合作等工具的有效运用。政策领域 X_5 的均值为 0.86,充分说明当下河北省在制定科技

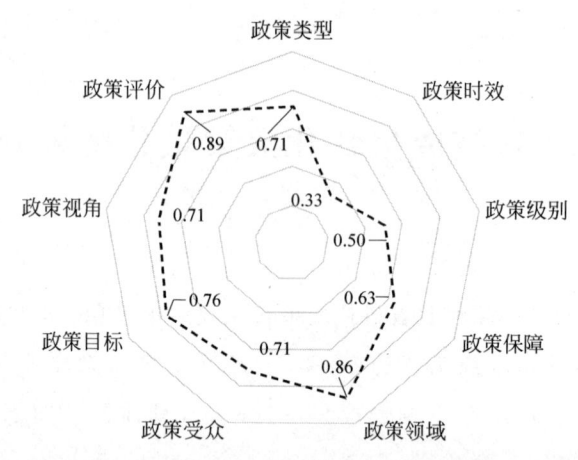

图 8-3 河北省科技成果转化政策雷达图

成果转化政策过程中涵盖了经济、社会、科技和营商环境,助力推动本地科技成果加快扩落地,助力"产、学、研"的高质量发展。政策受众 X_6 的均值为 0.71,受众群体主要以企业、高等院校、科技人员和研发机构为主,符合科技成果转化政策的目标,但在产业园区这一群体上还需继续加强。政策目标 X_7 的均值为 0.76,科技成果转化的主要政策功能涉及研发、成果推广和标准制定,河北省在制定相关政策时还需进一步加强标准制定这一目标。政策目标 X_8 的均值为 0.71,远低于国家级政策(P_1、P_2)的均值,并未做到宏观和微观层面的有效结合。

8.3.2 政策内容分析

具体来看,P_3《河北省重大科技成果转化行动实施方案》的 PMC 指数得分为 8.23,等级为优秀,省内排名第二(总排名第三),且高于一项国家级政策(P_1),说明该政策各项指标合理明确,能够加快推动河北省科技成果转化和产业化,打通产学研相结合的创新链、产业链和价值链,更好发挥科技创新对全省高质量发展的战略支撑作用。建议优化路径 X_7。

P_4《河北省农业科技成果转化与技术推广服务财政补助资金使用及绩效

管理办法》的 PMC 指数得分为 6.13,等级为可接受,省内排名第六(总排名第八),该项政策主要是加强农业科技成果转化与技术推广服务补助资金使用管理,提高资金使用效益,增强农业科技支持能力。因此在政策保障 X_4、政策领域 X_5、政策受众 X_6、政策目标 X_7 和政策视角 X_8 等方面得分较低,建议优化路径为：X_6—X_5—X_8—X_4—X_7。

P_5《关于进一步促进科技成果转化和产业化的若干措施》的 PMC 指数得分为 8.23,等级为优秀,省内排名第二(总排名第三),且高于一项国家级政策(P_1)。充分说明该项政策能进一步提升河北省创新能力,集聚创新要素,促进科技成果转化和产业化,有利于着力培育创新发展、绿色发展、高质量发展新动能。建议优化路径 X_1。

P_6《河北省地震局科技成果转化管理办法(试行)》的 PMC 指数得分为 5.57,等级为可接受,省内排名第七(总排名第九)。该政策是为加快推动科技成果有效转移转化,提高科技人员从事科技成果转化的积极性,规范本单位科技成果转化活动而制定的,因此涉及范围较窄,得分较低。在政策类型 X_1、政策保障 X_4、政策领域 X_5、政策受众 X_6、政策目标 X_7、政策视角 X_8 和政策评价 X_9 均低于平均水平,建议优化路径为 X_6—X_4—X_8—X_9—X_1=X_5—X_7。

P_7《支持中央驻冀科研院所科技成果转化的若干措施(试行)》的 PMC 指数得分为 6.68,等级为可接受,省内排名第四(总排名第六)。该政策主要是支持驻冀院所加快科技成果转移转化,把其创新优势转变为河北省产业发展优势,充分发挥其在开创新时代及建设经济强省——美丽河北新局面中的作用。在政策类型 X_1、政策保障 X_4、政策目标 X_7、政策视角 X_8 和政策评价 X_9 均低于平均水平,建议优化路径为 X_8—X_9—X_4—X_1—X_7。

P_8《河北省促进科技成果转化条例(2016)》的 PMC 指数得分为 8.33,等级为优秀,省内排名第一(总排名第二),且高于一项国家级政策(P_1)。充分说明该政策有利于促进河北省科技成果转化为现实生产力,规范科技成果转化活动,加速科技进步与创新,推动本地区经济建设和社会发展。建议优化路径为 X_1。

P_9《河北省促进高等学校和科研院所科技成果转化暂行办法实施细则》的 PMC 指数得分为 6.63,等级为可接受,省内排名第五(总排名第七)。该政策是为进一步推进其他相关支持政策落实落地,加快河北省科技成果转化、激发科技人员创新创业活力而制定的,因此整体得分较低。在政策保障 X_4、政策领域 X_5、政策目标 X_7、政策视角 X_8 和政策评价 X_9 均低于平均水平,建议优化路径为 $X_8—X_9—X_4—X_5—X_7$。

第 9 章 推进京津冀科技成果转化对策建议

在对区域视角下科技成果转移转化相关政策及措施的梳理基础上，总结发达国家、国内先进省份科技成果转移转化的经验，立足京津冀科技成果转移转化的现实情况，提出区域视角下推进京津冀科技成果转化对策建议。

9.1 京津冀区域创新体系的实现路径

通过建立京津冀区域创新体系从而推进科技成果转化。实现京津冀区域创新体系首先要以北京为科技创新中心，其次规划建设雄安新区，进而加速全球高端创新资源落地，最后对区域创新体系进行完善。

9.1.1 以北京科技创新中心引领提升区域创新能力

北京全国科技创新中心建设成果丰硕，逐步成为全球科技创新引领者、高端经济增长极、创新人才首选地、文化创新先行区和生态建设示范城①。

北京的创新领跑津冀两地,为了建设京津冀区域创新体系,实现三地优势互补与资源配置调整,需要把创新驱动作为区域协同发展的逻辑起点,把科技创新中心作为核心,将北京丰富的科技资源和创新成果加以转化利用,服务区域、服务全国,协同发展。

重视中关村核心区专利标准的维护、创新创业品牌的营销,探索促进北京的技术、人才、资本与津冀产业、空间、劳动力等资源充分协同和互补合作的渠道和路径,建立产学研政结合的跨区域创新链、产业链与园区链,优化提升首都核心功能,提升区域创新发展能力。

发挥北京顶尖高校院所的科研成果、高层次人才密集的优势,担负起提升我国自主创新能力的历史重任,布局基础前沿研究与未来产业,在新型举国体制下集中力量攻关量子科学、新一代信息技术、医疗与大健康、现代农业、新材料、轨道交通、航空航天等领域,力争在全球新一轮科技和产业革命中拔得头筹,收获一批具有全球影响力的重大创新成果,打造多个京津冀区域新的经济增长点。

9.1.2 加快推动雄安新区规划建设,打造京津冀区域协同创新体系

雄安新区要承接北京的非首都功能,更多的是接收和拓展部分创新功能②。雄安新区的设立,不仅会疏解并重新集中部分创新功能,还将书写城市建设的新篇章。雄安新区将成为我国进行创新体制机制改革,培育经济发展新模式,探索绿色、宜居、协调、创新、开放城市的一片乐土。

重点吸引与高新技术产业相关的机构入驻,以央企、高校院所等优质资源为引导,强化特色优势产业培育,并有选择地引入一些配套产业和功能,实

---

① 刘李红,高辰颖,王文超等.京津冀高质量协同发展:演化历程、动力机理与未来展望[J].北京行政学院学报,2023,(5):61-71.

② 邱超奕,韩鑫,李心萍.区域协调发展整体效能稳步提升[N].人民日报,2023-12-26(6).

现可持续发展。

激发创新意愿，从创新活动的激励点切入，完善科技投融资机制与创新分配机制，打造一流的创新创业环境，进而带动全国乃至全球科技创新资源等向雄安新区转移集聚。

着眼于增强雄安新区对高端人才的吸引力，在制约人才流动的制度上重点突破，在房地产政策、社会保障等环节探索创新。

掀起简政放权、社会资本参与等方向的改革浪潮，增强企业动力，将投资和创新的选择权交给企业，妥善利用社会资本，活跃创新氛围，增强创新区域体系的原生动力。

9.1.3 加速全球高端创新资源落地，疏通创新资源与创新要素的合理流动

全球高端创新资源是京津冀地区创新持续发展的重要动力，落地之后会有效地使创新资源和创新要素合理分配与流通[①]。

积极推动京津冀区域创新服务理念、服务标准与国际接轨，引进一批掌握核心知识和技能、能够引领新兴学科发展的人才队伍，充实各类创新载体与平台，提升其科研实力与国内外影响力。

充分调动京津冀三地的企业、高校院所等研发资源来解决关键核心技术的技术壁垒、产业发展中的"卡脖子"问题、城市建设与治理难题，以跨区域合作的模式推动创新要素在更大范围内的流动与整合。

构建京津冀区域创新体系，实现协同发展，就必须打破固守的行政管理体制，超越地方利益为先的思想束缚，在科技资源配置、重大科技项目布局等方面加强统筹协调，减少京津冀三地在人才、技术、信息方面的不对称和不均衡，推动科技创新政策互动衔接。

支持高校院所、领军企业、产业联盟等创新主体联合申请国家重大创新

---

① 陈婧.全面创新改革试验对区域创新能力的影响研究[D].西安：西安电子科技大学硕士学位论文，2022.

项目,争取在京津冀区域落地一批国家级重大创新项目,增强对产业核心技术突破、共性技术攻关及区域创新发展的支撑和引领作用。

9.1.4 构筑充满活力的有充分保障的区域创新体系

区域创新体系需要活力和充分的保障,活力使创新体系具有突破发展的动力,充分的保障使创新体系具有长远发展的耐力。

通过京津冀三地的共商、共建、共管、共享机制,出台一批有利于促进跨行政区域协同发展的创新制度。通过共建信息化管理平台,利用大数据来实现京津冀区域人才、资源、信息共享,提升协同治理的水平。

建立完善支持创新的保障体系。增加各级政府科技发展专项资金投入,确保研发项目经费一步到位,为科技创新搭建科技金融服务平台。加强知识产权保护,完善相关法律制度,加大执法力度。搭建知识产权公共服务平台,注重知识产权的保护和运用。

加强创新成果的应用转化。推动"政产学研"四位一体的有效协作,构建强关联的协同创新网络,发挥高校、科研机构、综合服务平台、创客空间、孵化器等主体的协同联动,打造完整的"科教产创"链条。

营造区域一体化的创新环境,需要借鉴中关村核心区成熟的创新创业生态系统,在企业、高校和科研机构、人才、资本、服务体系、创业文化这六大要素上下功夫,形成以高校知识创新为支撑、以企业技术创新为主体、以中介服务机构为保障的区域体系,建设多层次创投服务体系与科技成果转化体系,加快创新要素与创新成果的跨区域流动,最终实现京津冀区域创新功能的协调整合、优势互补。

积极探索重点区域创新政策交叉与延伸,推动京津冀的国家自主创新示范区、自由贸易试验区、国家科技成果转移转化示范区、服务业扩大开放综合试点等相关政策互通互认,促进国际化协同创新,探索区域协同创新的有效模式[1]。

---

① 赵成伟,张孟辉,李文雅等.京津冀协同创新机制探讨——基于主体协同与区域协同视角[J].中国科技论坛,2023,(12):116-124.

9.2 培育面向市场的科技成果有效供给体系

推进科技成果转化需要一个有效的科技成果供给体系,这个体系需要面向市场和大众。首先需要健全科技创新生态体系,在科技创新良性发展的基础上促进产学研融合,最后建设与市场深度融合的新型研发机构[①]。

9.2.1 健全科技创新生态体系

推进技术要素产生及配置方式发生重要变革,技术研发与技术转化一体化的趋势日渐明显,"基础研究—应用研究—产品开发"的传统线性科研模式正在被实践打破。科学、技术与工程开始并行发展,技术要素的产生和配置出现新的范式,大量技术成果来源于产业或工程,并跨越独立的"转化"阶段,直接应用于产业发展。

不断增强技术要素的有效供给,加大科技创新投入,特别是加大科技创新服务专项经费投入,尽快补全科技创新服务的短板,以服务促进科技成果转移转化,提高现有科技资源的利用效率,提高全要素生产率,提升对全球创新要素及科技资源的吸引配置能力[②]。

发挥财政资金引导作用,在科研计划中加强与企业的关联和中试、试验经费配置。如加大对产业科技研发的资金投入、政策和条件支持,包括改变或改善科技预算、科研项目立项和组织实施方式,尤其要支持企业承担国家、

[①] 米磊,赵瑞瑞,侯自普等.中国科技成果转化体系存在的问题及对策——从科技创新的底层逻辑出发[J].科技导报,2023,41(19):96-102.

[②] 罗哲,张云具.建设高技能人才队伍的历史脉络、理论逻辑与路径构思——以中国式现代化为视角[J].社会科学辑刊,2024,(1):161-170.

省、市科技项目。研究制订鼓励社会资本投资科技创业、促进创业投资发展的意见。设立科技成果转化引导基金和天使投资基金，采用绩效奖励、贷款风险补偿、后补助等方式，加大对科技成果转化各个阶段的扶持。

建立立体交叉的产业协同创新服务体系，从科技成果转化的"全社会、全要素、全链条"上看，过去一直强调的是研发机构和带有研发功能的企业之间的创新主体协同创新，取得了显著的效果，然而在科技成果转化服务方面的协同创新是缺位的，因此亟须建立国家、省（市、区）和行业组织三级立体的技术转移服务协同创新体系。

9.2.2　持续强化产学研融合创新

做好做优产学研合作，以政府为核心建立多方对接平台，从组织架构上进行策划、重构，推动企业与各类科技平台开展合作，使科研院所能参与企业从项目决策、立项、研究、小试中试、到产业化的全过程，进行更深层次的产学研合作[1]。

将科技成果与企业需求对接，将高校的科技成果与中小微科技企业进行对接，高校出专利和技术，企业负责转化、产业化和管理销售，成果转化服务机构负责提供资金、技术、人才、市场等服务和支持。

推进重大科技成果进行转化，找准河北高校优势特色学科的重大科技成果，瞄准国家重大需求、地方产业规划等方向，调动学校资源，对接地方政府和社会资本，进行项目集群孵化[2]。

推动专利进入企业进行运营，瞄准市场前景较好的技术方向，有针对性地组织高校教师加强技术研发和专利布局，再将专利或专利包许可转让给企业，由企业进行产业化或运营。

---

[1] 许金叶.数字技术、价值共创与企业创新生态研究[D].扬州：扬州大学硕士学位论文,2023
[2] 雷朝滋.奋力前行勇攀高峰加快推进高校科技创新高质量发展[J].教育国际交流,2023,(6)：12-15.

9.2.3 建设有机嵌入"市场"的新型研发机构

新型研发机构是集研发、科技成果转化、创业孵化和资本投资为一体的新型创新组织形式[①],基于塑造亮点和示范的目的,河北省首先要推动和动员相关大学和科研院所全面参与新型科技机构建设,形成兴办新型科研机构的全国性示范、新型研发机构建设举措[②]。

区域内要开放形成区域研发机构联盟,区域外要开放加强与国内外领先研发机构资源的联结和资源共享。

重点支持在各行业内有领先优势和有明确市场导向的研发机构,倡导参与政府与社会资本合作(PPP)方式的场地、资金、决策和运营等活动。

围绕新型研发机构形成多样化创新创业服务网络或联盟,包括社会化网络,联结创业培训和创业辅导、资本对接和信息咨询、研发支持和技术合作、场地提供和市场渠道,形成以研发机构为连结点的对创新创业的全方位支持。

9.3 繁荣企业为主体的科技成果应用体系

将科技成果应用于企业是推进科技成果转化的重要步骤,首先要扶持创新型领军企业作为领导者,再引导其他企业与创新型领军企业一起构建出完善的创新创业创投的平台化组织,以平台组织为基础促进企业技术创新和成果转化[③]。

---

① 闫刚,陈瑾瑜.新型研发机构发展历程研究[J].高科技与产业化,2023,29(11):54-56.
② 王亚煦.软硬资源协同的高校新型研发机构人才培养路径研究[J].中国高校科技,2023,(11):32-36.
③ 牛婧文.为科技成果转化服务与交易搭建桥梁[N].滨城时报,2023-11-26(1).

9.3.1 扶持创新型领军企业

科技成果应用和推广对中大企业的作用至关重要,要发挥河北省龙头企业的带动引领作用,进而形成富有地方特色的产业体系,如国内存在的阿里系、腾讯系、百度系、盛大系、网易系、新浪系等典型的有企业归属的创业生态。

促进新兴企业发展,提升资源整合能力,助推新兴创新型企业做强做大。主要是对表现势头强劲的新兴企业,发挥政府作用配合企业的资源整合,使其能够快速成长为领域领军企业。尤其结合新兴产业的发展特征,需要引导这些企业通过在大数据和云平台方面的扩张,形成这些企业的领导优势,积极打造科技成果转移转化的创新生态系统。

推动现有大规模制造企业增强创新的组织和行为①。主要是对区内现有规模较大的加工制造业,在建立研发部门和加大研发投入力度方面做适度政府行为介入,使这些企业能够逐步由单纯的大规模企业发展成为创新型行业领军企业。

9.3.2 引导企业构建创新创业创投的平台化组织

新的发展趋势下,企业除自身建立研发部门之外,尚需关注创新创业支撑平台的建设②[303]。大企业兴办创新创业支撑平台是这场新技术经济范式革命中新出现的趋势,目前国际国外已经出现了多种类型的由大企业发展起的创新创业支撑平台,如微软加速器、联想、百度、腾讯、阿里、小米等创新创业支撑和孵化平台,并且许多传统企业也已经开始把搭建创新创业平台作为公司发展转型的抓手,如海尔和达安基因等。

在创新创业支撑平台与企业自身融合方面。同源自科研院所改革发展

---

① 陈蕊,王宏伟.大数据发展与企业创新能力提升[J].当代经济管理,2024,46(5):30-42.
② 石晓征.科技型企业创业孵化平台信息传导效率及创新模式研究[J].情报科学,2024,42(1):51-58+75.

起来的新型研发机构一样，企业兴办创新创业支撑平台加速形成与企业自身的研发、自身的产业转型和投资发展日趋融合。获取创新营养，促进企业的转型和升级。扩展产业的经济空间，形成企业的生态优势。

就河北省而言，应该把发展大企业的创新创业支撑平台当成引领这些大制造板块转型升级的举措，从而加快河北省产业转型发展，促进企业真正成为技术创新和成果转化的主体。

9.4 创新科技成果转移转化制度体系

通过对科技成果转移转化制度体系的创新，可有效促进河北省科技成果转化效率的提升。首先打造技术转移服务链，其次提升中介服务机构"赋能"能力，建立技术交易市场，最后由于河北省对于科技成果转移转化方面人才的缺失，需要大力培育相关方面专业人才并建立相关方面专业队伍[①]。

9.4.1 打造完整的技术转移服务链

围绕重点发展的产业，打造科技成果转移转化产业服务链，开展科技成果转移转化。为科技成果转移转化各参与方提供高效率、低成本的专业化服务，包括信息、技术合同认定、法律、会计审计、资产评估、技术拍卖、招投标等；为科技计划项目的成果验收评审、成果转化项目认定、科技成果二次开发、高新技术企业培育服务等提供公共服务。

打造完整的知识产权交易服务链条，给企业、大学、科研院所提供高附加值的全方位的服务，包括专利申请的空白点，作为研发重点的指南，申请国际

---

① 卢雨婷.产业链关联与科技创新耦合的理论内涵、实践困境与路径选择[J].商业经济,2024,(1):86-89+93.

专利等。

打造完整的科技投融资服务链,从投向有商业化的专利开始,天使投资、定制研发、二次开发、小试、中试、企业孵化、最后交易、产权置换、上市等,形成完整的服务链①。

9.4.2 提升科技成果转化中介服务机构的"赋能"能力

当前各类科技成果转化机构和平台对成果转化、技术转移、创新创业等活动的一般性服务(如对接供需信息、提供政策服务和市场咨询等)已经成为标配,当下中介机构需要针对技术不确定性和市场不确定提高"确定性"的赋能,从"服务"到"赋能",需要各级政府部门对各类相关平台载体在专业能力建设方面提供有针对性的政策支持,从而提升中介机构的服务层级。

促进孵化平台、交易平台和服务平台等发展天使投资,以及围绕"技术要素产权"建立做市商和发展抵押融资等业务。提供从实验研究、中试熟化到生产过程所需的仪器设备、中试生产线等资源,开展研发设计、检验检测认证、科技咨询、技术标准、知识产权、投融资等服务,促进科技成果中试熟化与产业化开发。

在提供政策、设备和资源支持后,还需强化与资本的对接,鼓励全省金融机构创新科技成果转移转化信用贷款产品,加大知识产权质押贷款、股权质押贷款、科技企业信用贷款等科技金融服务力度,鼓励商业银行设立科技支行、建立健全科技创新风险分担机制,各级财政对符合条件的科技型企业科技成果转化贷款给予风险补偿。对于创业投资机构投资种子期、初创期科技型企业因科技成果转化而发生的实际投资损失,可按一定比例给予风险补偿。

---

① 陆晓昕.科技创新金融支持体系的问题与对策研究[J].科技经济市场,2023,(5):4-6.

9.4.3 建立全国性虚实结合的技术交易市场

伴随着大数据应用的发展,科技成果转移转化服务机构逐渐由实体转向网络阵地[①]。需要加快推进全国技术交易网络平台建设,形成虚实结合的混合组织。

进一步健全线上线下一体化的技术交易体系,在已有交易平台的基础上大力促进各类技术供需主体集聚,汇聚各类科技成果和技术难题,积极开展需求对接、成果发布等活动,支持中介服务机构提供信息发布、融资并购、公开挂牌、竞价拍卖、咨询辅导等专业化服务,提升平台权威性、专业性、综合性、可靠性,进而提升平台用户规模和使用效率。

以大数据、云计算为基础,强化信息的采集挖掘和精准推送,加快建设科技成果标准化与结构化数据处理、挂牌交易与信息公示系统,尝试以区块链技术为基础建立知识产权交易平台,在国内率先探索出一套安全有效的数字化知识产权交易办法。

建立在冀高校院所重大科技成果转化项目库,针对国家重大项目和省市科研计划,收集国内外科技成果信息资源并定期发布信息,完善形成科技成果信息共享机制,提升各要素单元的参与度。

9.4.4 培育科技成果转移转化的专业人才

缺乏从事科技成果转移转化的专业队伍,这是科技成果转化为生产力的主要障碍之一[②]。其原因如下:一是转化人才培育体系不足,缺乏高水平的职业化培养体系;二是对转化人才激励机制不够,在推进科技成果转化的各项法规中,激励对象均以科研人员为主,忽视了成果转移转化专业人员。

[①] 杨文武,杨金成,高慧敏等.数字化时代国企科技创新成果传播的建设性实践路径[J].全媒体探索,2023,(11):47-50.
[②] 张冰.科技成果转化存在的问题与策略研究[J].产业创新研究,2023,(14):36-38.

加强科技成果转移转化服务队伍建设,建立适合不同层次人员的梯级培训体系,建立科技成果转化人才的专业资质制度,制定科技成果转化机构服务人员的执业标准,探索国家科技成果转移转化人才培养基地建设。将知识产权人才培养与人才计划相结合,把科技成果转化人员纳入激励机制,明确转化服务人员的合法地位与收益权,尤其注重技术经纪人的培育,建立一支有一定规模、适应科技成果转移转化服务发展需要的队伍。

推进第三方社会机构由单纯匹配资源的纯"中介"向帮助解决问题的增值型服务机构转变,让高校和科研院所的服务机构改变其仅具备单一管理功能的现状,介入科技成果创造、保护、经营、转化全过程。

提高执行人员素质,定期开展多种形式的科技、经济、法律法规的培训,提高科学技术的知识水平,了解和熟悉科学技术的运行规律,在具体落实政策中,要与科技人员保持密切沟通和联系。

9.5 进一步完善科技成果转移转化政策体系

科技成果转移转化政策体系是推进科技成果转化的有力支撑。要尽可能完善政策体系,规范成果转化过程,并加大宣传力度,使各机构与企业遵守政策法规,营造健康环境。最后需要发展科技金融,赋予转移转化过程活力。

9.5.1 完善成果转化政策体系,形成规范

鼓励科技成果转化的政策适时调整和转变,建立和完善由单一鼓励技术卖方向鼓励买、卖、中介三方转变的科技成果转化政策体系。

建立公正、公平、公开的技术交易环境,规范技术交易行为,合理调整经营者之间、经营者和使用者之间的经济关系,包括知识产权的保护、风险责任

的负担等。借鉴发达国家和国内其他要素市场的立法经验,根据实际情况,研究、制订或完善地方性法规。鉴于技术中介的快速发展和愈加重要的地位角色,先行制定地方性法规对技术中介准入条件、业务范围、运行方式和服务宗旨做出原则性规定[①]。

针对网上技术交易活动的设立、运行、维护、交易规则、责任认定与承担等制定具体规范,以维护网上技术交易活动安全、有效运行。

9.5.2　加大政策宣传执行力度,营造良好交易环境

进一步加强科技成果转移转化政策宣传引导[②],严格贯彻落实相关法律规范,形成有效的政策网络,对发挥政策效能有显著积极作用。

加大对技术转移活动中各类政策的解读和宣传引导,通过公众账号推文、定期宣讲授课、发放宣传海报等形式,使企业、高校、科研院所加深对当前政策的认识了解。

对技术交易管理机构的设置和管理权限、职能和管理方式做出规定,对特定管理工作如举办技术交易会、进行技术市场统计、技术合同的认定与登记等制定具体、明确的程序规则。

严厉制裁违反公平交易和不正当竞争的行为,制止地方保护主义,打破部门、地区、行业的分割和封闭,打击假冒、剽窃技术等各种侵权行为。切实保护知识产权,维护技术交易当事人的合法权益。对于侵犯他人合法权益、非法垄断技术和采用欺诈手段进行交易活动的行为,应当依法追究当事人的民事责任和刑事责任。

专人专项落实跟踪各项政策执行,设定期限进行政策反馈,不断调整和改善政策条例。尝试建立委托或工作协调机制,将支持创新的政策和支持民营企业发展的政策中的政策服务职能向中介服务机构转移和延伸,发展中介的政策服务能力、提高政策效能。

---

① 彭诗程.科技创新促进法研究[D].长沙:中南大学博士学位论文,2022.
② 张惠锋.科技成果转化为标准的路径与影响因素研究[J].标准科学,2023,(12):14-16+43.

9.5.3 发展科技金融,提升科技成果转移转化活力

升级知识产权资本化、证券化为核心的技术产权市场,融合资本市场、劳动力市场,构建多元化科创投融资体系,建设科技金融对接服务平台,推动创新、产业和资本无缝衔接。

加大财政支持科技成果转化力度,积极争取科技部、河北省科技成果转化引导基金,设立专项用于高校院所成果转化的基金、对中小型科技企业贷款贴息和奖补的专项资金,完善财政资金使用方式,发挥财政资金引导和激励作用,以金融资本注入、倒逼科技成果转化效率提升,活化技术交易市场。

加快科技金融特色支行建设,积极推动和引导商业银行在科技园区建立特色科技支行。推进科技金融综合服务平台建设,完善科技金融独立、快速审批机制,缩短审查审批链条,提升审批效率。

参考文献

[1] 戚聿东,杜博.数字经济、高质量发展与推进中国式现代化[J].山东大学学报(哲学社会科学版),2024,(1):108-124.

[2] 国务院发展研究中心市场经济研究所课题组,王微,邓郁松,王瑞民,牛三元,赵勇,刘馨.新一轮技术革命与中国城市化 2020—2050——影响、前景与战略[J].管理世界,2022,38(11):12-28.

[3] 赵云,常悦,胡朝阳等.历史制度主义视角下国家战略科技力量的逻辑与演进[J].实验室研究与探索,2023,42(10):140-147.

[4] 司聪,任保平.中国式现代化新征程中经济高质量发展的战略重点与路径[J].经济问题,2024(1):1-9+17.

[5] 方晓霞.创新价值链视域下高职院校科技成果转化路径研究[J].教育与职业,2023,(24):77-82.

[6] 丁志刚,张书华.中国式现代化的纵向叙事逻辑[J].西南大学学报(社会科学版),2024,50(1):38-53.

[7] 陈雅倩,方永恒,贾周萍.政策组合视角下科技成果转化政策的时间动态性分析[J].中国科技论坛,2023,(3):26-36+48.

[8] 马林静.基于高质量发展标准的外贸增长质量评价体系的构建与测度[J].经济问题探索,2020,(8):33-43.

[9] 李森,刘振天,陈时见等.高等教育强国建设的中国道路[J].高校教育管理,2024,(1):1-23.

[10] 张应强,姜远谋.超大规模的高等教育普及化:时代背景、现实挑战和道路选择[J].高等教育研究,2022,43(8):1-28.

[11] 孙莹琳,唐恒,赫英淇等.专利行为视角下发明人型企业家对企业绩效的影响[J].管理科学,2022,35(5):80-98.

[12] 蔡双立,张晓丹.开放创新下知识产权保护与区域创新能力提升：堵还是疏？[J].科研管理,2023,44(5)：149-158.

[13] 刘小燕,王睿路.国际技术规则构建中的国家话语权力博弈：内涵、机制与路径[J].社会科学战线,2022,(10)：158-169.

[14] 胡鞍钢.中国式科技现代化：从落伍科技强国[J].北京工业大学学报(社会科学版),2023,23(2)：1-19.

[15] 陈红喜,关聪,王袁光曦.国内科技成果转化研究的现状和热点探析——基于共词分析和社会网络分析视角[J].科技管理研究,2020,40(7)：125-134.

[16] 宋霞."萨瓦托三角"创新模式的运行机制及历史地位[J].拉丁美洲研究,2021,43(4)：77-95+156-157.

[17] 刘冰蕊.企业战略导向、双元创新对科技成果转化绩效的影响研究[D].西安：西安理工大学硕士学位论文,2023.

[18] 王晓冬.国外循环经济发展经验——一种制度经济学的分析[D].长春：吉林大学博士学位论文,2010.

[19] 吴娟.平台生态系统中平台企业的共生关系对其竞争优势的影响研究[D].长春：吉林大学博士学位论文,2023.

[20] 吴寿仁.科技成果评价机制及其构成要素研究[J].上海经济,2023,(3)：68-82.

[21] 苏丽敏.科技期刊服务科技成果转化的策略研究[J].传播与版权,2023,(21)：32-35.

[22] 吴爱华,翟小清,苏敬勤.企业与创新生态系统核心主体合作深度对创新绩效的影响——基于专用性投资的调节效应[J].科技管理研究,2023,43(20)：122-132.

[23] 陈强,梁佳慧,敦帅.创新生态评价研究：指标体系、区域差异和对策建议[J].科学管理研究,2023,41(5)：2-11.

[24] 崔学良.数字能力对制造企业可持续发展绩效的作用机制研究[D].长春：吉林大学博士学位论文,2023.

[25] 洪帅.节能产业创新生态系统耦合共生研究[D].天津：天津大学博士学位论文,2023.

[26] 谭春辉.高校人文社会科学研究成果评价机理研究——基于利益相关者的视角[J].社会科学管理与评论,2013,(2)：16-23+111.

[27] 蒋建华,刘程军,蒋天颖.组织学习与组织绩效关系的Meta分析——基于测量因素、情景因素的调节作用[J].科研管理,2014,35(8)：117-125.

[28] 齐善鸿,吴思.中国创新战略演进及其趋势分析——基于三螺旋创新模型的架构[J].中国科技论坛,2007,(7)：3-6.

[29] 方卫华.创新研究的三螺旋模型：概念、结构和公共政策含义[J].自然辩证法研究,2003,(11)：69-72+78.

[30] 李华晶,王睿.知识创新系统对我国大学衍生企业的影响——基于三螺旋模型的解释性案例研究[J].科学管理研究,2011,29(1)：114-120.

[31] 孟卫东,佟林杰.三螺旋视阈下外部资金对高校学术创新绩效影响因素的实证研究

[J].中国科技论坛,2014,(3):30-36.

[32] 孟卫东,佟林杰.三螺旋视阈下外部资金对高校学术创新绩效影响因素的实证研究[J].中国科技论坛,2014,(3):30-36.

[33] 牛盼强,谢富纪.创新三重螺旋模型研究新进展[J].研究与发展管理,2009,21(5):94-100.

[34] 邹波,郭峰,王晓红等.三螺旋协同创新的机制与路径[J].自然辩证法研究,2013,29(7):49-54.

[35] 简兆权,郑雪云.弥补创新的中间断层——以华南理工大学工研院为例[J].管理工程学报,2011,25(4):178-185.

[36] 许海云,齐燕,岳增慧等.三螺旋模型在协同创新管理中的计量方法和应用研究[J].情报学报,2015,34(3):236-246.

[37] 黄蕾,钟质文.区域创新循环:基于区域差异的理论框架构建与测度[J].经济问题,2023(8):112-120.

[38] 毛艳华.区域创新系统的内涵及其政策含义[J].经济学家,2007(2):84-90.

[39] 郁鹏,路征.区域创新系统:理论与政策[J].特区经济,2012(10):209-211.

[40] 闫俊周,朱露欣,齐念念.区域创新生态系统:理论框架与研究展望[J].技术与创新管理,2022,43(6):620-631.

[41] 付淳宇.区域创新系统理论研究[D].长春:吉林大学博士学位论文,2015.

[42] 朱亮.复杂适应系统理论视角的区域创新系统研究[D].合肥:中国科学技术大学硕士学位论文,2011.

[43] 黄志亮.区域创新系统理论及其应用研究述评[J].当代经济研究,2008(8):21-25.

[44] 戚汝庆.区域创新系统理论研究综述及展望[J].经济师,2007(3):39-41.

[45] 杜博士,吴宗法.地方政府治理对科技创新的作用机制:理论与实证[J].当代经济研究,2023(12):91-102.

[46] 王远,马慧莲.中国情境下产业创新生态系统评述与思考[J].工信财经科技,2023(4):47-60.

[47] 王坤岩.区域产业协同创新联盟运行机制研究[J].科学管理研究,2023,41(5):72-79.

[48] 刘铭.制度对企业开放式创新的影响:机制及其检验[D].济南:山东大学博士学位论文,2023.

[49] 刘友金,罗发友.企业技术创新集群行为的行为生态学研究——一个分析框架的提出与构思[J].中国软科学,2004,(1):68-72.

[50] 胡晓鹏.产业共生:理论界定及其内在机理[J].中国工业经济,2008,(9):118-128.

[51] 罗发友,刘友金.技术创新群落形成与演化的行为生态学研究[J].科学学研究,2004,(1):99-103.

[52] 解学梅,曾赛星.创新集群跨区域协同创新网络研究述评[J].研究与发展管理,2009,21(1):9-17.

[53] 刘丹,闫长乐.协同创新网络结构与机理研究[J].管理世界,2013,(12):1-4.

[54] 朱瑞博,刘志阳,刘芸.架构创新、生态位优化与后发企业的跨越式赶超——基于比亚迪、联发科、华为、振华重工创新实践的理论探索[J].管理世界,2011,(7):69-97+188.

[55] 王子龙,谭清美,许箫迪.企业集群共生演化模型及实证研究[J].中国管理科学,2006,(2):141-148.

[56] 翟羽佳.区域创业生态系统的构建与培育[D].南宁:广西大学硕士学位论文,2014.

[57] 张兢.创业生态系统与经济发展的互动机制研究[D].重庆:重庆大学博士学位论文,2022.

[58] 彭伟,殷悦,沈仪扬等.创业生态系统如何影响区域社会创业活跃度?——基于模糊集的定性比较分析[J].外国经济与管理,2022,44(9):121-134.

[59] 李经路,宋士博,王华宾.创业生态系统:演进轨迹与发展取向[J].财会月刊,2021(20):120-128.

[60] 杨帅.区域创业生态系统运行效率研究[D].太原:山西财经大学硕士学位论文,2019.

[61] 陶小龙,黄睿娴.区域创业生态系统视角下众创空间运行机制研究[J].云南大学学报(社会科学版),2021,20(3):123-132.

[62] 陈丛波,陈娟,胡登峰.场景驱动的跨区域创新系统:核心要素与未来发展[J].科研管理,2024,45(5):85-93.

[63] 蒋正明.当前我国企业科技创新及高质量发展的对策研究[J].中国治理评论,2023,(2):117-129.

[64] 杨博旭,柳卸林,吉晓慧.区域创新生态系统:知识基础与理论框架[J].科技进步与对策,2023,40(13):152-160.

[65] 张贵,姜兴,蔡盈.区域与城市创新生态系统的理论演进及热点前沿[J].经济与管理,2022,36(4):36-45.

[66] 王征,郑刚强.设计创新生态系统的模型构建与优化策略研究[J].设计,2023,36(23):89-93.

[67] 刘欣然.区域产业经济发展的内循环模型理论与应用分析[J].中国集体经济,2023,(25):5-8.

[68] 艾栋,刘静静,林琳等.政府参与下企业科技成果转化的演化博弈研究[J].科学技术创新,2023,(26):189-196.

[69] 韩伟,刘洪尊,丁锐.中国区域创新生态系统研究现状和趋势分析[J].科技导报,2023,41(16):100-112.

[70] 王天友.以高质量科技成果转化推进高水平科技自立自强[J].红旗文稿,2023,(23):17-20.

[71] 高洪玮.推动产业链创新链融合发展:理论内涵、现实进展与对策建议[J].当代经济管理,2022,44(5):73-80.

[72] 褚思真,万劲波.创新链产业链的融合机制与路径研究[J].创新科技,2022,22(10):

41-51.

[73] 刘家树.基于创新链集成的科技成果转化研究[D].南京:南京航空大学博士学位论文,2013.

[74] 路天浩.要素禀赋、创新模式选择与区域经济高质量发展[D].长春:吉林大学博士学位论文,2023.

[75] 程辉.基于创新生态系统的科技创新与区域经济发展关系研究[D].北京:北京交通大学博士学位论文,2022.

[76] 王璐,韩晨静.国内外创新链研究进展[J].中国质量,2021(9):50-56.

[77] 马锋,潘成利,冯锋.科技成果转化中的知识产权相关问题研究——基于中国科学院下属科研院所的调研分析[J].管理评论,2021,33(3):138-145.

[78] 贾永飞,郭玥.知识基因视角下科技成果转化影响因素研究[J].科技进步与对策,2023,40(10):67-78.

[79] 刘乐琼,毕勋磊,叶中华.基于知识论的科技成果转化影响因素研究[J].世界科技研究与发展,2018,40(3):281-289.

[80] 刘佳源,李军,颜建周.关系与结构洞的碰撞:科技成果转化中的隐性知识转化[J].科技进步与对策,2021,38(7):19-28.

[81] 郑建阳.知识视角下科技成果转化机制研究[J].科学管理研究,2017,35(2):39-42.

[82] 胡凯,王炜哲.如何打通高校科技成果转化的"最后一公里"?——基于技术转移办公室体制的考察[J].数量经济技术经济研究,2023,40(4):5-27.

[83] 郑茜,刘璐,吕英.技术入股促进高校科技成果转化的内在机理研究——基于协同理论分析视角[J].高教探索,2022(6):65-70.

[84] 唐露源,谢士尧,胡思洋.技术需求导向的科技成果转化影响因素研究——以101家高新技术企业为例[J].中国科技论坛,2023(4):16-24.

[85] 林青宁,毛世平.互补还是替代?——技术引进、自主创新与涉农企业科技成果转化效率[J].科技管理研究,2022,42(3):1-9.

[86] 易高峰,王洋.数字技术赋能高校科技成果转化的路径[J].中国高等教育,2021(11):55-57.

[87] 李飞,张瑞,段婕.高校科技成果转化的文献计量可视化研究[J].科学决策,2023(10):279-288.

[88] 谭涛,李俊龙.我国高校科技成果转化与区域高技术产业发展水平测度以及耦合协调度研究[J].中国科学基金,2023,37(4):682-691.

[89] 邵玲芝,朱军文.基于典型案例的"双一流"建设高校科技成果转化特征与问题分析[J].教育发展研究,2023,43(17):18-24.

[90] 郝涛,林德明,丁堃等."双一流"高校科技成果转化激励政策评价研究[J].中国科技论坛,2023(7):21-32.

[91] 郭蕾.新时期我国高校科技成果转化体系建设探索[J].中国高校科技,2023(6):33-36.

[92] 林青宁,毛世平.中国农业科技成果转化研究进展[J].中国农业科技导报,2018,20(4):1-11.

[93] 陆建珍,徐雪高,汪翔.我国农业科技成果转化的现状、问题及对策[J].江苏农业科学,2021,49(17):238-242.

[94] 袁伟民,赵泽阳.农业科技成果转化内卷化:困境表征与破解进路[J].西北农林科技大学学报(社会科学版),2022,22(2):104-113.

[95] 熊桉.农业科技成果转化:从外生向内生转变的机制与模式研究[J].农业技术经济,2019(11):83-92.

[96] 魏奇锋,顾新.农业科技成果转化的知识服务体系构建研究[J].情报理论与实践,2019,42(6):111-116.

[97] 侯小星,曾乐民,罗军等.科技成果转化中试基地建设机制、路径及对策研究[J].科技管理研究,2022,42(21):112-119.

[98] 危怀安,文圆,李旭彦.科技成果转化机构利益共享与风险共担集成激励机制——基于湖北省多案例探索性研究[J].中国科技论坛,2022(1):14-21.

[99] 钟卫,沈健,姚逸雪.中美高校科技成果转化收益分配机制比较研究[J].科学学研究,2023,41(2):253-263.

[100] 黄海燕.产教融合背景下高校科技成果转化效率提升机制研究——基于江苏常州地区高校的调查分析[J].中国高校科技,2020(12):68-71.

[101] 毛劲歌,常笑.三螺旋模式下湖南省高校科技成果转化的反思与路径探索[J].中国高校科技,2023(10):82-88.

[102] 王凡.高校科技成果转化中"政产学研金服用"模式探讨[J].中国高校科技,2021(6):92-96.

[103] 朱琬宁.高校科技成果转化服务模式比较研究——以国内外4所院校调研分析为例[J].中国高校科技,2020(11):4-7.

[104] 胡俊,吴君民,盛永祥等.基于演化博弈的高校科技成果转化模式选择研究[J].科技管理研究,2019,39(24):63-71.

[105] 贾雷坡,张志旻,唐隆华.中国高校和科研机构科技成果转化的问题与对策研究[J].中国科学基金,2022,36(2):309-315.

[106] 罗建,史敏,彭清辉等.核心利益相关者认知差异视角下高校科技成果转化问题与对策研究[J].科技进步与对策,2019,36(13):112-117.

[107] 米磊,赵瑞瑞,侯自普等.中国科技成果转化体系存在的问题及对策——从科技创新的底层逻辑出发[J].科技导报,2023,41(19):96-102.

[108] 杜健.高校科技成果转化难的症结及对策研究[J].国家教育行政学院学报,2017(3):70-76.

[109] 郝涛,丁堃,林德明等.高校科技成果转化政策工具的选择偏好与配置研究——36所"双一流"高校政策文本分析[J].情报杂志,2021,40(12):80-86+149.

[110] 廖晓东,张跃.基于政策工具与创新价值链双重视角的科技成果转化政策国际比较研究[J].科技管理研究,2019,39(7):56-62.

[111] 张亚明,赵科,宋雯婕等.区域科技成果转化政策工具的配置与优化分析——基于河北省的政策文本计量[J].软科学,2024,38(1):23-30.

[112] 马江娜,李华,王方.陕西省科技成果转化政策文本分析——基于政策工具与创新价值链双重视角[J].中国科技论坛,2017(8):103-111.

[113] 史童,杨水利,王春嬉等.科技成果转化政策的量化评价——基于PMC指数模型[J].科学管理研究,2020,38(4):29-33.

[114] 赵睿,李波,陈星星.基于文本量化分析的金融支持科技成果转化政策的区域比较研究[J].中国软科学,2020(S1):155-163.

[115] 杜宝贵,廉玉金,杨帮兴.国家中心城市科技成果转化政策量化评价[J].科技管理研究,2022,42(22):17-23.

[116] 纪国涛,王佳杰.我国高校科技成果转化政策量化评价研究——以辽宁省10所高校的PMC指数模型分析为例[J].中国高校科技,2022(11):22-27.

[117] 苏林,胡涵清,庄启昕等.基于LDA和SNA的我国科技创新政策文本计量分析——以科技成果转化政策为例[J].中国高校科技,2022(3):37-43.

[118] 王永杰,张善从.2009—2016:中国科技成果转化政策文本的定量分析[J].科技管理研究,2018,38(2):39-48.

[119] 张素敏.地方政府在促进科技成果转化过程中的注意力配置——基于15个省域政策文本的NVivo分析[J].河南师范大学学报(自然科学版),2022,50(3):104-112.

[120] 黄菁.我国地方科技成果转化政策发展研究——基于239份政策文本的量化分析[J].科技进步与对策,2014,31(13):103-108.

[121] 洪帅,王天尊,符晓艺.中国智慧农业研究演进脉络梳理及前沿趋势分析[J].江苏农业科学,2023,51(4):28-38.

[122] 张春博,丁堃,曲昭等.基于文献计量的我国创新驱动研究述评[J].科技进步与对策,2015,32(9):152-160.

[123] 李纲,巴志超.共词分析过程中的若干问题研究[J].中国图书馆学报,2017,43(4):93-113.

[124] 张毅,刘树奎.大数据背景下我国智慧医疗行业研究热点领域挖掘——基于CNKI题录数据分析[J].中国社会医学杂志,2021,38(2):135-138.

[125] 张玲.基于CiteSpace的档案学研究全景透视——以CSSCI数据库(1998—2018)论文为例[J].重庆科技学院学报(社会科学版),2020(6):69-75.

[126] 童磊,严靖舒.农业保险研究演进脉络梳理及前沿趋势探析——基于文献计量学的可视化分析[J].中国软科学,2022(3):67-77.

[127] 周建,刘炎宝,刘佳佳.情感分析研究的知识结构及热点前沿探析[J].情报学报,2020,39(01):111-124.

[128] 梁丽,谢凤杰,池丽旭等.特定学科热点和前沿主题研究方法实证分析[J].图书馆杂志,2018,37(1):19-26+32.

[129] 贺韶轩.习近平关于科技创新重要论述的生成逻辑、基本内涵及时代价值[J].理

论导刊,2023,(12):17-22.

[130] 卢周来,朱斌,马春燕.美对华科技政策动向及我国应对策略——基于开源信息的分析[J].开放导报,2021,(3):26-35+47.

[131] 赵明昊.美国霸权护持战略的调适与中美关系的未来[J].外交评论(外交学院学报),2023,40(5):19-47+5.

[132] 刘丽.中美战略竞争背景下中国东北亚地缘安全战略研究[D].长春:吉林大学博士学位论文,2023.

[133] 陶士贵,仇欣雨.中国实体受美国经济制裁的影响及其应对策略[J].福建论坛(人文社会科学版)2023,(10):95-109.

[134] 高程,薛琳,部彦君."一带一路"建设与中国破局美国技术遏制——以中国与东南亚地区合作为例[J].南洋问题研究,2023,(3):1-19.

[135] 郭永虎,张函语.美国对华认知战:动向、影响与应对[J].统一战线学研究,2023,7(4):110-123.

[136] 卢周来,朱斌,马春燕.美对华科技政策动向及我国应对策略——基于开源信息的分析[J].开放导报,2021,(3):26-35+47.

[137] 李晓华,李纪珍,杨若鑫.科技成果转化:研究评述与展望[J].外国经济与管理,2023,45(4):119-136.

[138] 卓华,王明进.技术地缘政治驱动的欧盟"开放性战略自主"科技政策[J].国际展望,2022,14(4):39-61+154-155.

[139] 常娜.英国应对近代大变局的经验和启示[J].南京大学学报(哲学·人文科学·社会科学),2019,56(5):93-99.

[140] 潘巧,范琼,汤书昆."巴斯德式"发展模式——法国巴斯德研究所科技创新模式[J].世界科技研究与发展,2018,40(5):528-532.

[141] 郭鹏.俄罗斯智库的建设发展及对我国的借鉴[J].智库理论与实践,2020,5(5):66-72.

[142] 蒋绚.制度、政策与创新体系建构:韩国政府主导型发展模式与启示[J].公共行政评论,2017,10(6):86-110+211.

[143] 杨九斌.卓越中的艰难——《拜杜法案》后美国研究型大学产学合作关系嬗变[J].外国教育研究,2018,45(7):3-15.

[144] 宋姝婷,吴绍棠.日本官产学合作促进人才开发机制及启示[J].科技进步与对策,2013,30(9):143-147.

[145] 黄宁燕,孙玉明.从MP3案例看德国弗劳恩霍夫协会技术创新机制[J].中国科技论坛,2018(9):181-188.

[146] 韩佳伟,玄兆辉.韩国科技规划的目标指标及对我国的启示[J].全球科技经济瞭望,2020,35(6):7-12+25.

[147] 薄贵利,樊继达,刘雪莲.大变局下的时代主题与我国发展战略机遇期[J].中国行政管理,2022(8):148-153.

[148] 辛向阳,沈阳.打造社会主义现代化建设引领区的理论与实践探索——浦东开发

开放历程回顾与前瞻[J].行政管理改革,2021(12):9-17.

[149] 李金惠,郑秋生,翁锦玉.广东促进科技成果转化的举措及成效分析——以贯彻落实国家《科技成果转化法》为切入点[J].创新科技,2017(2):60-63.

[150] 张宗法,刘文兵,罗春兰等.广东技术要素市场化配置改革探索与实践[J].科技管理研究,2023,43(5):20-28.

[151] 罗扬,于亮亮,徐欣.新型研发机构的发展机制:以南京为例[J].科技管理研究,2022,42(4):66-72.

[152] 赵志耘,李芳.新时代中国特色科技治理理论蕴含[J].中国软科学,2023(3):1-15.

[153] 杨智晨,王方方,武宇希等.粤港澳大湾区创新"质量—生境"系统耦合协调的空间分异特征及驱动机制研究[J].统计与信息论坛,2023,38(5):79-91.

[154] 房逸靖,李静,司深深.政府干预、创新驱动与区域人才配置[J].科技进步与对策,2023,40(3):21-29.

[155] 孙久文,王邹,蒋治.中国式现代化视域下的区域协调发展[J].北京行政学院学报,2023(3):1-10.

[156] 徐军海.创新驱动视角下江苏科技人才发展趋向和路径研究[J].江苏社会科学,2021(3):223-231.

[157] 韩海波,刘欢喜,王斌等.大学与区域创新体系建设的协同路径探析[J].研究与发展管理,2022,34(6):167-177.

[158] 洪银兴,李文辉.基于新发展格局的产业链现代化[J].马克思主义与现实,2022(1):119-125+204.

[159] 刘保奎,郭叶波,张舰等.长三角地区服务引领新发展格局的战略重点[J].宏观经济管理,2022(2):21-28.

[160] 张红霞,李家琦,彭程.生产性服务业集聚、劳动要素配置与区域协同发展[J].经济经纬,2023,40(2):13-23.

[161] 陈鸥.成渝地区双城经济圈体育产业协同发展基础、困境与路径[J].成都体育学院学报,2022,48(5):90-96.

[162] 周亚,袁健红.区域协调发展背景下全国统一要素市场布局及实践创新[J].青海社会科学,2022(4):96-106.

[163] 王晓航.跨区域科技人才共享实践模式比较研究[J].科学管理研究,2020,38(2):126-131.

[164] 龙开元,孙翊,戴特奇.科技创新支撑成渝双城经济圈建设路径研究[J].华中师范大学学报(自然科学版),2021,55(5):791-797.

[165] 教育部加快推动高校科技成果向现实生产力转化[N].中国教育报.2023-10-27(1).

[166] 粟裕.教育部:近十年高校牵头建设了60%以上的学科类国家重点实验室[EB/OL].[2022-07-19]. https://baijiahao. baidu. com/s? id = 1738752354611466681&wfr=spider&for=pc

[167] 吴寿仁.高校院所科技成果转化活跃度及项目质量分析——基于高校院所科技成果转化 2018—2022 年度报告数据的分析[J].科技中国,2023(7):31-36.

[168] 袁泉.我国高校科技成果转化绩效研究[D].武汉:华中科技大学硕士学位论文,2019.

[169] 郭小姝,张欣.高校科技成果转移转化与技术创新分析[J].科技资讯,2023,21(3):163-166.

[170] 申轶男.我国中试基地发展现状及政策建议[J].科技与创新,2018(8):11-14.

[171] 贺韶轩.习近平关于科技创新重要论述的生成逻辑、基本内涵及时代价值[J].理论导刊,2023,(12):17-22.

[172] 姜红,李师萌,盖金龙等.基于政策工具视角的中国产教融合政策适配性研究——77 份国家层面政策文件的量化分析[J].吉林大学社会科学学报,2023,63(01):83-99+236-237.

[173] 洪帅,符晓艺,王天尊.中国产业协同集聚研究综述[J].决策咨询,2022,(6):73-80.

[174] 陈红川,魏璐璐,李云健等.管理创新如何影响企业竞争优势——新冠疫情冲击下组织韧性与政府支持的作用[J].广东财经大学学报,2021,36(5):90-102.

[175] 戴宏伟,杨思华.金融业集聚是否促进了京津冀科技创新?——基于京津区级及河北地级市面板数据的实证分析[J].河北经贸大学学报,2022,43(5):74-87.

[176] 王浩,张秀强,吴志华.构建"类中关村"产业创新生态推动京津冀协同发展走深走实——以京津中关村科技城为例[J].求知,2023,(11):46-49.

[177] 李兰冰,徐瑞莲.中国式现代化建设背景下京津冀产业协同发展路径[J].北京社会科学,2023,(10):34-44.

[178] 洪帅,符晓艺,王天尊.跨省市自贸试验区建设路径研究[J].边疆经济与文化,2022,(9):12-14.

[179] 曹冠龙,柳贝贝,邹阳.价值共生视域下河北省中小微企业人才共享能力评价体系构建[J].中国人事科学,2023,(9):46-57.

[180] 谢准,韦稼霖.我国高校专利转化问题研究[J].科技促进发展,2016,12(6):685-689.

[181] 王立勇,唐升.政府 RD 补贴政策效果及决定因素研究——基于创新效率视角[J].宏观经济研究,2020,(6):75-88.

[182] 吴佩颖.企业科技成果转化及科技人才队伍建设的相关问题探讨[J].就业与保障,2020,(17):146-147.

[183] 冯赵建.新时代河北省科技创业服务体系优化研究——基于需求分析视角[J].科技管理研究,2019,39(21):98-104.

[184] 陈宇学.教育、科技、人才协同推动高质量发展问题研究[J].理论学刊,2023,(6):144-151.

[185] 毛劲歌,吴贵龙.高校科技成果转化要素的结构性差异与配置困境——基于技术—组织—环境理论与扎根理论的联合探索[J].科技管理研究,2023,43(20):

89-99.

[186] 王艳霞.河北省技术转移人才发展困境与破解对策[J].河北科技大学学报(社会科学版),2020,20(3):28-33.

[187] 任祝,魏颖,周元等.京津冀科技金融融合发展与协同创新研究[J].创新科技,2022,22(6):40-47.

[188] 汪泉,史先诚.科技金融的定义、内涵与实践浅析[J].上海金融,2013,(9):112-114+119.

[189] 洪帅,符晓艺,王天尊.河北科技成果转化现状与趋势研究[J].科技创新与生产力,2022,(9):16-19.

[190] 洪帅,符晓艺,王天尊.投入产出视角下河北科技成果转化现实差异分析[J].中国科技产业,2022,(8):68-70.

[191] 洪帅,李果,符晓艺等.区域视角下河北传统制造业转型升级路径与对策研究[J].物流科技,2023,46(17):91-94.

[192] 刘兴斌,盛锋,李鹏.农业科技成果转化与推广主体动态博弈及协调机制构建研究[J].科技进步与对策,2014,31(9):24-27.

[193] 赵公民,吕京芹,王仰东等.互联网背景下"双一流"高校科技成果转化效率研究[J].软科学,2021,35(8):45-50.

[194] 林青宁,毛世平.开放式创新与涉农企业科技成果转化效率——CEO经历、能力平衡的调节效应[J].研究与发展管理,2021,33(2):29-40.

[195] 胡宁宁,侯冠宇.区域创新生态系统如何驱动高技术产业创新绩效——基于30个省份案例的NCA与fsQCA分析[J].科技进步与对策,2023,40(10):100-109.

[196] 李巧莎,吴宇.科技成果转化的政策优化策略[J].宏观经济管理,2021,(10):69-76.

[197] 徐丰伟,丁昱丹.高校科技成果转化的关键界面因素及优化路径[J].中国高校科技,2020,(4):90-93.

[198] 张旭雯,迟景明,何声升等.共生视角下校企创新主体深度融合的内在过程机理研究——基于沈鼓集团与大连理工大学的探索性案例[J].科技进步与对策,2024,40(14):12-21.

[199] 陈艾华,吴伟.大学跨学科科研合作与科研生产力的关系研究综述与展望[J].重庆高教研究,2023,(9):1-14.

[200] 徐小聪,符大海.可变需求与进口种类增长的福利效应估算[J].世界经济,2018,41(12):25-48.

[201] 陈艺丹,洪帅.科技成果转化主体行为策略演化博弈研究[J].科技创业月刊,2022,35(12):9-14.

[202] 张静,徐海龙,王宏伟.面向科技成果转化的服务需求研究[J].中国科技论坛,2022(9):25-33.

[203] 陈艺丹,洪帅,田学斌.基于政企研三方博弈视角的科技成果转化主体行为策略研究[J].河北经贸大学学报,2023,44(5):26-35.

[204] 靳瑞杰,江旭.高校科技成果转化"路在何方"？——基于过程性视角的转化渠道研究[J].科学学与科学技术管理,2019,40(12)：35-57.

[205] 孙红军,王胜光.创新创业平台对国家高新区全要素生产率增长的作用研究——来自2012—2017年88个国家高新区关系数据的证据[J].科学学与科学技术管理,2020,41(1)：83-98.

[206] 杨刚,彭涵.创新链视角下高校教师科技创新能力：结构、成长困境与培育路径[J].现代教育管理,2022(7)：75-86.

[207] 张晓兰,黄伟熔.我国产业链创新链融合发展的趋势特征、经验借鉴与战略要点[J].经济纵横,2023(1)：93-101.

[208] 洪帅,武星.加快推进京津科技成果在河北孵化转化[N].河北日报,2023-5-10(7).

[209] 田学斌,洪帅.加大科技创新和成果转化力度[N].河北日报,2022-5-25(7).

[210] 熊桉.农业科技成果转化：从外生向内生转变的机制与模式研究[J].农业技术经济,2019(11)：83-92.

[211] 王守文,覃若兰,赵敏.基于中央、地方与高校三方协同的科技成果转化路径研究[J].中国软科学,2023(2)：191-201.

[212] 郭继强,蒋娇燕,林平.技术进步类型与要素收入份额变化研究的理论梳理[J].社会科学战线,2020,(6)：47-59.

[213] 余乐安,雷凯宇,曾能民.竞争环境下考虑技术进步的供应链重构策略研究[J].系统工程理论与实践,2023,43(2)：421-437.

[214] 贾宝余,杨明,应验.高水平科技自立自强视野中重大科技项目选题机制研究[J].中国科学院院刊,2022,37(9)：1226-1236.

[215] 匡增杰,窦大鹏,赵永辉.服务化转型提升了制造业全球价值链位置吗？——基于跨国视阈的比较分析[J].世界经济研究,2023,(9)：46-61+134-135.

[216] 徐娟,张梦潇,罗天雨.科技人才政策对区域创新绩效的门槛效应研究[J].技术经济,2023,42(7)：1-12.

[217] 叶锐,温晓雨,王林燊等.我国科技成果转化关键路径研究——中试产业创新模式分析[J].科技创业月刊,2023,36(1)：77-82.

[218] 陈江畅,张京祥.我国创新产业用地政策的转型与变革——基于制度变迁理论[J].地域研究与开发,2022,41(2)：167-173.

[219] 马冰,董飞,彭文启等.中美排污许可证制度比较及对策研究[J].中国农村水利水电,2019,(12)：69-74.

[220] 马海涛,岳林峰.知识产权保护实践中的地方政府因素[J].经济与管理评论,2020,36(04)：56-64.

[221] 胡怡建,周静虹.我国大规模、实质性减税降费的历史动因、现实逻辑和未来路径[J].税务研究,2022,(7)：16-23.

[222] 李胜会,夏敏.中国科技成果转化政策变迁：制度驱动抑或市场导向[J].中国科技论坛,2021,(10)：1-13.

[223] 张静园,张丁,武思宏等.面向打造城市"新样板"青岛市科技成果转化的关键问题

及破解对策[J].科技管理研究,2023,43(18):90-99.

[224] 刘尧,张宁,王雁霄等.科技成果评价体系构建策略研究[J].河南科技,2023,42(20):153-157.

[225] 刘强.高校科技成果混合所有制中科研团队法律地位研究——以契约型科研团队为视角[J].湖南大学学报(社会科学版),2023,37(1):139-146.

[226] 金童童.新时代高校科技成果转移转化现状与效能提升对策探究[J].中国高校科技,2023,(7):3-9.

[227] 王进富,邱婧,张颖颖.多要素驱动区域创新链耦合协调度提升的路径研究——TOE框架下的fsQCA分析[J].科技进步与对策,2023,40(4):34-44.

[228] 郝涛,林德明,丁堃等."双一流"高校科技成果转化激励政策评价研究[J].中国科技论坛,2023,(7):21-32.

[229] Estrada M,Yap S F,Nagaraj S. Beyond the Ceteris Paribus Assumption:Modeling Demand and Supply Assuming Omnia Mobilis[J]. International Journal of Economics Research,2008(2):185-194.

[230] Estrada M. Policy Modeling:Definition,Classification and Evaluation[J]. Journal of Policy Modeling,2011,33(4):523-536.

[231] 何春建.单篇论文学术影响力评价指标构建[J].图书情报工作,2017,61(4):98-107.

[232] 徐新鹏,尹新哲,马大来.基于层次分析法的统筹城乡户籍制度改革政策评价的应用研究[J].西北人口,2013,34(4):27-33+38.

[233] 郭俊华,王阳.乡村振兴背景下农村产业政策优化调整研究[J].经济问题,2022(1):85-92.

[234] 张永安,郄海拓."大众创业、万众创新"政策量化评价研究——以2017的10项双创政策情报为例[J].情报杂志,2018,37(3):158-164+186.

[235] 纪国涛,王佳杰.我国高校科技成果转化政策量化评价研究——以辽宁省10所高校的PMC指数模型分析为例[J].中国高校科技,2022,(11):22-27.

[236] 王黎萤,李胜楠,王举铎.我国工业互联网产业政策量化评价——基于PMC指数模型[J].工业技术经济,2022,41(11):151-160.

[237] Estrada M. The Policy Modeling Research Consistency Index(PMC-Index)[J]. SSRN Electronic Journal,2010(10):1-13.

[238] 陈永国,王天尊,洪帅等.基于PMC指数模型的河北省新能源汽车政策文本量化评价[J].上海节能,2023(7):937-946.

[239] 刘李红,高辰颖,王文超等.京津冀高质量协同发展:演化历程、动力机理与未来展望[J].北京行政学院学报,2023,(5):61-71.

[240] 邱超奕,韩鑫,李心萍.区域协调发展整体效能稳步提升[N].人民日报,2023-12-26(6).

[241] 陈婧.全面创新改革试验对区域创新能力的影响研究[D].西安:西安电子科技大学硕士学位论文,2022.

[242] 赵成伟,张孟辉,李文雅等.京津冀协同创新机制探讨——基于主体协同与区域协同视角[J].中国科技论坛,2023,(12):116-124.

[243] 米磊,赵瑞瑞,侯自普等.中国科技成果转化体系存在的问题及对策——从科技创新的底层逻辑出发[J].科技导报,2023,41(19):96-102.

[244] 罗哲,张云具.建设高技能人才队伍的历史脉络、理论逻辑与路径构思——以中国式现代化为视角[J].社会科学辑刊,2024,(1):161-170.

[245] 许金叶.数字技术、价值共创与企业创新生态研究[D].扬州:扬州大学硕士学位论文,2023.

[246] 雷朝滋.奋力前行勇攀高峰加快推进高校科技创新高质量发展[J].教育国际交流,2023,(6):12-15.

[247] 闫刚,陈瑾瑜.新型研发机构发展历程研究[J].高科技与产业化,2023,29(11):54-56.

[248] 王亚煦.软硬资源协同的高校新型研发机构人才培养路径研究[J].中国高校科技,2023,(11):32-36.

[249] 牛婧文.为科技成果转化服务与交易搭建桥梁[N].滨城时报,2023-11-26(1).

[250] 陈蕊,王宏伟.大数据发展与企业创新能力提升[J].当代经济管理,2024,46(5):30-42.

[251] 石晓征.科技型企业创业孵化平台信息传导效率及创新模式研究[J].情报科学,2024,42(1):51-58+75.

[252] 卢雨婷.产业链关联与科技创新耦合的理论内涵、实践困境与路径选择[J].商业经济,2024,(1):86-89+93.

[253] 陆晓昕.科技创新金融支持体系的问题与对策研究[J].科技经济市场,2023,(5):4-6.

[254] 杨文武,杨金成,高慧敏等.数字化时代国企科技创新成果传播的建设性实践路径[J].全媒体探索,2023,(11):47-50.

[255] 张冰.科技成果转化存在的问题与策略研究[J].产业创新研究,2023,(14):36-38.

[256] 彭诗程.科技创新促进法研究[D].长沙:中南大学博士学位论文,2022.

[257] 张惠锋.科技成果转化为标准的路径与影响因素研究[J].标准科学,2023,(12):14-16+43.